日俄 政治·经济·社会文化关系年表

安成日◎编著

1603年至1917年
日本与沙俄

1918年至1991年
日本与苏联

1992年至2019年11月
日本与俄罗斯

时事出版社
北京

图书在版编目（CIP）数据

日俄政治·经济·社会文化关系年表/安成日编著.
—北京：时事出版社，2019.12
ISBN 978-7-5195-0200-3

Ⅰ.①日…　Ⅱ.①安…　Ⅲ.①国际关系史—日本、俄罗斯—1603－2019　Ⅳ.①D831.39②D851.29

中国版本图书馆 CIP 数据核字（2019）第 202971 号

出版发行：时事出版社
地　　址：北京市海淀区万寿寺甲 2 号
邮　　编：100081
发行热线：（010）88547590　88547591
读者服务部：（010）88547595
传　　真：（010）88547592
电子邮箱：shishichubanshe@sina.com
网　　址：www.shishishe.com
印　　刷：北京旺都印务有限公司

开本：787×1092　1/16　印张：20　字数：280 千字
2019 年 12 月第 1 版　2019 年 12 月第 1 次印刷
定价：98.00 元

作者简历

安成日，1964 年 11 月出生于吉林省珲春市。现为黑龙江大学政府管理学院政治学与行政学系教授，国际问题研究所所长，博士生导师。

1983 年 9 月至 1987 年 7 月，在哈尔滨师范大学历史系就读，毕业获历史学学士学位。1990 年 9 月至 1993 年 3 月，在吉林大学研究生院（日本研究所）世界地区史 · 国别史专业攻读硕士学位，毕业获历史学硕士学位。1993 年 7 月至 1996 年 9 月，在河北大学日本研究所工作，任讲师、政史研究室主任、《日本问题研究》杂志编辑。1996 年 9 月至 2001 年 3 月，在南开大学研究生院世界史 · 国别史专业攻读日本政治 · 外交史方向博士学位，毕业获历史学博士学位。1998 年 4 月至 2002 年 3 月，在日本国学院大学研究生院文学研究科国际关系史专业攻读博士学位，毕业获历史学博士学位。2002 年 11 月至 2005 年 12 月，黑龙江大学外国语言文学博士后流动站工作，博士后出站。2007 年 9 月至 2008 年 8 月，日本京都大学经济研究所访问学者。

主要社会兼职有教育部政治学类教学指导委员会委员、国务院全国学位与研究生教育评估专家，国家社科项目、教育部人文社科项目同行评议专家。

中国政治学会理事，中国国际关系学会理事，中华日本学会常务理事，中国日本史学会常务理事，中国中日关系史学会理事，中国朝鲜史研究会常务理事，东北地区中日关系史研究会常务理事。中国高校国际关系学会常务理事，黑龙江省政治学会常务理事，黑龙江省公共管理学会理事。

黑龙江大学学术委员会委员，黑龙江大学哲学社会科学学部委员，黑龙江大学教学指导委员会委员，政治学校级重点学科带头人。

主要从事国际关系理论，亚太区域国际政治国际关系，朝鲜半岛问题、中日关系、日韩关系、日苏关系等领域的研究。在《世界历史》《日本学刊》《史学理论》《当代韩国》《东北亚论坛》《史学集刊》《东疆学刊》《求是学刊》以及［日］《国史学》等国内外学术刊物发表学术论文 100 余篇，出版《当代日韩关系研究（1945—1965）》、［日］『戦後初期における日本と朝鮮半島の関係』等专著 4 部、译著多部，主持完成国家、教育部、省人文社科研究项目等多项。精通日语、韩语。

本研究成果属于教育部人文社会科学研究项目《当代日苏、日俄关系研究（1945—2010)》(项目编号：12YJAGJW001)；

黑龙江省哲学社会科学规划项目《当代日苏关系研究(1945—1991)》(项目编号：11D034)

研究成果的一部分

凡　例

1. 本年表主要收录了1603年日本德川幕府建立至2019年11月间的日本与沙俄、日本与苏联、日本与俄罗斯的政治·经济·社会文化关系及相关大事件。

2. 为了便于了解同时期世界历史发展的大势，在编写本年表时，也把同时期影响了世界历史发展进程的大事件编入本年表。

3. 在“明治维新后日本与沙皇俄国的政治·经济·社会文化关系年表（1869—1917年）”中包含1917年3月15日至11月7日间日本与“俄罗斯共和国”临时政府之间的关系，日本于1917年4月4日承认了俄国“临时政府”。

4. 本年表还收入了一部分“九一八事变”以后日本、伪满洲国与苏联相关的内容。

5. 本年表中出现的重要人物的人名，首次出现时原则上都标注了人物所属国语言文字人名，个别查不到人物所属国语言文字的人名，只好在人名后打上了“?”。

6. 本年表中出现的重要人物均标注了人物全称和生卒年，没有标注去世年份且未打上“?”的人物是现今还健在的。有些人物生卒年有争议的则同时标注了有争议的两种不同年份，有一些无论如何也查不到生卒年的人物，生卒年则打上了“?”。

7. 本年表中，用阿拉伯数字记载的“年月日”代表西历（阳历），用“［］”括起来的月日则代表旧历“阴历”，阳历年之后的“（）”内以年号表示的年则代表同期日本天皇的年号。

8. 在年表中事件之后标注的“年月日”则是该事件的结束时间。

前　言

2012年获批教育部人文社科一般项目《当代日苏、日俄关系研究（1945—2010）》（项目批准号：12YJAGJW001）以来，为了系统和准确地把握当代日苏、日俄关系的发展历程，笔者和课题组成员从一开始就着手编制日俄、日苏关系年表，结果最后产生了意想不到的“副产品”——近20万字的《日俄政治·经济·社会文化关系年表》。本书囊括了从1603年日本德川幕府建立至2019年11月400余年间日本与沙俄、日本与苏联、日本与俄罗斯之间的政治·经济·社会文化关系大事件。

本年表第一编为“日本与沙俄政治·经济·社会文化关系年表（1603—1917年）”，分为“第一章日本德川幕府与沙皇俄国政治·经济·社会文化关系年表（1603—1868年）和第二章明治维新后日本与沙皇俄国政治·经济·社会文化关系年表（1869—1917年）”。

本年表第二编为“日本与苏联政治·经济·社会文化关系年表（1918—1991年），分为“第一章第一次世界大战后日本与苏联政治·经济·社会文化关系年表（1918—1945年）”和“第二章第二次世界大战后日本与苏联政治·经济·社会文化关系年表（1946—1991年）”。

本年表第三编为“日本与俄罗斯政治·经济·社会文化关系年表（1992年至2019年11月）”，分为“第一章冷战后日本与俄罗斯政治·经济·社会文化关系年表（1992—2000年）”和“第二章新千年后日本与俄罗斯政治·经济·社会文化关系年表（2001 年至 2019 年 11 月）”。

据笔者了解，目前国内尚未出版能够概览 400 余年日俄政治·经济·社会文化关系发展历程的年表。这也算是笔者在研究《当代日苏、日俄关系研究（1945—2010 年）》这一课题的过程中为学术界做出的“意外贡献”。是无心插柳，柳成荫之作。

在编写的过程中，本年表初稿的文字整理和电脑输入工作大多是由本课题组成员李金波副教授完成的。在此，对李金波副教授的辛勤劳动表示诚挚的谢意。本年表中日本、沙俄、苏联、俄罗斯方面的人名核对工作是由在日本工作的、笔者的学生薛婉婷以及黑龙江大学国际政治专业的俄罗斯留学生范瑾瑜（Алексей Перов）帮助完成的，在此对他们的辛勤付出表示诚挚的谢意。在《日俄政治·经济·社会文化关系年表》一书的出版过程中，笔者有幸得到黑龙江大学的出版资助和时事出版社谢琳、薛晓钰女士的大力支持与帮助，在此也表示深深的谢意。

最后，对在本年表编写过程中给予本人帮助和指点的学界同仁也表示深深的谢意。由于请教的问题琐碎，且请教的同仁众多，在此不一一列举，望学界同仁见谅！

由于本人才疏学浅，书中遗漏和错误在所难免，望广大读者和学人多多批评指正！

作者 2019 年 7 月 10 日于哈尔滨寓所

目　录

第一编

日本与沙俄政治·经济·社会文化关系年表（1603—1917年）

——第一章——

日本德川幕府与沙皇俄国政治·经济·社会文化关系年表（1603—1868 年）

年	月 日	大事记
1566 年（永禄 9 年）	4 月	尼德兰（现今“荷兰”）爆发反对西班牙统治的人民起义——“尼德兰资产阶级革命”。
1580 年（天正 8 年）	—	沙俄哥萨克越过乌拉尔山，攻占了额尔齐斯河和鄂毕河流域，并继续向中西伯利亚“探险”。
1603 年（庆长 8 年）	—	日本征夷大将军德川家康（とくがわ いえやす，1543—1616 年）在日本江户（今东京）建立德川幕府（又称“江户幕府”）。
1604 年（庆长 9 年）	—	日本德川幕府把虾夷地贸易的垄断权授予松前藩，松前藩统治北海道南端。
1613 年（庆长 18 年）	2 月 21 日	俄罗斯全地会议也就是全俄缙绅大会推选米哈伊尔·费奥多罗维奇·罗曼诺夫（即，米哈伊尔三世，Михаил I Фёдорович Романов，1596—1645 年；在位 1613—1645 年）为沙皇，开始了沙俄罗曼诺夫王朝的统治。
1618 年（元和 4 年）	—	沙俄开始对中部西伯利亚的征服。
1633 年（宽永 10 年）	—	日本松前藩藩主松前公广（まつまえきんひろ，1598—1641 年）命令家臣开始测量虾夷岛地。

续表

年	月　日	大事记
1635 年（宽永 12 年）	—	日本松前藩派遣藩士村上掃部左卫门广仪（むらかみほうきべざえもんこうぎ,?）对虾夷、千岛进行巡察，并绘制地图，史称“巡岛”。
1636 年（宽永 13 年）	—	日本松前藩派遣家臣甲道庄左卫门（こうどう しょうざえもん,?）前往桦太岛南端西能登吕岬（俄称：克里利翁角）附近越冬，第二年春天抵达多莱加。
1639 年（宽永 16 年）	—	沙俄人抵达鄂霍次克海沿岸。
		日本德川幕府第三代将军德川家光（とくがわ いえみつ，1604—1651 年）颁布“锁国令”。
1640 年（宽永 17 年）	11 月 3 日	英国“长期议会”的召开拉开了资产阶级革命序幕，威廉三世（William Ⅲ，1650—1702 年）继位，英国完成“光荣革命”（—1689 年 2 月 13 日）。
1643 年（宽永 20 年）	7 月	沙俄雅库次克总督彼得・彼得罗维奇・戈洛文（Пётр Петрович Головин,? —1654 年）派出一支由瓦西里・达尼洛维奇・波雅科夫（Василий Данилович Поярков，1610—1667 年）率领的 133 人组成的哥萨克“探险队”对中国黑龙江流域进行所谓的“探险”。
	—	荷兰巴塔维亚总督下令马丁・格里兹・德・弗里斯（Maerten Gerritsz de Vries，1589—1647 年）船长对日本以北的北太平洋海域进行探险，并发现择捉岛和得抚岛两岛。
1644 年（正保元年 12 月 16 日开始）	5 月 28 日—	中国明朝崇祯十七年，即清顺治元年，中国东北少数民族女真族建立的大清政权的军队在明朝降将吴三桂（1612—1678 年）的带领下大举进入山海关内，史称“清军入关”。
	5 月	日本松前藩藩主向德川幕府进献历史上最早标出北方四岛以及库页岛南部地理位置的地图，即“正保御国绘图”，该地图绘有北方四岛等三十九个岛屿。

续表

年	月 日	大事记
1644 年（正保元年 12 月 16 日开始）	6 月 6 日	清军攻占京师（今北京），迁都京师，开始成为统治中国的中央政权。
1651 年（庆安 4 年）	—	日本松前藩藩主下令家臣蛎崎传右卫门（かきざきでんえもん,?）对桦太岛进行调查。
1652 年（承应元年 9 月 18 日开始）	—	在沙俄哥萨克长老伊万·伊万诺维奇·波哈波夫（Иван Иванович Похабов，约 1610—1667 年或 1668 年）的努力之下，沙俄开始建立雅库茨克城（Якутск）。
1682 年（天河 2 年）	—	沙皇彼得一世，即彼得·阿列克谢耶维奇·罗曼诺夫（Пётр I，Пётр Алексéевич Ромáнов，1672—1725 年）即位（—1725 年在位），被后世誉为“彼得大帝”。
1683 年（天河 2 年）	［阴历 9 月］	中国清政府勒令盘踞在黑龙江流域雅克萨等地的沙俄侵略军撤离清朝领土。沙俄侵略军不予理睬，反而率兵窜至瑷珲劫掠，清军守将萨布素（1629—1701 年）将其击败，并将黑龙江下游侵略军建立的据点均予焚毁，使雅克萨成为孤城，但侵略军仍负隅顽抗。
1685 年（真享 2 年）	［阴历 4 月］	清朝为了彻底铲除沙俄对清朝领土的侵略，康熙皇帝（1654—1722 年）命令副都统彭春（又称“朋春”）（1644—1699 年）赴瑷珲，负责收复雅克萨，后沙俄求和并同意缔约划界（—1866 年 8 月）。
1689 年（元禄 2 年）	—	沙皇彼得一世掌握实权后，进行“彼得一世改革”，推动一系列政治、经济和军事改革，施行全面欧化政策，使俄罗斯迅速成为欧洲强国。

续表

年	月　日	大事记
1689 年（元禄 2 年）	9 月 7 日［阴历 7 月 24 日］	中国清政府代表议政大臣赫舍里·索额图（1636—1703 年），镶黄旗汉军都统、安北将军佟国纲（？—1690 年）等与沙俄代表陆军元帅、海军上将费奥多尔·亚历山德罗维奇·戈洛文（Фёдор Александрович Головин，1650—1706 年）在尼布楚（今俄罗斯涅尔琴斯克）签订中俄《尼布楚条约》。该条约规定，以外兴安岭至海，格尔必齐河和额尔古纳河为中俄两国东段边界；黑龙江以北，外兴安岭以南和乌苏里江以东地区均为清朝领土。
1695 年（元禄 8 年）	—	日本德川幕府水户藩的船舶“快风丸”到达虾夷地（北海道）石狩川。
1696 年（元禄 9 年）	12 月	沙俄官吏、哥萨克头目弗拉基米尔·瓦西里耶维奇·阿特拉索夫（Влади́мир Васи́льевич Атла́сов，1661—1711 年）率领的哥萨克远征队第一次对堪察加半岛进行探险，发现日本漂流民传兵卫（デンベイ，1670—1714 年）（—1699 年）。
1699 年（元禄 12 年）	9 月 28 日	沙俄地理学家、建筑师塞米昂·乌里扬诺维奇·雷梅佐夫（Семён Ульянович Ремезов，约 1642—1720 年）绘制《西伯利亚地图》（Чертёжная книга Сибири），其中就有关于日本的记录。
1700 年（元禄 13 年）	—	根据日本德川幕府的命令，松前藩编制包括千岛、桦太在内的“虾夷全图”和“乡帐”。
1701 年（元禄 14 年）	12 月	沙皇彼得一世（彼得大帝）在莫斯科创办航海学校。漂流到堪察加的日本漂流民传兵卫被阿特拉索夫率领的沙俄哥萨克探险队救出后送往莫斯科。
1702 年（元禄 15 年）	1 月	日本漂流民传兵卫被送到莫斯科后成为莫斯科航海学校的日语教师，这是日本人到达俄罗斯的开端。
	1 月 19 日	日本漂流民传兵卫受到沙皇彼得一世的召见。

续表

年	月　日	大事记
1703年（元禄16年）		日本德川幕府松前藩在雾多布（现今北海道的根室市）开设交易所。
1705年（宝永2年）	10月	沙俄在圣彼得堡设立日语学校，任命传兵卫为日语学校教官。
1706年（宝永3年）	—	沙俄宣布占领堪察加半岛。
1710年（宝永7年）	4月	一艘日本船在堪察加半岛沿岸的卡尔金湾附近遭遇海难，四个日本人漂流到堪察加半岛。
1711年（正德元年4月25日开始）	—	沙俄占领西伯利亚全境，俄罗斯人登陆千岛群岛最北端的占守岛和幌筵岛。
1712年（正德2年）	—	沙俄政府西伯利亚厅下令雅库茨克（Якутск）总督收集有关日本的情报。
1713年（正德3年）	—	俄罗斯人伊凡·彼得罗维奇·科兹列夫斯基（Иван Петрович Козыревский，1680—1734年）以日本漂流民沙妮马（サニマ，其本名：三右卫门，さんえもん,?）为向导，对北千岛的幌筵岛进行“探险”。
1715年（正德5年）	—	日本德川幕府允许除宗教书籍以外的其他西洋书籍输入。
1716年（享保元年6月22日开始）	—	沙俄根据彼得一世的敕令成立由二百人组成的“堪察加调查队”，沙俄开通鄂霍茨克—堪察加航线，加紧对千岛群岛的“探险”。
1719年（享保4年）	1月13日	沙皇彼得一世向沙俄地测学家费奥多尔·费奥多罗维奇·卢津（Федор Федорович Лужин，1695—1727年）和伊凡·米哈伊洛维奇·叶弗雷诺夫（Ива́н Миха́йлович Евре́инов，1694—1724年）下达敕令组成“千岛及日本调查队”，尽快查明到达日本的路径。
1721年（享保6年）	5月22日	沙俄“千岛及日本调查队”从鄂霍茨克港出发往南探险到达温弥古丹岛，但未能找到通往日本的航路。沙俄地测学者叶弗雷诺夫的探险队对舍子古丹岛的十四个岛进行探测。

续表

年	月　日	大事记
1722 年（享保 7 年）	5 月 6 日	沙俄驻中国通商代表尼古拉·巴维尔·克里斯尼茨（Николай Павел Крисниц,?）向沙俄商业部提交《关于在中国和日本经商的俄罗斯人情报：商品、价格、联络途径及其他》的报告。
1724 年（享保 9 年）	—	沙皇彼得一世下令维他斯·白令（丹麦语：Vitus Jonassen Bering，1681—1741 年）调查堪察加和日本北方地区。根据白令的第一次探险，沙俄终于确认堪察加是个半岛。
1725 年（享保 10 年）	2 月	沙皇彼得一世驾崩，沙皇叶卡捷琳娜一世·阿列克谢耶芙娜（Екатерина I Алексеевна，1684—1727 年）即位（—1727 年在位）。
1726 年（享保 11 年）	—	沙俄哥萨克航海家伊万·彼得罗维奇·科兹列夫斯基（Иван Петрович Козыревский，约 1680—1734 年）绘制《堪察加半岛与海岛图》。
1727 年（享保 12 年）	5 月	沙皇彼得二世·阿列克谢耶维奇·罗曼诺夫（Петр II Алексеевич，1715—1730 年）即位（—1730 年在位）。
1728 年（享保 13 年）	—	沙俄海军准将、丹麦人维他斯·白令进行第一次北太平洋探险。
1729 年（享保 14 年）	—	日本萨摩藩的权藏（ごんぞう又称“权左”，ごんざ，1718—1739 年）、宗藏（そうぞう，又称“宗左”，そうざ，约 1694—1736 年）等漂流到堪察加半岛，后成为圣彼得堡日语学校教师。
		沙俄阿凡纳西·费多罗维奇·谢斯塔科夫（Афанасий Федотович Шестаков，1677—1730 年）对北千岛进行探险，并绘制地图。
1730 年（享保 15 年）	—	沙皇安娜一世·伊万诺夫娜，即安娜·伊凡诺芙娜·罗曼诺娃（Анна Иоанновна，1693—1740 年）即位（—1740 年在位）。

续表

年	月　日	大事记
1731年（享保16年）	—	国后、择捉两岛的酋长向日本德川幕府的松前藩进贡方物。
1732年（享保17年）		沙俄海军准将白令向沙皇安娜一世提出“关于占领千岛群岛必要性的建议书”。
		沙俄政府派遣谢斯塔科夫开始实施对萨哈林岛（桦太）北部的测量。
1733年（享保18年）	—	沙俄海军准将白令进行第二次北太平洋探险（—1741年）。
1734年（享保19年）	—	沙俄刊行最早有关日本的书籍《日本纪事》。
1736年（元文元年4月28日开始）	—	沙俄在圣彼得堡设立科学院附属的日本语学校。
1738年（元文3年）	—	沙俄海军中校丹麦人马丁·彼得罗维奇·斯潘贝格（丹麦语：Martin Spangberg，俄文：Мартын Петрович Шпанберг，1696—1761年）探险船队奉沙皇安娜一世之命，对黑龙江入海口进行“探险”，沿着千岛群岛南下，并对其中29个岛屿用俄文进行命名，并企图纳入沙俄版图，这是沙俄首次踏入色丹岛。
		日本萨摩藩的权藏在安德烈·波格丹诺夫（Андрéй Богданов，1692—1766年）指导下编写最早的《俄日词典》。
1739年（元文4年）	6月27日	沙俄派遣斯潘贝格率领的三艘舰船到达日本本州东北陆前矶村沿海进行“探险”（“元文黑船”），这是俄罗斯船只抵达日本本土的开端。
	6月29日	沙俄斯潘贝格舰队中威廉·瓦尔顿（William Walton，俄语：Вильям Вальтон，？—1743年）率领的沙俄船只抵达房州天津村沿海，从这时起，北千岛群岛的俄罗斯化开始迅速推进。

续表

年	月　日	大事记
1739 年（元文 4 年）	7 月 4 日	沙俄斯潘贝格船队在归途中登陆色丹岛和野付半岛（—7 月 8 日）。
1740 年（元文 5 年）	10 月 28 日	年龄不满一岁的伊凡六世・安东诺维奇（Иван Ⅵ Антонович，1740—1764 年）即位沙皇，不久其政权被推翻（—1741 年 12 月 6 日在位）。
1741 年（宽保元年 2 月 27 日开始）	9 月 22 日	沙俄斯潘贝格探险船队再一次以日本为目标出发，但因遭遇暴风雨而返回。
	—	维他斯・白令成功横渡亚美两大陆之间的海峡——"白令海峡"。
	12 月 25 日	伊丽莎白・彼得罗夫娜（Елизавета Петровна，1709—1762 年）通过政变夺取皇位（1741—1762 年在位）。
1742 年（宽保 2 年）	—	沙俄斯潘贝格舰队的阿列克谢・耶拉扎罗维奇・谢利金（Алексей Елеазарович Шельтинг，1717—1780 年）对桦太（萨哈林岛）东岸进行了勘测。
1745 年（延享 2 年）	—	日本南部藩船头竹内德兵卫（たけうちとくべえ，? —1745 年或 1746 年）的"多贺丸"在前往江户途中遇风暴而漂流到千岛群岛的温弥古丹岛，船头竹内德兵卫死亡，十人成功获救。
1746 年（延享 3 年）	—	在"多贺丸"获救的十个日本人中，八兵卫（はちべえ，? —1753 年）、水主（水手）利助（りすけ，? —1747 年）、水主（水手）矶治（いそじ，? —1753 年）、楫取（舵手）胜右卫门（かとりしょうえもん，? —1763 年）、水主（水手）伊兵卫（いへえ，?）、庄右卫门（しょうえもん，? —1763 年）六人被在此地收购毛皮的沙俄毛皮商、海军军官费奥多尔・斯洛博茨基（Фёдор Слободчиков，?）挑选，送往圣彼得堡，其中利助中途因病死亡，最终五人抵达彼

续表

年	月　日	大事记
1746年（延享3年）	—	得堡，成为彼得堡日语学校的教师。另外水主（水手）三之助（さんのすけ，又称“左之助，さのすけ,?）、水手利八郎（りはちろう，又称“利八”，りはち,?）、水手久助（きゅうすけ,?）、水手长助（ちょうすけ，又称“长松”，ちょうまつ,?）或“长之助”（ちょうのすけ,?）四人则滞留在雅库茨克。
1753年（宝历3年）	—	沙俄圣彼得堡日本语学校迁移到伊尔库茨克（Иркутск）。
1754年（宝历4年）	—	日本德川幕府的松前藩在国后岛开设交易所，发送商船。
	7月	沙俄在伊尔库茨克设立日本语学校作为航海学校的分校。
1759年（宝历9年）	—	沙俄势力沿着千岛群岛南下，已到达择捉岛。
1762年（宝历12年）	1月5日	沙皇彼得三世·费奥多罗维奇（Петр Ⅲ Федорович，1728—1762年）即位（—1762年7月9日在位）。
	7月9日	沙皇彼得三世妻子叶卡捷琳娜二世发动政变夺取皇位，叶卡捷琳娜二世·阿列克谢耶芙娜（Екатерина Ⅱ Алексеевна，1729—1796年）成为沙俄女皇（—1796年在位）。
1766年（明和3年）	—	沙俄哥萨克头目伊凡·乔尔努伊（Иван Чёрный,?—1778年）继续向南千岛群岛进行“探险”活动（—1769年），并向当地居民阿伊努人征收毛皮税，引发得抚岛当地居民的反抗，俄罗斯人被驱赶。
1768年（明和5年）	—	沙皇叶卡捷琳娜二世在伊尔库茨克市开办日语学校。
1770年（明和7年）	—	沙俄入侵者枪杀择捉岛阿伊努人的酋长，千岛群岛土著人与沙俄入侵者的冲突激化。
1771年（明和8年）	—	匈牙利人莫里西·贝尼奥夫斯基（Maurycy Beniowski，1746—1786年），又称“罕边科罗夫”，在被沙俄流放堪察加半岛的途中抢夺官船南下，但在途中遭遇风

续表

年	月 日	大事记
1771 年（明和 8 年）	—	暴。为补给燃料和淡水，贝尼奥夫斯基来到日本阿波港，并致信提醒长崎荷兰商馆馆长要警惕俄罗斯人南下。
1775 年（安永 4 年）	4 月 19 日	驻英国北美殖民地波士顿的英军奉命前去康科德查抄北美殖民地民兵的军火，途中在列克星敦附近遭遇民兵伏击。“列克星敦枪声”揭开了北美独立战争的序幕（—1783 年 9 月 3 日）。
1776 年（安永 5 年）		沙俄派特使、白俄罗斯的犹太人伊万·安提宾（Ивáн М. Антúпин,?）和船长德米特里·沙巴林（Дмúтрий Я. Шабáлин,?）率领的船队到得抚岛向阿伊努人寻求和解。
1778 年（安永 7 年）	6 月 11 日	沙俄船长沙巴林船队到达择捉岛和国后岛，向两岛的阿伊努人征收毛皮税。
	6 月 30 日	沙俄特使安提宾和船长沙巴林率领的俄国人船队来到虾夷地的厚岸，向松前藩提出通商要求。
	—	日本德川幕府长崎奉行的荷兰语通词（即，幕府的正式翻译）吉雄幸作（よしお こうぎゅう，1724—1800 年）撰写《北警论》。
1780 年（安永 4 年）	—	沙俄在得抚岛开办俄语学校，并成立教会。
1782 年（天明 2 年）	—	沙俄伊尔库茨克日本语学校的安德烈·达达理诺夫（Андрей Татаринов，1752—？年，他是 1745 年海难漂流民三之助之子）编撰《俄日辞典》。
1783 年（天明 3 年）	8 月 17 日	日本伊势白子的船长大黑屋光太夫（だいこくやこうだゆう，1751—1828 年）等人漂流到阿姆斯托卡岛。
	—	日本江户时代中期日本仙台藩的藩医、经世之家工藤平助（くどうへいすけ，1734—1801 年）撰写《赤虾夷风说考》，献给幕府老中田沼意次（たぬまおきつぐ，1719—1788 年），建议幕府应积极开发虾夷资源，并与沙俄通商。

续表

年	月 日	大事记
1785 年（天明 5 年）	—	日本德川幕府老中田沼意次向虾夷地区派遣巡检使。
		日本德川幕府时代经世之家、仙台藩士林子平（はやししへい，1738—1793 年）刊行《三国通览图说》一书。
		沙俄帝国科学院刊行《千岛群岛志》。
1786 年（天明 6 年）	—	日本江户时代中期探险家、航海家及科学家最上德内（もがみとくない，1754—1836 年）航行到择捉岛以及得抚岛。
		这一年，林子平撰写《海国兵谈》一书。
1787 年（天明 7 年）	—	沙俄在圣彼得堡出版《钦定万国语汇集》，该书在大黑屋光太夫的帮助下编入俄日对译词汇。
1789 年（宽政元年 1 月 25 日开始）	7 月 14 日	法国巴黎群众攻占象征专制统治的巴士底狱，释放犯人，法国资产阶级大革命爆发（—1794 年 7 月 27 日）。
	—	国后岛和择捉岛的阿伊努人叛乱。
1791 年（宽政 3 年）	7 月 9 日	沙皇叶卡捷琳娜二世召见遇海难被救的日本船长大黑屋光太夫。
	9 月 24 日	沙皇叶卡捷琳娜二世向伊尔库茨克总督伊凡·阿尔菲罗维奇·皮利（Ива́н Алфе́рович Пиль，？—1801 年）下达向日本派遣使节的敕令。
1792 年（宽政 4 年）	10 月 20 日	最早的俄罗斯使节亚当·基里洛维奇·拉库斯曼（Адам Кириллович Лаксман，1766—1806 年）乘坐“叶卡捷琳娜”号，携大黑屋光太夫、矶吉（いそきち，1766—1838 年）、小市（こいち，1747—1793 年）三个日本漂流民抵达北海道根室，要求开港通商。
	11 月 28 日	日方为俄罗斯使节拉库斯曼等人建造过冬营舍。
1793 年（宽政 5 年）	1 月 9 日	日本德川幕府官吏到达北海道根室。
	5 月 10 日	日本德川幕府及松前藩官吏与一百五十名阿伊努人一起到达北海道根室。

续表

年	月　日	大事记
1793 年（宽政 5 年）	5 月 11 日	沙俄送来的漂流民小市因败血病死亡。
	6 月 15 日	沙俄船舶“叶卡捷琳娜”号离开根室港。
	7 月 16 日	沙俄船舶“叶卡捷琳娜”号进入箱馆港。
	7 月 24 日	沙俄使节拉库斯曼一行与大黑屋光太夫、矶吉一起向松前出发。
	7 月 28 日	沙俄使节拉库斯曼一行在松前海滨住宅举行第一次会谈。幕府的目付石川忠房（いしかわ ただふさ，1756—1836 年）、村上忠礼（むらかみ ただのり,?）作为宣谕使向沙俄使节宣读《致异国人被谕御国法书》，并表达了日本不能接受沙俄国书的主旨。
	7 月 30 日	日本德川幕府拒绝接受沙俄伊尔库茨克总督皮利的书简。
	7 月 31 日	沙俄使节拉库斯曼一行与松前藩举行第二次会谈。拉库斯曼一行朗读了皮利的书简。幕府方面强调正式的外交谈判仅限于在长崎进行，因此不要到长崎以外的港口来。德川幕府的官吏只同意接收送来的漂流民大黑屋光太夫和矶吉。
	8 月 3 日	沙俄使节拉库斯曼一行与松前藩举行第三次会谈。德川幕府派来的官吏一再声称，在松前藩不能进行正式的外交谈判，并以禁止转教为前提条件，将允许沙俄使节团派其中一艘船舶前往长崎港停靠，并把允许船舶停靠的“信牌”交给了拉库斯曼。
	8 月 22 日	沙俄船舶“叶卡捷琳娜”号离开箱馆港。
	9 月 19 日	沙俄船舶“叶卡捷琳娜”号到达鄂霍茨克港。
1794 年（宽政 6 年）	—	日本德川幕府时期的医生、“兰学”学者桂川甫周（かつらかわほしゅう，1826—1881 年）刊行《北槎闻略》（又名《大黑屋光太夫俄罗斯漂流记》）记述了大黑屋光太夫在沙俄及回国旅途中的见闻。

续表

年	月　日	大事记
1796年（宽政8年）	11月17日	沙皇保罗一世·彼得罗维奇（Пáвел I Петрóвич，1754—1801年）即位（—1801年3月23日）。
1798年（宽政10年）	—	日本德川幕府后期幕臣、探险家近藤重藏（こんどうじゅうぞう，1771—1829年）前往东虾夷探险，渡海到达国后岛和择捉岛，在择捉岛竖立“大日本惠登吕府”标识牌。
1799年（宽政11年）	［阴历1月］	日本幕府从松前藩手中收回东虾夷地的统治权，作为幕府临时直辖地，还设驿站并派兵把守。
	［阴历2月］	奉日本德川幕府之命，松平忠明（まつだいらただあきら，1583—1644年）等人巡视虾夷地。
	7月8日	格里戈里·谢利霍夫（Григорий Иванович Шелихов，1747—1795年）和尼古拉·彼得罗维奇·列扎諾夫（Николай Петрович Резанов，1764—1807年）根据沙皇保罗一世的敕令，共同创办了半官方性质的殖民贸易公司——俄美公司（Русско-американская компания），继承了谢利霍夫商会的商权。
	9月27日	俄美公司为了保持同沙俄政府的密切关系，任命谢利霍夫的女婿、原元老院第一局局长兼侍从列扎诺夫为公司代理。
	［阴历10月］	日本德川幕府命令南部藩和轻津藩守备箱馆。
	—	日本德川幕府后期的船业经营者和海产商人高田屋嘉兵卫（たかたやかへえ，1769—1827年）开通到达择捉岛的航线。
1800年（宽政12年）	—	日本德川幕府后期幕臣、探险家近藤重藏绘制《（チュプカ）诸岛图》。“丘普卡”（チュプカ）即被认为是“千岛群岛”。

续表

年	月　日	大事记
1801年（享和元年2月5日开始）	—	日本德川幕府向得抚岛的俄罗斯人施加压力，迫使俄罗斯人撤走。
	3月23日	沙皇亚历山大一世·巴甫洛维奇（Александр I Павлович，1777—1825年）发动宫廷政变弑父夺取皇位（—1825年2月1日）。
1802年（享和2年）	8月10日	沙皇亚历山大一世批准俄美公司提出的组织环球探险队的申请。
	8月19日	沙俄任命海军提督伊凡·费奥多罗维奇·克鲁森施腾（Иван Фёдорович Крузенштерн，1770—1846年）为环球探险队队长。
1803年（享和3年）	2月25日	沙俄商务大臣尼古拉·彼得罗维奇·鲁缅采夫（Никола́й Петро́вич Румя́нцев，1754—1826年）向沙皇亚历山大一世呈递《关于和日本通商的备忘录》。
	7月12日	沙皇亚历山大一世在致日本"皇帝"的亲笔信上签字。
	7月22日	沙皇任命尼古拉·彼得罗维奇·列扎诺夫为沙俄赴日本使团的团长。
1804年（文化元年2月11日开始）	10月8日	沙俄第二次以列扎诺夫为团长的赴日使团乘坐克鲁森施腾指挥的"纳捷吉塔"号军舰到达长崎，送还仙台藩的漂流民津太夫（つだゆう，1744—1814年）等四人。德川幕府只接收漂流民，拒绝接收沙皇亲笔信等，日俄双方交涉陷入僵局。
1805年（文化2年）	4月5日	日本方面向沙俄赴日使团团长列扎诺夫宣读幕府将军德川家齐（とくがわ いえなり，1773—1841年）的答复书和长崎奉行"谕书"。
	4月17日	沙俄第二次赴日使团列扎诺夫一行踏上归途。
	5月11日	沙俄船舶"纳捷吉塔"号停靠宗谷。

续表

年	月　日	大事记
1805年（文化2年）	—	这一年，日本幕末期“兰学”者、地理学家山村才助（やまむら さいすけ，1770—1807年）撰写《一代鲁西亚（俄罗斯）中兴之主：彼得大帝略记》。
1806年（文化3年）	11月5日	沙俄第二次赴日使团团长列扎诺夫命令其部下、海军中尉尼古拉·亚历山德罗维奇·赫沃斯托夫（Николай Александрович Хвостов，1776—1809年）乘坐“尤娜”号前往桦太（现俄罗斯称“萨哈林岛”），袭击日本人居住地，并留下把日本人和当地土著居民置于亚历山大一世庇护之下的伪造文书离去。
1807年（文化4年）	[阴历4月]	沙俄海军大尉赫沃斯托夫、士官候补生加夫里尔·伊万诺维奇·达维多夫（Давыдов Гавриил Иванович，1784—1809年）等驾船经桦太（现俄罗斯“萨哈林岛”）抵达择捉岛，并登陆与德川幕府的津轻藩、南部藩守军交战，焚烧日本人的会所，俘虏受伤的南部藩炮术师大村治五郎（おおむらじごろう，1751—1813年）后离开。这件事情在日本史上称“文化露（俄）寇事件”，俄罗斯则称“赫沃斯托夫事件”。
		日本德川幕府向箱馆奉行下达命令，让津轻藩和南部藩去防卫宗谷海峡。
	[阴历5月]	沙俄海军中尉赫沃斯托夫和士官候补生达维多夫一行驾驶的沙俄武装船舶在归途又袭击利尻岛，俘获德川幕府的官船一艘，日本商船三艘，放火烧毁“番所”（哨所）和仓库。
	[阴历6月]	日本德川幕府任命若年寄崛田正敦（ほったまさあつ，1755—1832年）为虾夷地防卫总督，并派遣其到虾夷地部署奥羽诸藩的藩兵，防守北边。
	[阴历8月]	日本德川幕府幕臣神谷勘右卫门（かみやかんえもん,?）等巡视国后岛，近藤重藏等巡视利尻岛。

续表

年	月　日	大事记
1807 年（文化 4 年）	［阴历 10 月］	日本德川幕府也把西虾夷地化为幕府直辖领地，废除箱馆奉行，设置松前奉行。
	—	沙俄内务部正式记录了有关日本国白水境的传说。
		江户时代末期“兰学”家大槻玄泽（おおつき げんたく，1757—1827 年）与儒学家志村弘强（しむら ひろゆき，1767—1843 年），根据 1804 年回国的仙台藩漂流民的口述为基础撰写《环海异闻》。
1808 年（文化 5 年）	［阴历 1 月］	日本德川幕府下令仙台、会津两藩守备东西虾夷地。
	［阴历 4 月］	日本德川幕府差遣北海道官吏松田传十郎（まつだ でんじゅうろう，1769—1842 年）、间宫林藏（まみや りんぞう，1775—1844 年）对桦太（现俄罗斯称“萨哈林岛”）进行探险，发现桦太其实是个岛屿。
	［阴历 7 月］	德川幕府官吏间宫林藏只身探险桦太西海岸。
1809 年（文化 6 年）	［阴历 6 月］	日本德川幕府把桦太改称“北虾夷”。
	［阴历 7 月］	日本德川幕府官吏间宫林藏对“北虾夷”（萨哈林岛北部）、黑龙江下游的西伯利亚东部地区进行探险。
	—	日本江户时代后期天文学者、“兰学”学者高桥景保（たかはし かげやす，1783—1829 年）绘制《日本边界略图》。
1810 年（文化 7 年）		日本德川幕府官吏、探险家间宫林藏绘制《北虾夷地图》。
1811 年（文化 8 年）	6 月 5 日	沙俄海军少校戈洛夫宁（Василий Михайлович Головнин，1776—1831 年）为舰长的沙俄军舰“迪亚娜”（Diana）号抵达择捉岛。
	7 月 23 日	沙俄海军少校戈洛夫宁等七人在国后岛被逮捕，副舰长彼得・伊万诺维奇・里科尔德（Пётр Иванович Рикорд，1776—1855 年）曾试图救出被捕人员，但“迪亚娜”号遭到德川幕府藩兵炮击，被迫撤退。
	—	沙俄海军提督克鲁森施腾绘制《太平洋西北部地图》。

续表

年	月　日	大事记
1812年（文化9年）	9月19日	沙俄海军“迪亚娜”号副舰长里科尔德指挥军舰在国后岛附近海域诱捕日本船业及海产商人高田屋嘉兵卫（たかたや かへえ，1769—1827年）及其船只。
1813年（文化10年）	10月19日	沙俄海军少校戈洛夫宁等沙俄被捕人员在里科尔德和高田屋嘉兵卫的努力下获得释放（—9月26日）。
	—	日本江户时代后期“兰学”家、通词（翻译）马场佐十郎（ばばさじゅうろう，1787—1882年）撰写日本最早的俄语语法书籍《鲁语（俄语）文法规范》，并最早向日本读者翻译介绍了特列季亚克夫斯基（Василий Тредиаковский，1703—1768年）、罗蒙诺索夫（Михаил Васильевич Ломоносов，1711—1765年）的诗。
1814年（文化11年）	—	日本德川幕府若年寄植村家长（うえむらいえなが，1753—1828年）下达“下知状”，把日俄国界定为择捉岛以南和新知岛以北，将中间地带当作缓冲地带。
1816年（文化13年）	—	沙俄“迪亚娜”号军舰舰长、海军少校戈洛夫宁撰写《日本幽囚记》。
		沙俄停办伊尔库茨克的日语学校。
1821年（文政4年）	—	根据沙皇亚历山大一世的敕令，沙俄把得抚岛以北指定为俄美公司垄断经营的区域。
	[阴历12月]	日本德川幕府把东虾夷地归还松前藩，撤销松前奉行，撤出南部、津轻两藩的藩兵。
1825年（文政8年）	2月	沙皇尼古拉一世·巴甫洛维奇（Николай I Павлович，1796—1855年）即位（—1855年3月2日）。
		日本德川幕府颁布击退“异国船令”。
		日本幕末兰学家马场佐十郎把荷兰语版的戈洛夫宁撰写的《日本幽囚记》翻译成日文，书名译成《遭厄日本纪事》。

续表

年	月　日	大事记
1832 年（天保 3 年）	—	德国医师、博物学者菲利普·弗兰兹·巴尔塔萨尔·希波尔德（德语：Philipp Franz Balthasar von Siebold，1796—1866 年）的《日本》一书，在德国德莱登出版。
1835 年（天保 6 年）	—	日本幕末天文学家、学者足立左内（あだちさない，1769—1845 年）刊行《鲁西亚（俄罗斯）辞书》。
1836 年（天保 7 年）	[7 月]	沙俄的俄美公司船舶把四名日本漂流民送到择捉岛。
1840 年（天保 8 年）	6 月 28 日	英军统帅兼全权代表乔治·懿律（George Elliot，1784—1863 年）率领远征军到达广州海面，下令封锁广州、厦门等处的出海口，切断中国的海外贸易，中英鸦片战争爆发，结果清朝战败，英国迫使中国签订《南京条约》（—1842 年 8 月 29 日）。
1843 年（天保 14 年）	—	沙俄的俄美公司船舶又把日本越中漂流民送回日本，并要求通商。
1844 年（弘化元年 12 月 2 日开始）	3 月 22 日	沙俄航海家、海军上将克鲁森施腾向沙皇尼古拉一世上奏“与日本建立邦交计划”。
1845 年（弘化 2 年）	—	沙俄的俄美公司的船舶到达择捉岛，要求进行贸易。
1849 年（嘉永 2 年）	—	沙俄探险家、海军上将根纳季·伊万诺维奇·涅韦利斯科伊（Геннадий Иванович Невельскои，1813—1876 年）航行通过黑龙江（阿穆尔）河口、鞑靼海峡，确认萨哈林（日本称“桦太”；中国称“库页岛”）是个岛屿。
	—	日本江户时代“兰学”家大槻玄泽（おおつき げんたく，1757—1827 年）之子与仙台藩学者大槻盘溪（おおつき ばんけい，1801—1878 年）撰写《献芹微衷》，建议幕府为了防备英国，与沙俄建立友好关系。

续表

年	月 日	大事记
1850 年（嘉永 3 年）	7 月	中国爆发洪秀全（1814—1864 年）领导的太平天国农民起义。
1852 年（嘉永 5 年）	3 月 4 日	沙俄东西伯利亚总督尼古拉·尼古拉耶维奇·穆拉维约夫（Николáй Николáевич Муравьёв，1809—1881 年）在写给海军大将康斯坦丁·尼古拉耶维奇大公（Константи́н Николáевич，1827—1892 年）的信中指出，将来日本和中国恐将成为英国或美国殖民地。
	5 月 6 日	沙俄成立“远东问题的特别审议会”。
	8 月 9 日	沙俄的俄美公司的董事长、海军上校伊万·瓦西里耶维奇·林登贝格（Иван Васильевич Линденберг，?）带领七名日本漂流民乘坐“门斯科夫公爵”号来到下田港，日本德川幕府拒绝与之交涉，只允许日本漂流民在下田港附近上岸。
	11 月 20 日	德国医师、博物学者希波尔德向沙俄外交官皮尔·德·梅耶恩多夫（Pierre de Meyendorff，1796—1863 年）男爵提出“建立俄日邦交方案”。
1853 年（嘉永 6 年）	3 月 7 日	沙皇尼古拉一世批准了外交大臣卡尔·瓦西里耶维奇·尼塞尔罗德（Карл Васильевич Нессельроде，1780—1862 年）致日本德川幕府老中的书简及对日条约草案。沙俄外交部向即将出使日本的叶夫菲米·瓦西里耶维奇·普提雅廷（Евфи́мий Васи́льевич Путя́тин，1803—1883 年）追加了“遵守日本的法律，访问长崎，在择捉岛和得抚岛之间划定俄日两国在千岛群岛的国境线”的指令。
	4 月 23 日	沙皇尼古拉一世批准占领萨哈林岛（桦太）的命令。
	7 月 8 日	美国海军准将、东印度舰队司令培理（Matthew Calbraith Perry，1794—1858 年）率舰队抵达江户湾蒲贺港，向日本德川幕府递交国书，用武力迫使日本德川幕府开港通商，此即“黑船事件”。

续表

年	月　日	大事记
1853年（嘉永6年）	8月22日	沙俄第三次派遣普提雅廷率领的使团乘坐“帕尔拉达”号等四艘军舰来到日本长崎，要求日本开港、通商和划定千岛、桦太（萨哈林）岛上的俄日两国国境线。
	9月21日	日本德川幕府在长崎接收沙俄使节普提雅廷递交的沙皇国书。
	10月2日	沙俄船舶来到萨哈林岛（桦太）的久春古丹，并登陆修建营舍。
	10月20日	为争夺欧洲巴尔干半岛的控制权，沙俄等与奥斯曼土耳其帝国、英国、法国、撒丁王国在克里米亚半岛及巴尔干半岛、黑海、波罗的海等地进行了一场大规模的国际战争，战争一直持续到1856年，并以俄罗斯帝国的失败而告终，史称“克里米亚战争”（Crimean War）或克里米战争、东方战争、第九次俄土战争。
	11月8日	日本德川幕府任命勘定奉行兼海防挂川路圣谟（かわじ としあきら，1801—1868年）等为“鲁西亚（俄罗斯）应接挂”（即“接待俄罗斯首席代表”），江户“兰学”家箕作阮甫（みつくり げんぽ，1799—1863年）等为随员。
	11月23日	由于沙俄正值克里米亚战争，前线形势吃紧，俄国使节普提雅廷等暂时离日本开长崎。
	12月5日	沙俄使节普提雅廷率领由四艘军舰组成的舰队重返日本长崎港。
	12月20日	沙俄使节普提雅廷在长崎政厅就开港通商问题及千岛、桦太（萨哈林岛）两国划界问题同德川幕府代表筒井政宪（つつい まさのり，1778—1859年）、川路圣谟等开始谈判。
	12月24日	日俄开港通商问题及千岛、桦太（萨哈林岛）划界问题的谈判破裂。

续表

年	月　日	大事记
1853年（嘉永6年）	—	这一年，日本德川幕府末期通晓地理学的“兰医”、篆刻家新发田收藏（しばたしゅうぞう，1820—1859年）完成《蝦夷接壤全图》，藤田良（ふじたりょう，?）绘制完成《蝦夷闔境與地全图》。
1854年（安政元年11月27日开始）	2月13日	美国海军准将、东印度舰队司令培理率舰队第二次抵达江户湾蒲贺港，继续逼迫德川幕府签约，开港通商。
	3月31日	美国压力之下，日美在神奈川签订《日美亲善条约》（即《日美神奈川条约》），日本德川幕府被迫开放下田、箱馆（今涵管）两港口，美国船只可以在这两个港口加煤、上水，并得到粮食等物品的供应。条约还允许美国在上述两港派驻领事，并享有最惠国待遇。
	4月20日	沙俄使节、海军上将普提雅廷率领三艘军舰再次来到长崎，要求同日本德川幕府就开港、通商及千岛群岛和萨哈林岛划界问题进行谈判。
	4月25日	沙俄使节普提雅廷向日方提出“关于萨哈林（桦太）岛边界及通商问题的备忘录”。
	6月13日	驻扎在萨哈林岛（桦太）久春古丹的沙俄军队撤走。
	10月21日	沙俄使节普提雅廷乘坐军舰“迪亚娜”（Diana）号前往日本箱馆。（—10月30日离开）
	11月8日	沙俄使节普提雅廷率军舰前往日本大阪港，在天保山洋面停泊，幕府宣布京畿地区戒严。
	12月4日	沙俄使节普提雅廷率舰队离开大阪港前往下田港。
	12月20日	沙俄使节普提雅廷与德川幕府代表筒井政宪、川路圣谟等在下田玉泉寺开始日俄谈判。
	12月23日	日本安政大地震造成的海啸使沙俄船舶“迪亚娜”号遭到严重破坏而沉没，俄国人在伊豆的户田建造新船“赫塔”号并1855年回国。
	—	日本儒学者丰岛毅（としまつよし,?）绘制完成《改正蝦夷全图》。

续表

年	月　日	大事记
1855年（安政2年）	2月7日	《日美修好条约》（又称“日美神奈川条约”）正式生效。
		日俄两国在日本伊豆下田签订《日俄和亲条约》（或称《日俄通好条约》）；日本德川幕府向沙俄开放箱馆、下田、长崎港；萨哈林岛（桦太）为日俄两国国民杂居之地，把择捉与得抚两岛之间的海峡定为日俄两国边界。
	3月2日	沙皇亚历山大二世·尼古拉耶维奇（АлександрII Николаевич，1818—1881年）即位（—1881年3月13日）。
	5月13日	日本德川幕府下令把蝦夷地区的警备任务交给仙台、秋田、津轻、南部、松前各藩。
	7月3日	日本德川幕府下令松前藩焚烧桦太（萨哈林岛）久春古丹的沙俄军队的兵营。
	7月14日	滞留在日本的普提雅廷一行中的残留人员租借进入下田港的德国船舶回国，橘耕斋（たちばな こうさい，1820—1885年）趁机秘密搭乘该船偷渡出国。
	—	这一年，日本德川幕府将军德川齐昭（とくがわ なりあき，1800—1860年）的御用画家酒井喜熙（さかい よしひろ,?）绘制完成《皇国总海岸图》。
1856年（安政3年）	3月30日	沙俄战败，与奥斯曼土耳其、英国、法国等克里米亚战争交战国签署《巴黎协定》，结束“克里米亚战争”。
	4月	橘耕斋、奥西夫·安东诺维奇·戈斯凯维奇（Iosif Antonovich Goskevich，1814—1875年）等抵达沙俄首都圣彼得堡。
	11月8日	沙俄使节海军大校康斯坦丁·尼古拉耶维奇·波西耶特（Константин Николаевич Посьет，1819—1899年）抵达下田港。
	12月7日	日本与沙俄交换《日俄和亲条约》（即《日俄通好条约》）的批准书。

续表

年	月　日	大事记
1857 年（安政 4 年）	10 月 24 日	日本德川幕府长崎奉行与沙俄使节普提雅廷签订追加条约，把长崎、箱馆作为通商口岸向沙俄开放。
	—	这一年，戈斯凯维奇在橘耕斋的协助下于沙俄首都圣彼得堡刊行名为《和鲁通言比考》《日俄通言比考》的日俄词典。
1858 年（安政 5 年）	5 月 28 日	沙俄东西伯利亚总督尼古拉·尼古拉耶维奇·穆拉维耶夫—阿穆尔斯基（Никола́й Никола́евич Муравьёв-Аму́рский，1809—1881 年）迫使清朝黑龙江将军奕山（1790—1878 年）于咸丰八年四月十六日在瑷珲签订不平等的《瑷珲条约》。该条约使清朝失去了黑龙江以北、外兴安岭以南约 60 万平方公里的领土。
	7 月 30 日	沙俄使节普提雅廷到达神奈川，就日俄两国通商问题同日本德川幕府进行交涉。
	8 月 19 日	日本与沙俄签订《日露修好通商条约（日俄修好通商条约）》。日俄两国互派外交官和领事，日本增开神奈川、兵库为通商口岸；允许沙俄臣民在日本自由贸易，并居住、逗留，购买、租赁、建造房屋，还享有信仰自由。
	11 月 5 日	沙俄任命戈斯凯维奇为沙俄驻日本箱馆首任领事，戈斯凯维奇抵达箱馆就任并把领事馆设在实行寺。
	—	这一年，作为普提雅廷秘书来到长崎的沙俄批判现实主义作家冈察洛夫（Иван Александрович Гончаров，1812—1891 年）刊行游记《战舰“巴拉达”号》（《Фрегат “Паллада”》（部分章节日文译名为《日本渡航记》）。
1859 年（安政 6 年）	8 月 18 日	沙俄东西伯利亚总督穆拉维耶夫与安德烈·亚历山德罗维奇·波波夫（Andrey Alexandrovich Popov，1821—1898 年）海军大校率领的九艘军舰一起前往江户湾，就日俄边界问题进行交涉，但是交涉不欢而散。

续表

年	月　日	大事记
1859 年（安政 6 年）	8 月 25 日	日本横滨发生杀伤沙俄士兵事件。
	9 月 5 日	沙俄东西伯利亚总督穆拉维耶夫一行踏上归途。
	—	这一年，沙俄在日本箱馆相继修建医院、领事馆舍、救世主复活圣堂（耶稣复活教堂）。
1860 年（万延元年）	8 月	沙俄正教传教士尼古拉·卡萨特金（伊凡·德米特里耶维奇·卡萨特金，Иван Дмитриевич Касаткин，1836—1912 年）从圣彼得堡出发，前往日本。
	—	这一年，刊行格里高利·康斯坦丁诺维奇·苏多科伊（Григорий Константинович Сутковой，?）的《露和小辞典（俄日小辞典）》。
1861 年（文久元年 2 月 19 日开始）	2 月 19 日	沙皇亚历山大二世颁布废除农奴制度的《1861 年 2 月 19 日宣言》《关于脱离农奴依附关系的农民的一般法令》等十七项法律，推行废除农奴制为核心的一系列社会改革称，史称“1861 年沙俄农奴制改革”。
	3 月 13 日	沙俄军舰“波萨特尼科”号航行至对马岛，以修理军舰为借口驶入该岛浅茅湾要求停靠。
	5 月 21 日	对马岛的岛民与沙俄军队发生冲突。
	6 月 6 日	日本德川幕府箱馆奉行“支配调役”水野正太夫（みずのしょうだゆう，?）等为调查贸易、国情离开箱馆赴黑龙江河口的尼古拉耶夫斯克（即，庙街）。
	6 月	沙俄正教传教士尼古拉·卡萨特金成为沙俄驻日本箱馆领事馆司铎。
	7 月 10 日	沙俄“波萨特尼科”号军舰舰长尼古拉·阿列克谢维奇·比里廖夫（Николай Алексеевич Бирилёв，1829—1882 年）以建设海军基地为目的向对马藩提出租借芋崎附近土地等要求。
	8 月 28 日	英国军舰赶赴对马岛，要求沙俄军舰撤走。

续表

年	月　日	大事记
1861 年（文久元年 2 月 19 日开始）	9 月 19 日	沙俄军舰从对马岛撤走。
	—	这一年，在日沙俄传教士伊凡·瓦西里耶维奇·马霍夫（Иван Васильевич Махов，1820—1895 年）制作了四百本儿童用俄语启蒙教材《ロシヤノイロハ：ルスカヤアズブカ（露西亚的伊吕波：鲁斯卡娅·阿兹布卡）》，即《俄罗斯的伊吕波：斯卡娅·阿兹布卡》。
1862 年（文久 2 年）	6 月—9 月	日本明治时期成为日本启蒙思想家的福泽谕吉（ふくざわ ゆきち，1835—1901 年）滞留在沙俄首都圣彼得堡。
	9 月 12 日	日本德川幕府使节竹内保德（たけのうち やすのり，1807—1867 年）等与沙俄签订延期开市、开港，桦太（萨哈林岛）划界等协议。
1863 年（文久 3 年）	—	为划定日本和沙俄的北方边界，沙俄向萨哈林岛（日本称“桦太”）派遣了全权代表，但德川幕府未派遣全权代表。
1864 年（元治元年 2 月 20 日开始）	—	沙俄作家帕维尔·伊万诺维奇·梅利尼科夫（Павел Иванович Мельников，1818—1883 年）刊行手抄本《日本国旅行指南》。
1865 年（庆应元年 4 月 7 日开始）	8 月 31 日	沙俄派遣的驻日本领事叶夫根尼·卡尔洛维奇·布策（Евге́ний Ка́рлович Бю́цов，1837—1904 年）到任。
	9 月 15 日	日本德川幕府向沙俄派遣留学生，山内作左卫门（やまうち さくざえもん，1836—1886 年）、市川文吉（いちかわ ぶんきち，1847—1927 年）等六人乘坐沙俄军舰从箱馆出发前往沙俄。
1866 年（庆应 2 年）	8 月 24 日	英国留学的日本留学生森有礼（もり ありのり，1847—1889 年）、松村淳藏（まつ むら じゅんぞう，1842—1919 年）访问沙俄首都圣彼得堡（—9 月 3 日）。森有礼记下《航鲁纪行（旅俄纪行）》。

续表

年	月　日	大事记
1866 年（庆应 2 年）	9 月 26 日	日本德川幕府命令箱馆奉行小出秀实（こいで ほずみ，1834—1869 年）等赴沙俄交涉两国在桦太（萨哈林岛）的划界问题。
	11 月 18 日	日本德川幕府遣俄使节团大和守小出秀实（こいで ほずみ，1834—1869 年）一行的翻译志贺亲朋（しが ちかとも，1842—1916 年）从横滨出发前往沙俄。
	—	这一年，嵯峨寿安（さが じゅあん，1840—1898 年）与在箱馆做正教司祭的尼古拉交换做语言学教授。
1867 年（庆应 3 年）	1 月 25 日	日本德川幕府遣俄使节团小出秀实一行拜见沙皇亚历山大二世。
	2 月 13 日	日本孝明天皇統仁（こうめいてんのうおさひと，1831—1867 年）（在位：1846—1867 年）突然去世，其次子、十六岁的睦仁（むつひと，1852—1912 年）继承皇位。
	3 月 30 日	日本德川幕府以小出秀实为首的遣俄使节团一行与沙俄外交部亚洲局局长彼得・斯特列莫霍夫（Петр Дмитриевич Стремоухов，1828—1918 年）签订《库页岛暂行规定》，俄国把俄属千岛群岛中的得抚岛等四岛让与日本，允许日本渔民在库页岛居住；两国的国界线仍以宗谷海峡，即北纬 48°线为界；继续保持原来的杂居状态。
	6 月 4 日	光临巴黎万国博览会的日本德川幕府御三家之一的水户藩藩主德川昭武（とくがわ あきたけ，1853—1910 年）等，应沙皇亚历山大二世的看戏邀请陪席观戏。两天之后发生波兰青年刺杀沙皇亚历山大二世未遂事件。

续表

年	月　日	大事记
1867年（庆应3年）	12月8日	日本天皇下达“王政复古大号令”，令德川幕府末代将军德川庆喜（とくがわ よしのぶ，1838—1913年）“辞官纳地”，废除征夷大将军制度，宣布国政归朝廷，朝政实行总裁制。皇族有栖川宫炽仁亲王（ありすがわのみやたるひとしんのう，1835—1895年）被任命为新的维新政权总裁（—1868年润四月二十一日）。
	12月23日	日本德川幕府与沙俄签订改税条约。
	—	这一年，沙俄占领桦太（萨哈林岛）的函泊，无视日本的抗议构筑阵地。

—— 第二章 ——

明治维新后日本与沙皇俄国政治·经济·社会文化关系年表（1869—1917 年）

年	月　日	大事记
1868 年（庆应 4 年，明治元年 9 月 8 日开始）	1 月 3 日	日本实行明治维新，在京都府附近鸟羽、伏见拥戴天皇的维新政府军队打败前来镇压维新政权的德川幕府军队，取得戊辰战争胜利。
	1 月 15 日	日本维新政府向驻日各国公使通报“王政复古”，天皇将亲政。
	1 月 17 日	日本维新政府实行“三职七科”制。
	1 月 20 日	日本维新政府通告各国，将遵守德川幕府签订的各项条约。
	3 月 14 日	日本维新政权颁布《五条誓文》。
	3 月 15 日	日本维新政权发布《五榜告示》。
	[阴历 4 月]	日本最早的正教徒诞生，日本人泽边琢磨（さわべたくま，1834—1913 年）、酒井笃礼（さかいとくれい，1835—1882 年）、浦野大藏（うらのだいぞう，1841—1916 年）接受沙俄传教士尼古拉·卡萨特金的洗礼。
	[阴历润 4 月 21 日]	日本维新政权颁布《政体书》，实行“七官两局制”。

续表

年	月　日	大事记
1868 年（庆应 4 年，明治元年 9 月 8 日开始）	7 月 17 日	日本把江户改称东京。
	8 月 27 日	日本举行明治天皇睦仁（めいじてんのう むつひと，1852—1912 年）即位仪式。
	9 月 8 日	日本改元“明治”，宣布实行“一世一元”的“元号”制度。
	9 月 20 日	日本明治天皇睦仁从京都启程前往东京。
	10 月 13 日	日本明治天皇睦仁抵达东京，把原来德川幕府的江户城改为皇居，并改称东京城。
	12 月	日本德川幕府海军奉行榎本武扬（えのもと たけあき，1836—1908 年）率八艘军舰逃到北海道箱馆五棱廓城继续与维新政权对峙，并建立“虾夷共和国”（えぞ きょうわこく），12 月 28 日被推选为“总裁”。
	12 月 28 日	驻日美、英、法、荷、意、德六国公使取消局外中立布告。
1869 年（明治 2 年）	2 月 19 日	“虾夷共和国”总裁榎本武扬把虾夷岛（北海道）七重村附近的土地租借给普鲁士人雷诺德·加尔特内尔（Reynold Gartonel,?），为期 99 年。
	5 月 11 日	日本明治新政府军队向以榎本武扬为首的德川幕府残余势力盘踞的箱馆五棱廓城发动总攻。
	5 月 18 日	榎本武扬为首的日本德川幕府残余势力投降，讨幕战争结束。
	—	日本加贺金泽藩命令嵯峨寿安留学沙俄，此人后成为明治时代的俄语学者。
1870 年（明治 3 年）	—	日本明治新政府委托美国驻日公使查尔斯·E. 德隆（Charles E. De Long，1832—1876 年）邀请美国出面斡旋日俄之间的桦太（萨哈林岛）纷争问题。
	2 月 13 日	日本明治政府在久春古丹开设“桦太（萨哈林）开拓使”。

续表

年	月　日	大事记
1870 年（明治 3 年）	—	沙俄东正教传教士尼古拉·卡萨特金为获准在日本成立传道会临时回国。
1871 年（明治 4 年）	1 月 1 日	沙俄任命驻大清国公使代理叶夫根尼·布策为沙俄驻日本箱馆总领事。
	5 月 13 日	日本明治政府派遣副岛种臣（そえじま たねおみ，1828—1905 年）到符拉迪沃斯托克的波塞特湾波塞特湾（Залив Посьета），与沙俄进行桦太（萨哈林岛）边界交涉。
	8 月 7 日	日本明治政府把"桦太开拓使"并入北海道开拓使。
	10 月 8 日	日本明治政府决定向欧美派遣以右大臣岩仓具视（いわくら ともさだ，1825—1883 年）为特命全权大使的大型"岩仓使节团"。
	11 月 12 日	日本明治政府派往欧美的"岩仓使节团"从横滨港起航。
	12 月	沙俄正教修道士阿纳托利·齐哈伊（本名：亚历山大·德米特里为奇·齐哈伊，Anatoly Tikhai，1838—1893 年）来到日本。
	—	这一年，日本明治政府开拓使向俄罗斯派遣留学生。
		沙俄正教传教士尼古拉·卡萨特金重返日本后任东京正教传教使团团长。
		沙俄人亚历山大·谢苗诺维奇·波伦斯基（Александр Семёнович Полонский,?）刊行《库里尔诸岛（千岛群岛）》一书。
		杂技演员早竹小虎（はやたけことら,?）在沙俄首都圣彼得堡公开演出。
1872 年（明治 5 年）	1 月	沙俄正教传教士尼古拉·卡萨特金把函馆（箱馆）的正教会委托给阿纳托利·齐哈伊神父之后到东京。

续表

年	月　日	大事记
1872 年（明治 5 年）	2 月	日本仙台发生迫害正教徒事件。
	3 月	日本函馆（箱馆）发生迫害正教徒事件。
	7 月 7 日	沙俄在东京设立公使馆，任命原箱馆总领事叶夫根尼·卡尔罗维奇·布策（Евгений Карлович Бюцов，1837—1904 年）为首任沙俄驻日代理公使。明治政府外务卿副岛种臣与布策就有关桦太（萨哈林岛）问题进行交涉。
	9 月	沙俄阿里克谢·亚历山大罗维奇（А. Александрович，1850—1908 年）大公访日，拜会明治天皇。
	12 月 9 日	日本废除阴历，采用阳历（西历），把阴历 12 月 3 日定为西历明治六年 1 月 1 日。
	—	这一年，沙俄正教传教士尼古拉·卡萨特金在东京骏河台创办俄语塾（是为尼古拉学院的前身）。
1873 年（明治 6 年）	3 月 30 日	日本明治政府派遣的“岩仓使节团”访问沙俄（—4 月 14 日）。与“岩仓使节团”同行的清水谷公孝（しみずだにきんなる，1845—1882 年）、万里小路秀麿［（までのこうじひでまろ），即万里小路正秀，（までのこうじ なおひで，1858—1914 年）］、二木彦七（にき ひこしち，?）三人直接留下，留学沙俄。
	4 月	正在沙俄留学的嵯峨寿安与“岩仓使节团”一行中的木户孝允（きど たかよし，1833—1877 年）、伊藤博文（いとう ひろぶみ，1841—1909 年）会面。
	6 月	日本明治政府在择捉岛设立违禁捕猎海獭管理所，开始官营的海獭捕猎活动。
	11 月	沙俄任命亚历山大·埃皮克捷维奇·奥拉洛夫斯基（Александр Эпиктетвч Оларовский，1845—1910 年）为驻日代理公使。
	—	这一年，日本东京外国语学校正式招生。

续表

年	月　日	大事记
1874年（明治7年）	1月21日	沙俄驻日代理公使奥罗洛夫斯基向日本外务卿寺岛宗则（てらしまむねのり，1832—1893年）提议两国进行有关千岛、桦太（萨哈林岛）问题的交涉。
	3月10日	日本明治政府任命榎本武扬为驻沙俄特命全权公使，前往沙俄负责处理北方领土问题。
	春	留学沙俄的嵯峨寿安回到日本，成为开拓使“御用係”。
	5月	日本正教会在东京开设正教神学校，三井道郎（みいみちろう，1858—1940年）成为正教神学校的首批学生。
	5月27日	沙俄革命知识分子列夫·伊里奇·梅契尼科夫（Лев Ильич Мечников，1838—1888年）与在瑞士留学的大山岩（おおやま いわお，1842—1916年）相识后被邀请到日本从教。
	6月10日	日本驻沙俄特命全权公使榎本武扬抵达沙俄首都圣彼得堡。
	6月	沙俄人梅契尼科夫成为东京外国语学校俄语科教师。
	6月22日	日本特命全权公使榎本武扬在沙俄首都圣彼得堡同沙俄政府进行有关北方领土问题交涉。
	6月25日	沙俄任命基里尔·瓦西里耶维奇·斯特鲁韦（Кирилл Васильевич Струве，1835—1907年）为驻日代理公使。
1875年（明治8年）	1月21日	日本驻沙俄公使馆二等秘书市川文吉（いちかわ ぶんきち，1847—1927年）翻译波伦斯基著《库里尔诸岛（千岛群岛）》一书，榎本武扬撰写“补遗”附在书后，定名为《千岛志》。
	4月25日	沙俄驻日代理公使斯特鲁韦夫被任命为外交代办。

续表

年	月　日	大事记
1875 年（明治 8 年）	5 月 7 日	日俄在圣彼得堡签订《桦太（萨哈林岛）·千岛交换条约》。条约规定日本获得勘察加半岛以南的整个千岛群岛的主权、鄂霍次克海的捕鱼权和周边沙俄港口的十年免费使用权，日本放弃整个桦太（萨哈林岛）主权予俄国。
	7 月	日本最早接受洗礼的正教徒泽边琢磨（さわべ たくま，原名：山本琢磨，やまもと たくま，1834—1913 年）成为第一个正教司祭。
	8 月 22 日	日俄相互交换《桦太（萨哈林岛）·千岛交换条约》，并签署该条约附录。
1876 年（明治 9 年）	2 月 26 日	日本以江华岛事件为借口迫使朝鲜签订《日朝修好条规》，即《江华岛条约》。
	3 月	日本根据太政官公告第 25 条，重启桦太（萨哈林岛）渔业。
	10 月 10 日	沙俄任命斯特鲁韦夫为驻日特命全权公使。
1877 年（明治 10 年）	11 月 30 日	沙俄任命的驻日临时代理公使罗曼诺维奇·罗森（Роман Романович Розен，1847—1921 年）到任。
	12 月	日本正教会刊行机关报《教会报知》（—1880 年 11 月）。
1878 年（明治 11 年）	7 月 26 日	完成缔约使命的日本特命全权公使榎本武扬途经西伯利亚返回日本，沿途写下《西伯利亚日记》。
1879 年（明治 12 年）	3 月	沙俄正教会修道司祭弗拉基米尔·索科洛夫斯基（Владимир Соколóвский，本名：瓦西里·格里戈里耶维奇·索科洛夫斯基—阿夫托诺莫夫，Василий Григорьевич Соколовский-Автономов，1852—1931 年）来日，尼古拉·卡萨特金为筹措在日本东京建造“大圣堂”的资金回沙俄。

续表

年	月　日	大事记
1880 年（明治 13 年）	5 月 28 日	日本政府任命柳原前光（やなぎはら さきみつ，1850—1894 年）为日本驻沙俄特命全权公使。
	11 月	俄罗斯正教会国外传教士尼古拉（圣尼古拉·卡萨特金）返回日本，创办以布道为目的的《正教新报》。
	12 月 12 日	日本肖像画家山下里舞（山下りん，やました りん，1857—1939 年）从横滨港出发赴沙俄留学。
1881 年（明治 14 年）	3 月 13 日	沙皇亚历山大二世被暗杀，沙皇亚历山大三世·亚历山德罗维奇（Александр III Александрович，1845—1894 年）即位（—1894 年 11 月 1 日）。
	7 月 4 日	日本《自由新闻》开始连载介绍沙俄革命党人的文章——“鲁（俄）国革命党”。
	10 月 21 日	日本以萨摩、长州藩阀为核心的稳健派维新官僚把以大隈重信（おおくましげのぶ，1838—1922 年）为首的肥前、土佐藩出身的激进派维新官僚排挤出明治政府，并确定了稳步向立宪制过渡的基本方针，此即“明治十四年政变”。
	—	沙俄在远东地区设立限制外国人（主要是日本人）作业的渔场。
1882 年（明治 15 年）	2 月	沙俄任命罗曼·罗曼诺维奇·罗森（Роман Романович Розен，1847—1921 年）为沙俄驻日代理公使。
	—	福岛县令三岛通庸（みしまみちつね，1835—1888 年）到任后立即着手建设会津三方道路，并通告会津六郡十五岁至六十岁的人，不分男女每人两年出一天义务工。对此，自由党占优势的福岛县议会在议长河野广中（こうのひろなか，1849—1923 年）的带领下通过了否决县令公告的议案，但县令又下令征收道路工程用工替代费，此事件即为“福岛事件”。

续表

年	月　日	大事记
1882 年（明治 15 年）	—	日本皇族有栖川宫炽仁亲王（ありすがわのみやたるひとしんのう，1835 — 1895 年）访问俄罗斯，受到沙皇亚历山大三世的接见。
		这一年，在日正教传教士尼古拉·卡萨特金（圣尼古拉·卡萨特金）创办出版社“爱爱社”，设立女子神学校。
1883 年（明治 16 年）	3 月 8 日	日本任命山内胜明（やまうちかつあき，1848—1912 年）为日本驻沙俄临时代理公使。
	3 月 17 日	日本任命花房义质（はなぶさよしもと，1842—1917 年）为日本驻沙俄特命全权公使。
	5 月	沙俄公布渔业税法，压制日本人在远东地区的渔业作业。
	5 月 27 日	这一年，访欧中的伊藤博文前往沙俄列席沙皇亚历山大三世的加冕典礼。
	10 月 16 日	沙俄任命亚历山大·彼得罗维奇·达维多夫（Александр Петрович Давыдов，1838—1885 年）为驻日特命全权公使。
1884 年（明治 17 年）	7 月 5 日	日本把北千岛群岛的 97 名原住民强制迁移到色丹岛。
	9 月	“福岛事件”发生后，河野广体（こうの ひろみ，1864—1941 年）等福岛县自由党人计划暗杀福岛县令三岛通庸等政府官员，并策划暴动，还联络栃木、茨城两县自由党人，制造炸弹等。警察闻讯追捕这些自由党人，其中十六名自由党人于 9 月 23 日退入茨城县加波山。次日，这些人为袭击宇都宫县厅而下山，途中与警察发生交战，最后逃入山林，彼此约定到东京再相聚后解散。结果，这些自由党人陆续在各地被警察逮捕，其中七人被判死刑，七人被判无期徒刑，此即为“加波山事件”。
	12 月 10 日	日本明治时期政治文学家宫崎梦柳（みやざき むりゅう，1855—1889 年）翻译的以法兰西革命为内容的《虚无党实传记鬼啾啾》开始在《自由新闻》上连载。

续表

年	月　日	大事记
1885 年（明治 18 年）	9 月	日本明治政府进行学制改革后，东京外国语学校俄语科并入东京商业学校，即现在的日本一桥大学前身。
		沙俄驻日公使馆秘书官赴韩国首尔，密谋与朝鲜李氏王朝缔结秘密协定，但最终失败。
	12 月 22 日	日本实行内阁制，伊藤博文（いとう ひろぶみ，1841—1909 年）组织首次伊藤内阁（—1888 年 4 月 30 日），这也是日本内阁史上的第一届内阁。
1886 年（明治 19 年）	6 月 30 日	日本任命加藤增雄（かあとうますお，1853—1922 年）为日本驻沙俄临时代理公使。
	8 月	日本东京外国语学校俄语科学生森體（もりたい,?）以肌香梦史（はだかむし）的笔名翻译刊行列夫·托尔斯泰（Лев Николаевич Толстой，1828—1910 年）著《泣花怨柳——北欧血战余尘》，即《战争与和平》中的第二十三章。
	8 月 30 日	日本任命西德二郎（にしとくじろう，1847—1912 年）为日本驻沙俄特命全权公使。
	9 月 24 日	沙俄任命德米特里·叶戈罗维奇·塞维奇（Дмитрий Егорович Шевич，1839—1906 年）为沙俄驻日特命全权公使。
1887 年（明治 20 年）	1 月 24 日	日本刊行文部省版权的《露和字彙》，即《俄日字汇》。
	7 月 4 日	沙俄皇族亚历山大·米哈伊罗维奇（Александр Михайлович，1866—1933 年）大公访日。
	9 月	日本人三井道郎（みい みちろう，1858—1940 年）从沙俄留学归来，成为日本正教神学校教授。
1888 年（明治 21 年）	4 月 30 日	日本成立元老黑田清隆（くろだ きよたか，1840—1900 年）内阁（—1889 年 10 月 25 日）。

续表

年	月　日	大事记
1888年（明治21年）	10月	沙俄驻日本东京公使馆的神父谢尔盖·格列波夫（本名：谢尔盖·奥西波维奇·格列波夫（Сергей Осипович Глебов，1862—？年）赴日。
	—	这一年，日本作家、俄罗斯文学翻译家二叶亭四迷（ふたばてい しめい，1864—1909年）发表翻译过来的19世纪俄国批判现实主义作家、诗人和剧作家，被誉为"现实主义艺术大师"的伊凡·谢尔盖耶维奇·屠格涅夫（Иван Сергеевич Тургенев，1818—1883年）的小说《约会》，即《猎人笔记》中的一部分和《邂逅》（中译本为《阿霞》）（—1889年）。
1889年（明治22年）	4月	日本作家、俄罗斯文学翻译家二叶亭四迷把尼古拉·亚历山大罗维奇·杜勃罗留波夫（Николай Александрович Добролюбов，1836—1861年）的"文学的本色及平民与文学的关系"翻译成日文发表在《国民之友》杂志上。
	8月8日	日本与沙俄签订《日露和亲通商航海条约》，即《日俄友好通商航海条约》。
	11月6日	日本明治至大正年间小说家、评论家、翻译家、医学家、军医（官至陆军省医务局长，陆军军医总监，中将军衔）森鸥外（もり おうがい，1862—1922年）把列夫·尼古拉耶维奇·托尔斯泰（Лев Николаевич Толстой，1828—1910年）的小说《琉森》翻译成《在瑞士馆听音乐》，开始在《读卖新闻》上连载。
	12月24日	日本成立第一届长洲军阀山县有朋（やまがた ありとも，1838—1922年）内阁（—1891年4月9日）。
	—	沙俄修订"萨哈林岛（桦太）渔业暂行规则"，再次提高渔业税率，打压日本渔业。

续表

年	月　日	大事记
1890 年（明治 23 年）	9 月	沙俄正教祭司瑟吉（Сергий，本名：伊万·尼古拉耶维奇·斯塔罗戈洛斯基 Иван Николаевич Старогородский，1867—1944 年）访日，在日本从事一段正教传教活动，1898 年旅行北海道，著有《虾夷旅行记》。回国后，1925 年成为俄罗斯正教总主教。
	—	俄罗斯短篇小说巨匠、杰出的剧作家、俄罗斯 19 世纪末期最后一位批判现实主义艺术大师安东·巴甫洛维奇·契诃夫（Антон Павлович Чехов，1860—1904 年）到萨哈林（桦太）岛旅行。
1891 年（明治 24 年）	3 月 8 日	沙俄正教传教士尼古拉·卡萨特金在日本东京神田主持建造的尼古拉教堂（正式名称为“东京复活大圣堂”）竣工，举行“成圣式”，按当时的时价计算，尼古拉教堂总共耗资 24 万日元。
	3 月 29 日	沙皇亚历山大三世颁布建设西伯利亚大铁路的敕令。
	4 月	随着沙俄皇太子尼古拉·亚历山德罗维奇·罗曼诺夫（即，后来的尼古拉二世，Николай II Александрович，1868—1918 年）访问日本的日期日益临近，日本国内流传“西乡隆盛（さいごう たかもり，1828—1877 年）在俄罗斯还活着”的传闻。
	4 月 27 日	沙俄皇太子尼古拉抵达日本长崎港，开始访日之行。
	5 月 6 日	日本成立第一次松方正义（まつかた まさよし，1835—1924 年）内阁（—1892 年 7 月 30 日）。
	5 月 11 日	沙俄皇太子尼古拉访日期间，在滋贺县大津市发生沙俄皇太子遭遇巡警津田三藏（つだ さんぞう，1855—1891 年）行刺而受伤的“大津事件”。
	5 月 12 日	日本明治天皇睦仁，前往京都看望受伤的沙俄皇太子尼古拉。
	10 月 24 日	日本任命大前退藏（おおまえ たいぞう，?）为驻沙俄临时代理公使。

续表

年	月　日	大事记
1892年（明治25年）	8月8日	日本成立第二次伊藤博文内阁（—1896年8月31日）。
	11月	日本正教会女子学校刊行其机关刊物《裹锦（里锦）》。
	—	这一年，日本驻德意志帝国首都柏林公使馆的武官福岛安正（ふくしま やすまさ，1852—1919年）为实地考察沙俄准备修建的西伯利亚大铁路的实际情况，向沙俄申请冬季西伯利亚探险旅行，单骑横穿严寒西伯利亚，并最终完成穿越（—1893年）。
1893年（明治26年）	1月	东京外国语大学教授桑原谦藏（くわばらけんぞう,?）在《早稻田文学》杂志上连载以“俄罗斯最近文学的评论”为题的论文，介绍19世纪俄国著名的批判现实主义作家之一伊万·亚历山德罗维奇·冈察洛夫（Иван Александрович Гончаров，1812—1891年）；19世纪中期俄国批判现实主义作家、思想家、哲学家、俄罗斯文学三巨头之一的列夫·托尔斯泰；俄罗斯文学三巨头之一的费奥多尔·米哈伊洛维奇·陀思妥耶夫斯基（Фёдор Михайлович Достоевский，1821—1881年）；19世纪俄国批判现实主义作家、俄罗斯文学三巨头之一的伊凡·谢尔盖耶维奇·屠格涅夫（Иван Сергеевич Тургенев，1818—1883年）等。
	1月5日	日本任命西德二郎（にし とくじろう，1847—1912年）为日本国驻沙俄特命全权公使。
	1月28日	沙俄任命米哈伊尔·亚历山大·希特洛沃（Михаи́л Алекса́ндрович Хитрово́，1837—1896年）为沙俄驻日特命全权公使。

续表

年	月　日	大事记
1893 年（明治 26 年）	9 月	日本正教会男子神学发行机关刊物——月刊《心海》，介绍俄国著名的宗教哲学家、诗人、政论作家弗拉基米尔·谢尔盖耶维奇·索洛维约夫（Соловьёв Владимир Сергеевич，1853—1900 年），以及陀思妥耶夫斯基、托尔斯泰等。
	—	这一年，郡司成忠（ぐんじしげただ，1860—1924 年）大尉率领的日本北千岛探险队在占守岛过冬。
1894 年（明治 27 年）	6 月 2 日	朝鲜发生全琫准（전봉준，1854—1895 年）领导的东学党农民起义，日本伊藤博文内阁决定借机出兵朝鲜。
	6 月 5 日	日本设立由参谋总长、参谋次长、陆军大臣、海军军令部长等参加的“大本营”，作为出兵朝鲜的最高指挥机关。
	6 月 6 日	应朝鲜李氏王朝请求，清朝出兵镇压朝鲜东学党起义，抵达朝鲜的清兵开始分批在牙山登陆。
	6 月 9 日	日本得知清朝出兵，也立即派先遣队 400 多人，在驻朝公使大鸟圭介（おおとり けいすけ，1833—1911 年）的带领下，以《济物浦条约》中的日本有权保护使馆和侨民的规定为借口，进入朝鲜首都汉城（今韩国首尔）。
	6 月 30 日	沙俄要求日本从朝鲜撤军。
	7 月 25 日	中日爆发丰岛海战，中日甲午战争正式点燃。
	8 月 1 日	日本向清朝正式宣战。
	11 月 1 日	沙皇尼古拉二世·亚历山德罗维奇·罗曼诺夫（Николай II Александрович，1868—1918 年）即位（—1917 年 3 月 15 日）。
	—	这一年，日本皇族小松宫依仁亲王（こまつのみや よりひとしんのう，1867—1922 年）访问沙俄，同沙皇亚历山大三世夫妻会晤。

续表

年	月 日	大事记
1895 年（明治 28 年）	4 月 17 日	中日甲午（日清）战争中清朝战败而被迫媾和，中方派全权代表李鸿章（1823—1901 年）、李经方（1855—1934 年）与日本明治政府全权代表伊藤博文、陆奥宗光（むつ むねみつ，1844—1897 年）在日本马关（今山口县下关市）签订《马关条约》（日本称为《下关条约》或《日清讲和条约》），清政府被迫割地、赔款，中日甲午战争结束。
	4 月 23 日	中日签订《马关条约》以后，沙俄、德国、法国三国进行干涉，迫使日本归还辽东半岛予中国，此即“三国干涉还辽”。
	6 月 8 日	日本与沙俄签订《日俄通商航海条约》。
	7 月 6 日	清朝为了筹措甲午战争后的对日赔款，向俄法借款 4 亿法郎。
	11 月 8 日	中方清政府代表钦差头等全权大臣李鸿章与日方代表、日本驻清国公使林董（はやしただす，1850—1913 年）在北京签署《辽东还付条约》，清朝支付日本“赎辽费三千万两白银”赎回辽东半岛。
1896 年（明治 29 年）	2 月 11 日	闵妃（민비，明成皇后，명성황후，1851—1895 年）被杀事件发生以后，在亲俄派大臣李范晋（이범진，1853—1911 年）的劝说和帮助下，朝鲜国王高宗李熙（이희，1852—1919 年）携世子从景福宫秘密逃往到沙俄驻朝鲜公使馆避难，史称“俄公使馆播迁”（—1897 年 2 月 20 日）。朝鲜国王随即下令逮捕亲日的开化派内阁总理金弘（宏）集（김홍집，1842—1896 年），农商工大臣、内部大臣俞吉浚（유길준，1856—1914 年），法部大臣张博（장박,?），前军部大臣赵义渊（조의연,?）、度支大臣鱼允中（어윤중，1848—1896 年）等“逆贼五大臣”，金弘集、张博、赵义渊、鱼允中被杀，俞吉浚逃亡日本。

续表

年	月 日	大事记
1896年（明治29年）	3月15日	日本特使山县有朋启程赴俄，去参加沙皇尼古拉二世的加冕典礼。
	5月14日	日本驻朝公使小村寿太郎（こむら じゅたろう，1855—1911年）与沙俄驻朝代理公使卡尔·伊万诺维奇·韦伯（Карл Иванович Вебер，1841—1910年）在汉城（今韩国首尔）就有关朝鲜问题签订《关于朝鲜问题的日俄两国代表备忘录》，即《小村寿太郎—韦伯协定》。
	6月3日	沙俄利用清朝在中日甲午战争中战败的困境，以“共同防御”日本为由，诱使中国清政府派遣特使李鸿章与俄国外交大臣阿列克谢·鲍里索维奇·罗巴诺夫（Алексей Борисович Лобанов，1824—1896年）、财政大臣谢尔盖·尤里耶维奇·维特（Сергей Юльевич Витте，1849—1915年）在莫斯科秘密签订《御敌互相援助条约》，又称《防御同盟条约》，一般称为《中俄密约》。
	6月9日	日本特使山县有朋与沙俄外交大臣罗巴诺夫在莫斯科签订日俄两国关于朝鲜问题的协定，即《关于朝鲜问题的议定书》（又称“山县—罗巴诺夫协定”）。该协定规定，日俄两国共同援助朝鲜财政改革；军警由朝鲜自行组织；日本在朝鲜继续保留已有的电信管理权；同时承认俄国享有在朝鲜的电线架设权。秘密条款规定，为防止日俄两国军队在朝鲜的军事冲突，在朝鲜设置缓冲区，日俄借此分割朝鲜。
	7月12日	沙俄任命阿列克谢·尼古拉耶维奇·施佩尔（Алексей Николаевич Шпейер，1854—1916年）为驻日临时代理公使。
	8月27日	日本任命大前退藏（おおまえ たいぞう，?）为日本驻沙俄临时代理公使。

续表

年	月　日	大事记
1896 年（明治 29 年）	9 月 18 日	日本成立第二次松方正义内阁（—1897 年 12 月 25 日）。
1897 年（明治 30 年）	5 月 25 日	日本任命林董为驻沙俄圣彼得堡特命全权公使。
	6 月 26 日	日本海军大尉广濑武夫（ひろせ たけお，1868—1904 年）授命留学沙俄。
	8 月 24 日	沙俄任命罗曼·罗曼诺维奇·罗森（Роман Романович Розен，1847—1921 年）为驻日特命全权公使。
	—	这一年，大陆浪人“黑龙会”创始人内田良平（うちだ りょうへい，1874—1937 年）只身穿过西伯利亚。
1898 年（明治 31 年）	1 月 12 日	日本成立第三次伊藤博文内阁（—1898 年 6 月 24 日）。
	3 月 19 日	日本外相西德二郎（にしとくじろう，1847—1912 年）向沙俄驻日公使罗森通告，沙俄如果把大韩帝国（朝鲜）委任于日本，那么日本将承认满洲在日本的利益范围之外。
	3 月 27 日	沙俄从清政府获得旅顺、大连的租借权以及铺设哈尔滨至大连、旅顺的东清铁路南满支线的权利。
	4 月 2 日	沙俄拒绝日本外相西德二郎提出的日本与沙俄相互确认在朝鲜与满洲（中国东北）各自势力范围的提议。
	4 月 25 日	日本外务大臣西德二郎与沙俄驻日公使罗森就有关朝鲜问题进行协商，并达成妥协，在东京签订“西德二郎—罗森协定”。该协定是 1896 年“山县有朋—罗巴诺夫协定”的补充，由“朝鲜独立”和“不干涉朝鲜内政”，“朝鲜财政顾问和军事教官的任命日俄应事先协商”，“沙俄尊重日本在朝鲜经济上的优先地位”等三条构成。根据这一协定，日本还默认了俄国对旅顺、大连的租借。
	6 月 30 日	日本成立第一次大隈重信（おおくましげのぶ，1838—1922 年）内阁（—1898 年 10 月 31 日）。

续表

年	月　日	大事记
1898 年（明治 31 年）	8 月 19 日	沙俄乌拉尔·哥萨克格里高利·捷连季耶维奇·霍赫洛夫（Григорий Терентьевич Хохлов,？—1919 年）等为抵达“白水境”（巴尔古津河），来到长崎。
	11 月 8 日	日本成立第二次山县有朋内阁（—1900 年 9 月 26 日）
1899 年（明治 32 年）	6 月	日本正教会男子神学校机关杂志《心海》出第 70 号以后停刊。
	9 月 6 日	日本任命杉村虎一（すぎむら こいち，1857—1938 年）为驻沙俄临时代理公使。
	—	沙俄在符拉迪沃斯在克（海参崴）创办东洋学院。
1900 年（明治 33 年）	3 月 31 日	沙俄与大韩帝国签订出让马山浦附近土地及其他事项的秘密协定。
	5 月 24 日	日本任命小村寿太郎（こむら じゅたろう，1855—1911 年）为日本驻沙俄特命全权公使。
	6 月 17 日	英、德、日、俄为镇压义和团运动，派遣联合陆战队占领天津大沽炮台。
	6 月 22 日	沙俄任命亚历山大·彼得罗维奇·伊索尔斯基（Александр Петрович Извольский，1856—1919 年）为驻日本特命全权公使。
	7 月	日本国内的正教会发行《正教要话》。
	7 月 16 日	俄军在布拉维申斯克制造驱赶、屠杀黑龙江以东六十四屯满汉居民的“江东六十四屯惨案”。
	10 月 19 日	日本成立第四次伊藤博文内阁（—1901 年 5 月 2 日）。
	11 月 8 日	日本任命杉村虎一为日本驻沙俄代理公使。

续表

年	月　日	大事记
1900年（明治33年）	11月11日	中国发生义和团运动后，沙俄军队旅大租借地总督阿列克赛耶夫·叶甫盖尼·伊万诺维奇（Алексеев Евгений Иванович，1843—1917年）派兵占领盛京，胁迫清朝盛京将军增祺（1851—1919年）签订《奉天交地暂且章程》，企图以“交还”奉天为名，实际上完全控制中国东北三省。
	12月17日	日本任命珍田捨巳（ちんだ すてみ，1857—1929年）为驻沙俄特命全权公使。
	—	日本皇族闲院宫载仁亲王（かんいんのみや ことひとしんのう，1865—1945年）访问沙俄，受到末代沙皇尼古拉二世接见。
1901年（明治34年）	2月	日本大陆浪人内田良平（うちだ りょうへい，1874—1937年）成立黑龙会。
	3月20日	日本加藤高明（かとうたかあき，1860—1926年）外相劝告清政府拒绝沙俄对满洲（中国东北）的各项要求。
	6月2日	日本成立第一次桂太郎（かつらたろう，1848—1913年）内阁（—1905年12月21日）。
	6月	日本正教会翻译出版《我主耶稣·哈里斯托斯诺新约》。
	9月7日	清政府代表——总理各国事务衙门大臣奕劻（1838—1917年）、直隶总督兼北洋大臣李鸿章在北京与英、美、法、德、俄、日、意、奥、西、荷、比11国公使签订《辛丑条约》（即《最后议定书》）和19个附件。
	9月	日本国家主义者、右翼活动家、亚洲主义者、大陆浪人内田良平出版发行《俄罗斯亡国论》。
	10月15日	日本任命杉村虎一为驻沙俄临时代理公使。
	11月8日	日本外相小村寿太郎通过俄国驻日公使伊索尔斯基劝告沙俄从满洲（中国东北）撤军。

续表

年	月 日	大事记
1901 年（明治 34 年）	12 月 4 日	正在访问沙俄的伊藤博文向沙俄外交大臣弗拉基米尔·尼古拉耶维奇·拉姆斯多夫（Владимир Николаевич Ламсдорф，1844 或 1845—1907 年）提出“日俄协定案”。
	12 月	日本《帝国文学》杂志刊登介绍马克西姆·高尔基（Максим Горький，原名阿列克赛·马克西姆维奇·别什可夫，Алексей Максимович Пешков，1868—1936 年）的报道。
	—	日本东京的神田开办黑龙俄语学校。
		日本的乌森艺妓在巴黎公演后的回国途中也在沙俄莫斯科盛大公演。
1902 年（明治 35 年）	1 月 30 日	英国外交大臣兰斯顿侯爵亨利·查尔斯·基思·佩蒂—菲茨莫里斯（Henry Charles Keith Petty-Fitzmaurice，1845—1927 年）和日本驻英大使林董签订第一次《日英同盟条约》。
	2 月 3 日	日本任命栗野慎一郎（くりの しんいちろう，1851—1937 年）为日本驻沙俄特命全权公使。
	4 月 8 日	沙俄驻华公使保罗·米哈伊洛维奇·莱萨尔（Пол Михайлович Лайсар，1851—1905 年）与大清总理各国事务衙门大臣奕劻、会办大臣王文韶（1830—1908 年）在北京签订关于俄国从中国东北撤出占领军的《交收东三省条约》。
	10 月 8 日	根据《交收东三省条约》，沙俄完成第一阶段从满洲（中国东北）撤军。
	—	这一年，小松宫彰仁亲王（こまつのみやあきひとしんのう，1846—1903 年）访问沙俄，与松方正义一起受到沙皇尼古拉二世的接见。

续表

年	月　日	大事记
1902年（明治35年）	—	以日本黑龙会创始人内田良平为中心成立日俄协会，并以海军中将、明治维新初期曾任日本驻俄特命全权公使的榎本武扬为会长。
	—	日本的木下马戏团轻业一座（けいぎょういちざ）在西伯利亚巡回表演。
		日本川上音二郎（かわかみ おとじろう，1864—1911年）的贞奴一座（さだやっこいちざ）在沙俄的莫斯科和圣彼得堡公开演出。
1903年（明治36年）	4月8日	沙俄没有履行第二阶段从满洲（中国东北）撤军的约定。
	4月18日	沙俄任命罗森为驻日本特命全权公使，1904—1905年日俄战争期间，沙俄驻日公使馆撤离日本。
	5月	日本京都的正教圣母（生神女）福音圣堂（教堂）竣工。
	6月12日	沙俄驻“满洲”军司令阿列克谢·尼古拉耶维奇·库罗巴特金（Алексéй Николáевич Куропáткин，1848—1925年）访问日本。
	6月23日	日本召开御前会议讨论有关对俄问题，决定同沙俄进行谈判。
	8月12日	日本驻沙俄公使栗野慎一郎向沙俄方提出六项条款作为两国协商的基础。
		沙俄在旅顺口新设远东总督府，任命海军上将叶夫根尼·伊万诺维奇·阿列克塞耶夫（Евгений Иванович Алексеев，1843—1909年）为总督。
	8月28日	沙俄财政大臣谢尔盖·尤利耶维奇·维特（Сергей Юльевич Витте，1849—1915年）被迫辞去职务。
	10月6日	日本外相小村寿太郎与沙俄驻日公使罗森举行第一次会谈。

续表

年	月　日	大事记
1904年（明治37年）	1月6日	沙俄驻日公使罗森向日本外相小村寿太郎提出沙俄方面的最终提案。
	1月13日	日本外相小村寿太郎向沙俄驻日公使罗森提出日本方面的最终意见书。
	1月21日	大韩帝国发表中立宣言，表示在日俄战争中严守中立，并先后得到大清帝国、英国、法国及德国的承认。
	1月22日	日本发生沙俄间谍事件，曾经帮助过沙俄驻日公使馆海军武官的正教徒高桥门三九（又称：格里高利·高桥，たかはしもんさんきゅう，?）以间谍嫌疑被逮捕。
	2月4日	日本召开御前会议，决定停止外交谈判，对沙俄开战。
	2月5日	日本宣布与沙俄断交，并进行战前军事准备。
	2月6日	日本通告沙俄驻日公使罗森，宣布两国断交。
		日本驻沙俄公使栗野慎一郎撤回日本。
		日本联合舰队司令东乡平八郎（とうごう へいはちろう，1848—1934年）召集下属指挥官，传达天皇的开战决定，并且命令全舰队开赴黄海，分别准备攻击停泊在中国旅顺和韩国仁川（济物浦）的沙俄舰队。
	2月8日	日本无视韩国的中立宣言，派遣海军偷袭韩国仁川（济物浦）港的沙俄海军舰队，并在朝鲜半岛仁川登陆，占领汉城（今韩国“首尔”），同时攻击旅顺港的沙俄舰队，开启战端。
	2月10日	日本正式发布对俄宣战诏书，日俄战争正式爆发。
		日本东京的尼古拉·卡萨特金大主教向日本正教徒发布告示，要求日本“教徒恪守作为日本国臣民的忠义本分”。
	2月11日	日本设立日俄战争“大本营”。
	2月12日	日俄战争爆发以后，清政府发布所谓“局外中立”上谕，宣布中立。

续表

年	月　日	大事记
1904 年（明治 37 年）	2 月 23 日	日本胁迫韩国签订《日韩议定书》，规定韩国协助日本对俄作战，强行将韩国拉进日本阵营。
	2 月 24 日	日本海军大将东乡平八郎指挥的海军联合舰队发动第一次封堵旅顺港出海口作战。
	3 月 13 日	日本《平民新闻》发表日本社会主义运动活动家幸德秋水（こうとくしゅうすい，1871—1911 年）撰写的“致俄国社会党书”。
	3 月 21 日	日本陆军第一军约三万人携百余门炮，在日本陆军大将黑木为桢（くろきためもと，1844—1923 年）的指挥下在朝鲜镇南浦登陆北进。4 月中旬，日军未遇抵抗就抵达鸭绿江左岸。
	3 月 27 日	日本东乡平八郎指挥的海军联合舰队发动第二次封堵旅顺港出海口作战。
	3 月 29 日	由日本陆军大将黑木为桢指挥的日军第一军开始强渡鸭绿江，向右岸的由米哈伊尔·伊万诺维奇·扎苏里奇（Михаил Иванович Засулич，1843—1910 年）中将指挥的沙俄“东满支队”左翼发动迂回进攻。
	4 月 28 日	美国探险家、记者乔治·凯南（George Kennan，1845—1924 年）赴日本采访日俄战争。
	5 月 1 日	日军第一军与沙俄“东满支队”在九连城展开激战，兵力处于劣势的俄军不敌日军，放弃九连城撤回辽阳，日军占领九连城。
	5 月 3 日	日本东乡平八郎指挥的海军联合舰队发动第三次封堵旅顺港出海口作战。
	5 月 5 日	由日本陆军大将奥保巩（おく やすかた，1847—1930 年）指挥的日军第二军在辽东半岛东南貔子窝登陆。
	5 月 14 日	俄国社会民主党机关报《火星报》翻译刊载幸德秋水的“致俄国社会党书”，并发表答复书。

续表

年	月　日	大事记
1904年（明治37年）	5月25日	日俄两军在金州、南山交战，日军占领金州、南山（—6月27日）。
	6月	日本成立正教信徒战时奉公会。日本正教信徒组织俘虏信仰慰安会，其成员被派遣到松山沙俄战俘收容所。这时期日本接连发生对正教徒的迫害事件。
	6月20日	日本设立“满洲军总司令部”，以陆军大将大山岩（おおやま いわお，1842—1916年）为总司令。
	7月26日	承担攻占旅顺任务的日本陆军中将乃木希典（のぎ まれすけ，1849—1912年）指挥的日军第三军开始攻击旅顺的军事行动，占领横山等制高点。
	7月30日	俄军放弃旅顺外围最后一道天然屏障——狼山，俄军开始撤进要塞固守。
	8月7日	日本陆军中将乃木希典指挥的日军第三军又一次向沙俄的旅顺要塞发动进攻，攻占要塞外围制高点大孤山和小孤山。
	8月10日	沙俄海军上将远东陆海军总司令阿列克塞耶夫命令旅顺要塞内的俄罗斯舰队突破日本海军对旅顺港的封锁，开往海参崴。但由于准备不周，指挥失当，沙俄舰队与日舰队遭遇并发生激战。沙俄舰队被日本海军击败，剩余舰只被迫退回旅顺基地；部分舰只则逃到中立国港口，被解除武装，是为“日俄黄海海战”。
	8月12日	沙俄海参崴分舰队在蔚山海战中被日本海军中将上村彦之丞（かみむら ひこのじょう，1849—1916年）率领的第二海军舰队摧毁。
	8月14日	国际共产主义运动的日本籍活动家片山潜（かたやま せん，1859—1933年）出席在荷兰阿姆斯特丹举行的第二国际代表大会，被选为大会副主席。片山潜在该大会上结识格奥尔吉·瓦伦丁诺维奇·普列汉诺夫（Георгий Валентинович Плеханов，1856—1918年）并同其握手。片山潜在大会上发表反对日俄战争的演说。

续表

年	月 日	大事记
1904 年（明治 37 年）	8 月 19 日	日本陆军中将乃木希典指挥的日军第三军对沙俄军队的旅顺要塞发动第一次总攻，日军强攻旅顺要塞，并夺占了一些前沿工事，但伤亡惨重，士气低落，不得不放弃了迅速攻占旅顺的计划，采取长围久困的方法（—8 月 24 日）。
	8 月 22 日	日本满洲军总司令大山岩下达向辽阳的库罗巴特金为总司令的沙俄满洲集团军发动总攻的命令，日俄辽阳会战开始。
		日本迫使韩国签订《第一次日韩协约》（又称：《日韩新协约》），把韩国外交和财政的“一切要务”都置于日本的指挥之下。
	8 月 28 日	日本满洲军总司令大山岩指挥的日军与俄军在辽阳周围激战，俄军不敌日军，向奉天撤退，日军占领辽阳（—9 月 4 日）。
	9 月 19 日	日本陆军中将乃木希典指挥的日军第三军对沙俄军队的旅顺要塞发动第二次总攻。
	9 月 30 日	在法国巴黎召开沙俄反政府的第一次俄罗斯各社会党派会议（—10 月 5 日）。日本驻沙俄公使馆所属武官明石元二郎（あかし もとじろう，1864—1919 年）大佐，通过芬兰独立党领袖康尼·齐利阿库斯（Конни Циллиакус，1855—1924 年）向大会提供资金援助。
	10 月 9 日	日俄两军在辽阳以北沙河展开激战，是为沙河会战。
	11 月 26 日	日本陆军中将乃木希典指挥的日军第三军对沙俄军队驻守的旅顺要塞发动第三次总攻。
	12 月 5 日	日军终于占领沙俄旅顺要塞制高点 203 高地。

续表

年	月　日	大事记
1904 年（明治 37 年）	—	沙俄作家列夫·托尔斯泰撰写题为《反省吧》一文，批判日俄战争，引起国际社会反响，日本社会主义运动活动家安部矶雄（あべいそお，1865—1949 年）等致函对其表示赞同。
		日本外务省官僚二桥谦（ふたはし けん，1857—1903 年）出版发行《日俄字典》。
1905 年（明治 38 年）	1 月 1 日	日俄战争中沙俄的旅顺要塞守军投降，日军占领旅顺。
	1 月 2 日	日俄战争旅顺攻坚战主力日军第三军司令、陆军中将乃木希典与旅顺口之战俄军总指挥沙俄陆军中将阿纳托利·米哈伊洛维奇·斯特塞尔（Анатолий Михайлович Стессель，1848—1915 年）在水师营会面，俄军投降，日军占领旅顺要塞。
	1 月 22 日	沙俄首都圣彼得堡发生沙皇军警野蛮枪杀前往冬宫向沙皇呈递请愿书的工人，造成 1000 多人被打死、几千人受伤的“流血星期日”事件。“流血星期日”拉开沙俄 1905 年革命的序幕。
	1 月 25 日	日俄两军在黑沟台会战，俄军失利。
	2 月 23 日	日本满洲军总司令大山岩决定对集中在奉天（即今中国东北“沈阳”）周边的库罗帕特金指挥的 37 万沙俄军发动进攻，沙俄军队放弃阵地，撤到浑河以北，企图缩短战线，抽出部队加强右翼，伺机反击日军。
	3 月 1 日	日本满洲军在大山岩指挥下向奉天的沙俄军队发动进攻，奉天大会战开始。
	3 月 9 日	日军突破沙俄第一集团军防线，开始从左翼迂回奉天，日军第三军从右翼迂回到沙俄第二集团军后方，奉天的沙俄军队处于被日军包围的危险之中。库罗帕特金被迫当夜下令奉天沙俄军队向铁岭撤退，主力逃脱日军包围。

续表

年	月　日	大事记
1905年（明治38年）	3月11日	日军第一军和第三军在浑河地区会师，日军攻占中国东北重镇奉天，日俄奉天大会战以沙俄军队战败告终。此后，日俄两军进入战略对峙。
	4月2日	沙俄各派革命党在瑞士日内瓦举行了由芬兰独立党领袖康尼·齐利阿库斯和日本驻在圣彼得堡沙俄公使馆所属武官、驻斯德哥尔摩参谋本部所属欧洲巡回武官和驻德国武官明石元二郎参与其中的、由日本“资金支持”的“第二届俄国革命党联合会议”（—4月9日）。
	5月27日	日本海海战（“日俄对马海战”）中，日本海军大将东乡平八郎指挥的联合舰队与沙俄海军中将罗杰斯特文斯基（Зиновий Петрович Рожественский，1848—1909年）指挥的远道而来的沙俄第二太平洋舰队，即原沙俄波罗的海舰队激战，沙俄海军几乎全军覆没（—5月28日）。
	5月30日	沙俄民粹派革命党人尼古拉·康斯坦丁诺维奇·苏滋洛夫斯基（Николай Константинович Судзиловский；假名：尼古拉斯·拉塞尔，Николас Руссель，1850—1930年）来到日本，以神户为据点编辑发行面向正教神学校学生为主要对象的杂志《日本与俄罗斯》。
	5月	日本平民新闻同仁编辑发行《革命妇人》（革命女性）。
	6月1日	日本驻美公使高平小五郎（たかひら こごろう，1854—1926年）请求美国总统西奥多·罗斯福（Theodore Roosevelt，1858—1919年），希望美国为日俄媾和进行善意的斡旋的。
	6月9日	美国驻日公使劳埃德·C．格里斯科姆（Lloyd C. Griscom，1872—1959年）劝告日俄交战双方进行媾和。

续表

年	月　日	大事记
1905 年（明治 38 年）	6 月 30 日	日本桂太郎内阁召开内阁会议，决定与沙俄媾和的具体条件。
	7 月 7 日	日军第十三师团在南桦太（萨哈林岛南部）登陆。
	7 月 19 日	日本“对俄同志会”等组织“媾和问题同志联合会”。
	7 月	日本明石元二郎大佐与芬兰独立党领袖齐利阿库斯开始把从瑞士购买的武器运往圣彼得堡（—9 月 7 日，因运送武器的船舶触礁而行动失败）。
	7 月 31 日	桦太（萨哈林岛）的沙俄军队投降。
	8 月 10 日	美国总统西奥多·罗斯福的斡旋下，在美国新罕布什尔州朴茨茅斯海军基地举行日俄媾和会议，日方提出 12 条媾和条件。
	8 月 15 日	日本海（对马）海战中被捕的沙俄波罗的海第三舰队海军少将尼古拉·伊万诺维奇·涅霍加多夫（Николай Иванович Небогатов，1849—1922 年）等，在京都妙法寺院为日俄战争中阵亡的亡灵举行佛教式法事。
	8 月 17 日	日本首都东京举行“媾和问题同志联合会”，通过“反对向沙俄妥协的决议”。
	8 月 19 日	沙皇尼古拉二世在国内政治压力下，同意成立沙俄国家杜马（即国会），但因限制选举方式，并仅授予轻微的权力，各方势力不满，动乱加剧，引发更大规模罢工。
	9 月 5 日	美国总统西奥多·罗斯福的斡旋下，日俄在美国朴茨茅斯签订《朴茨茅斯条约》结束日俄战争，日本获得桦太南部领有权，并继承沙俄在中国东三省的侵略权益。
		在日本国内，东京日比谷公园举行反对日俄媾和国民大会，发生打、砸、抢、烧的暴力事件。

续表

年	月　日	大事记
1905年（明治38年）	9月6日	日本东京及周边其他五郡宣布戒严。
	9月11日	日军参谋本部下令明石元二郎大佐回国，并停止向俄罗斯各革命政党提供资金援助。
	9月27日	日本海（对马）海战中被捕的沙俄海军少将涅霍加多夫等回国。
	9月	日本邮船会社重新开始函馆至桦太大泊（今萨哈林岛的科尔萨科夫）海上航线的营运。
	10月15日	日俄媾和条约——《朴茨茅斯条约》批准生效。
	10月30日	沙皇尼古拉二世在财政大臣维特等人起草的“十月诏书”上签字，承诺多项基本公民权利，包括组织政党、给予普选权、赋予国家杜马中央立法权等。
	11月2日	日本任命外相小村寿太郎为全权大使前来北京，同清政府全权大臣庆亲王奕劻（1838—1917年）、外务部尚书瞿鸿禨（1850—1918年）、直隶总督袁世凯（1859—1916年）交涉日俄战争后中国“东三省善后事宜”。
	11月5日	在沙俄革命党人尼古拉斯·康斯坦丁诺维奇·苏兹洛夫斯基（假名：尼古拉斯·罗塞尔）的组织和鼓动下，收容日俄战争俄军战俘的日本浜寺收容所的水兵、士兵大众举行集会，打出了“土地与自由”“劳动人民万岁”等标语。
	11月17日	大批日军的簇拥下，日本特使伊藤博文和日本朝鲜驻屯军司令官长谷川好道（はせがわ よしみち，1850—1924年）直接进入朝鲜皇宫逼迫大韩帝国皇帝李熙签订了《日韩保护条约》（又称《乙巳保护条约》），条约规定由日本掌握韩国的外交权，在韩国设置统监府等，伊藤博文成为第一任朝鲜统监。
	12月22日	日本迫使中国清政府签订日本继承沙俄在中国东北特权的《中日会议东三省事宜条约》及附属协定、议定书。

续表

年	月　日	大事记
1905年（明治38年）	12月	沙俄政府颁布了选举办法，规定年满二十五岁以上男性国民为合格选民，并针对不同社会阶层的选票，给予不同的权重。
		沙俄梅德维基俘虏收容所的1776名日本战俘和一名妇女踏上归国之途。
1906年（明治39年）	1月5日	日本任命本野一郎（もとの いちろう，1862—1918年）为驻沙俄特命全权公使。
	1月7日	日本成立第一次西园寺公望（さいおんじきんもち，1849—1940年）内阁（—1908年7月4日）。
	1月26日	日本大阪每日新闻派出的第一个正式的特派员高石真武郎（たかいししんごろう，1878—1967年）到达沙俄首都圣彼得堡。
	2月9日	沙俄任命格利高利·亚历山德罗维奇·卡扎科夫（Григорий Александрович Козаков，1869—1918年）为驻日临时代理公使。
	3月	沙俄举行第一届国家杜马选举。
	4月1日	日本大阪每日新闻特派员高石真武郎（たかいし しんごろう，1878—1967年）在沙俄发出的通讯以《战后的俄国》（戦後の露国）为题，开始在《大阪每日新闻》上刊载。
	4月18日	沙俄任命格奥尔基·彼得罗维奇·巴赫梅捷夫（Георгий Петрович Бахметев，1847年—1928年）为驻日特命全权公使。
	4月23日	沙俄政府在国家杜马开始运作的前一天颁布“俄罗斯帝国基本法”（Основные государственные законы Российской империи）。确定政府架构，规定沙皇为绝对的领袖，完全控制行政、外交政策、教堂事务以及军事武力。限制国家杜马的政治地位，国家杜马议员一

续表

年	月　日	大事记
1906 年（明治 39 年）	4 月 23 日	半由选举产生，另一半由“大臣会议”（Государственный совет）指派。法律的制定必须经由国家杜马与大臣会议核准，并最终由沙皇批准才能生效。国家杜马休会期间，在立法程序上可允许由大臣会议转呈沙皇批准，无需待国家杜马开会。
	4 月 24 日	沙俄第一届国家杜马开始正式运行。
	4 月 27 日	尼古拉斯·康斯坦丁诺维奇·苏兹洛夫斯基（假名：尼古拉斯·罗塞尔）及在日本的俄国革命者在日本长崎创办报纸《воля（意志）》（—1907 年 3 月）。
	5 月 21 日	日本在符拉迪沃斯托克（海参崴）开设贸易事务馆。
	6 月 30 日	日本近代著名社会派小说家、散文家德富芦花（とくとみろか，1868—1927 年）拜访俄罗斯著名作家列夫·托尔斯泰。
	8 月 1 日	日本的满洲（中国东北）驻屯军完成同沙俄驻满洲军之间的中东铁路管辖权交接。
	8 月 4 日	日本与沙俄开始进行通商条约谈判。
	8 月 14 日	日本与沙俄开始进行渔业协约谈判。
1907 年（明治 40 年）	2 月 4 日	沙俄外交大臣亚历山大·彼得罗维奇·伊斯沃尔斯基（Александр Петрович Извольский，1856—1919 年）向日本驻沙俄公使本野一郎提议日俄协商缔结条约。
	3 月 3 日	日本在中国东北哈尔滨开设总领事馆。
	4 月 15 日	除租借和铁路附属地以外的日俄两国军队，全部从满洲（中国东北）撤出。
	5 月 4 日	日俄两国草签《日俄渔业议定书》。
	6 月 13 日	日俄两国签订“日俄两国在满洲铁路接续业务草约”。日本新泻县人、日俄渔业株式会社的创办人堤清六（つつみ せいろく，1880—1931 年）在堪察加半岛从事渔业。

续表

年	月　日	大事记
1907 年（明治 40 年）	7 月 24 日	日本迫使大韩帝国签订《第三次日韩协约》（又称《丁未七款条约》），规定韩国一切法令、内政的重大措施及高等官员之任免均需经日本统监批准；解散韩国军队，各部次官、警保局长及法院、监狱之重要官员均需由日本人担任。韩国彻底沦为日本的保护国。
	7 月 28 日	日本与沙俄签订《日俄通商航海条约》和《日俄渔业协定》。
	7 月 30 日	日本驻沙俄特命全权公使本野一郎与沙俄外交大臣伊斯沃尔斯基在沙俄首都圣彼得堡签订第一次《日俄协约》及在华瓜分势力范围的秘密协定，将中国东北三省划分为南满和北满两部分，分属日本和俄国势力范围；两国商定不在对方势力范围内谋取特权，亦不阻挠对方在各自的势力范围内寻求特权。
	8 月	日本函馆大火灾中，函馆正教会圣堂等被烧毁。《裏锦（里锦）》出版第 178 期以后废刊。
	—	这一年，马戏演员松村太郎（まつむら たろう，?）只身赴沙俄公开演出。
1908 年（明治 41 年）	4 月 10 日	日俄签订《日俄桦太（萨哈林岛）划界议定书》。
	5 月 1 日	日本驻沙俄公使馆升格为驻沙俄大使馆，日本任命本野一郎（もとの いちろう，1862—1918 年）为驻沙俄特命全权大使。
	5 月	沙俄任命尼古拉·安德烈耶维奇·马列夫斯基·马列维奇（Николай Андреевич Малевский-Малевич，1856—1920 年）为驻日特命全权大使。
	6 月 13 日	日本任命落合谦太郎（おちあいけんたろう，1870—1926 年）为驻沙俄临时代理大使。
	7 月 14 日	日本成立第二次桂太郎内阁（—1911 年 8 月 25 日）。

续表

年	月　日	大事记
1908年（明治41年）	7月15日	日本《朝日新闻》特派记者长谷川辰之助（はせがわ たつのすけ，即二叶亭四迷，ふたばてい しめい，1864—1909年）抵达沙俄首都圣彼得堡。
	12月1日	沙俄在远东成立俄占区沿海州水产合作社。
1909年（明治42年）	2月中旬	日本《朝日新闻》特派记者二葉亭四迷列席弗拉基米尔大公—弗拉基米尔·亚历山德罗维奇（Великий князь владимирский—Владимир Александрович，1847—1909年）的葬礼。
	3月10日	日本任命本野一郎为驻沙俄特命全权大使。
	8月	日本建成大阪正教圣母（生神女）庇护圣堂（教堂）。
	10月26日	日本枢密院议长伊藤博文为与沙俄财政大臣弗拉基米尔·尼古拉耶维奇·可科夫佐夫（Владимир Николаевич Коковцов，1853—1943年）举行会谈前往哈尔滨，被朝鲜义士安重根（안중근，1879—1910年）枪杀在哈尔滨火车站。
	12月18日	美国向日本及英、法、德、俄提出满洲铁路中立化方案。
	—	日本皇室的久迩宫邦彦王（くにのみや くによしおう，1873—1929年）、梨本宫守正王（なしもとのみや もりまさおう，1874—1951年）夫妻访问沙俄，受到沙皇尼古拉二世夫妻会见。
	—	这一年底，日本舞蹈演员太田花子（おおた はなこ，1868—1945年）所在的舞蹈团在沙俄圣彼得堡、莫斯科、基辅等城市公开演出。
1910年（明治43年）	1月21日	日、俄回复美国，表示拒绝美国提出的“满洲铁路中立化方案”。

续表

年	月　日	大事记
1910年（明治43年）	5月	日本正式上演俄罗斯戏曲。由日本导演、剧作家小山内熏（おさないかおる，1881—1928年）翻译的安东·巴甫洛维奇·契诃夫（Антон Павлович Чехов，1860—1904年）戏曲作品《犬》（即《名贵的狗》），在日本自由剧场、有乐座上演。
	7月4日	日本驻沙俄大使本野一郎与沙俄外交大臣伊兹沃斯基在圣彼得堡签订第二次《日俄协约》，在该秘密协定中，两国进一步确认第一次密约所划定的势力范围和两国在各自势力范围内的特殊利益，并互相担保不以任何方式阻碍对方在其势力范围内巩固及发展特殊利益，确认中国东北是两国具有各自特殊利益的地区。
	8月22日	日本迫使大韩帝国签订《日韩合并条约》，正式吞并朝鲜半岛。
	12月2日	在有乐座第一次演出由小山内熏翻译的俄罗斯作家高尔基的作品《底层》，即中译名《在底层》。
	—	沙俄企业家、商业人格奥尔吉·菲利普·丹比（Георгий Филиппович Денби，1841—1916年）在堪察加半岛河口建设鱼类罐头加工厂。
	—	沙俄巴罗斯基（бароски，?）马戏团在日本公演。
1911年（明治44年）	1月28日	日本公布在桦太水域实行部分“渔业法”。
	2月5日	日本有乐座第一次上演由楠山正雄（くすやま まさお，1884—1950年）翻译的尼古莱·瓦西里耶维奇·果戈里（Никола́й Васи́льевич Гоголь-Ян，1809—1852年）的作品《检察官》，即中译名《钦差大臣》。
	5月	日、美、英、俄四国在华盛顿签订《保护海狗国际条约》。
	6月1日	日俄签订《逃亡犯罪人员引渡条约》和附属《秘密宣言》。

续表

年	月 日	大事记
1911 年（明治 44 年）	6 月 26 日	日、俄向英、法提出“关于希望废除或修正日俄两国满洲开发借款第 16 条规定的要求”。
	8 月 14 日	日本和沙俄签订《关于铁路及轮船货物直通运输的协约》。
	8 月 30 日	日本成立第二次西园寺公望内阁（—1912 年 12 月 5 日）。
	10 月 10 日	中国武汉爆发“武昌起义”，打响“辛亥革命”第一枪。
	—	东京芝公园，日本和沙俄的马戏团进行联合表演。
		日本的太田花子舞蹈团第二次赴沙俄公演，在圣彼得堡及其他各地巡回演出。
1912 年（大正元年 7 月 30 日开始）	2 月 16 日	日本正教会大主教、俄罗斯正教会国外传教士尼古拉·卡萨特金去世。
	3 月 5 日	日本驻沙俄特命全权大使本野一郎向沙俄外交大臣谢尔盖·德米特里耶维奇·萨佐诺夫（Сергей Дмитриевич Сазонов，1860—1927 年）建议，在一定先决条件下日俄两国共同加入英、美、法、德“四国银行团”的对华借款活动。
	3 月 16 日	沙俄对日本驻沙俄大使本野一郎的建议表示同意。
	春季	日本魔术师松旭斎天二（しょうきょくさいてんじ，本名：服部胜藏，はっとりかつぞう，?）杂技团出访西伯利亚，并继续前往莫斯科、圣彼得堡等地公开演出（—1913 年还为祝贺罗曼诺夫王朝建立 300 年进行纪念演出等，1917 年春天回国）。
	6 月 18 日	英、美、法、德、日、俄“六国银行团”签订《关于全部接受中国外债的规约》。

续表

年	月　日	大事记
1912 年（大正元年 7 月 30 日开始）	7 月 8 日	日本驻沙俄特命全权大使本野一郎与沙俄外交大臣萨佐诺夫在圣彼得堡签订第三次《日俄协约》，划定日俄在中国内蒙古和东三省西部的势力范围。
	7 月 22 日	正在沙俄访问的日本前首相、军阀桂太郎与沙俄总理大臣可科夫佐夫举行会谈。
	7 月 26 日	日本前首相、军阀桂太郎与沙俄外交大臣萨佐诺夫举行会谈。
	7 月 30 日（大正元年）	日本明治天皇驾崩，皇太子嘉仁亲王（よしひとしんお，1879—1926 年）即位，改元“大正”。
	9 月 13 日	日本为明治天皇举办“大丧”。
	9 月	日本舞蹈演员太田花子率团第三次访问沙俄，以敖德萨为中心将近一年在沙俄境内公开演出。
	10 月	日本《正教新报》出到 765 号停刊，并把正教机关报的位子让给《正教时报》。
	12 月 21 日	日本成立第三次桂太郎内阁（—1913 年 2 月 11 日）。
1913 年（大正 2 年）	2 月 20 日	日本成立第一次海军大将山本权兵卫（やまもとごんのひょうえ，1852—1933 年）内阁（—1914 年 3 月 24 日）。
	3 月 15 日	日本任命田付七太（たつけ しちた，1867—1931 年）为驻沙俄临时代理大使。
	9 月	日本正教会发行月刊杂志《正教思潮》。
	—	俄罗斯画家米哈伊尔·费奥多罗维奇·拉里奥诺夫（Михаил Фёдорович Ларионов，1881—1964 年）等组织的绘画艺术展上设置了日本绘画艺术展部分，展出浮世绘大师歌麿（喜多川歌麿，きたがわ うたまろ，1753—1806 年）、江户时期浮世绘画家北斋（北齋）（葛饰北斋，かつしか ほくさい，1760—1849 年）、浮世绘画家广重（即安藤广重，あんどうひろしげ，1797—1858 年；又名歌川广重，うたがわひろげ）等的浮世绘作品。

续表

年	月　日	大事记
1913年（大正2年）	—	日本堤商会在萨哈林岛（桦太）沙俄管辖区安装美国A. C. C公司的罐头机械。
1914年（大正3年）	3月26日	日本现代剧之父岛村抱月（しまむらほうげつ，1871—1918年）、新剧演员松井须磨子（まつい すまこ，1886—1919年）等人所在的艺术团首次公演托尔斯泰的《复活》。
	3月12日	日俄渔业株式会社（股份公司）成立。
	4月16日	日本成立第二次大隈重信内阁（—1916年10月5日）。
	6月28日	塞尔维亚国庆日发生奥匈帝国皇储斐迪南大公（Archduke Franz Ferdinand of Austria，1863—1914年）夫妇被塞尔维亚民族主义者普林西普（Gavrilo Princip，1894—1918年）枪杀的“萨拉热窝事件”。
	7月28日	奥匈帝国以“萨拉热窝事件”为借口向塞尔维亚宣战，第一次世界大战正式爆发（—1918年11月11日）。
	9月18日	日本的俄罗斯文学翻译家米川正夫（よねかわ まさお，1891—1965年）翻译出版费奥多尔·米哈伊洛维奇·陀思妥耶夫斯基（Фёдор Михайлович Достоевский，1821—1881年）的小说《白痴》。
	10月16日	日本的俄罗斯文学翻译家中村白叶（なかむら はくよう，1890—1974年）翻译出版陀思妥耶夫斯基的长篇小说《罪与罚》。
	11月	日俄成立联合渔业公司。日本水产讲习所的实习船“云鹰丸”在堪察加半岛西岸进行蟹刺网及鲑鱼、鳟鱼流网作业试验。

续表

年	月　日	大事记
1914 年（大正 3 年）	—	沙俄的瓦西里・雅科夫列维奇・叶罗申科（Василий Яковлевич Ерошенко，1890—1952 年）通过日本气象学家、世界语协会的中村精男（なかむら きよお，1855—1930 年）来到日本，与日本无政府主义者大杉荣（おおすぎさかえ，1885—1923 年）、西洋画画家中村彝（なかむら つね，1887—1924 年）、文艺评论家片上伸（かたがみ のぶる，1884—1928 年）等交往，建立友谊。
		沙俄人、后来成为苏联的东方学学者的尼古拉・伊西福维奇・康拉德（Никола́й Ио́сифович Ко́нрад，1891—1970 年）留学日本。
		英、俄大马戏团在日本神户贝萨克（Beyssac）剧场公演。
1915 年（大正 4 年）	4 月 26 日	艺术剧院在东京帝国剧场上演由日本戏剧评论家、编辑、儿童文学家楠山正雄（くすやままさお，1884—1950 年）翻译并改编成剧本的、由伊凡・谢尔盖耶维奇・屠格涅夫（Ива́н Серге́евич Турге́нев，1818—1883 年）创作的小说《前夜》。
	10 月 9 日	日本加入英、法、俄三国为首的协约国阵营，发表《伦敦宣言》，声明不与“同盟国”单独媾和。
	10 月 28 日	日、英、俄三国共同劝告中华民国总统袁世凯（1859—1916 年）暂缓称帝。
	10 月	日本早稻田大学派遣后来成为日本文艺理论批评家的片上伸（かたがみ のぶる，1884—1928 年）留学沙俄。
	11 月 30 日	日、英、法、俄、意五国签订“不与”同盟国“单独媾和的宣言”。

续表

年	月 日	大事记
1915 年（大正 4 年）	—	这一年，后来成为沙俄和苏联东方学学者和民俗学学者的尼古拉·亚历山德罗维奇·涅夫斯基（Николай Александрович Невский，1892—1937 年）留学日本，与日本官僚、民俗学者柳田国男（やなぎた くにお，1875—1962 年）以及日本近现代民俗学家、国文学家、语言学家、评论家，短歌、诗歌、小说作家折口信夫（おりくち しのぶ，1887—1953 年）等结下友谊。
		日本在日俄协会内部成立日俄贸易调查部。
		俄罗斯大马戏团在日本东京的有乐座及浅草公演。
1916 年（大正 5 年）	1 月 12 日	沙皇尼古拉二世的代表格奥尔基·米哈伊洛维奇（Георгий Михайлович，1863—1919 年）大公访问日本东京。
	1 月 13 日	沙皇代表格奥尔基·米哈伊洛维奇大公拜访山县有朋，并请求日本向俄罗斯提供武器。
	1 月 14 日	沙俄格奥尔基·米哈伊洛维奇大公的随员、沙俄外交部东亚局局长格里高利·亚历山德罗维奇·卡扎科夫（Григорий Александрович Козаков，1869—1918 年）向日本外相石井菊次郎（いしい きくじろう，1866—1945 年）提议缔结日俄同盟。
	2 月 7 日	日本购买 5000 万日元的第一笔沙俄财政部债券。
		日本任命丸尾直利（まるおちょくり,?）为日本驻沙俄临时代理大使。
	4 月 18 日	日本与沙俄就中国东北松花江航行问题达成妥协。
	6 月 3 日	沙俄任命瓦西里·尼古拉耶维奇·克鲁彭斯基（Василий Николаевич Крупенский，1869—1945 年）为驻日特命全权大使。

续表

年	月　日	大事记
1916年（大正5年）	7月3日	为防止中国落入第三国的统治之下，日本驻俄特命全权大使本野一郎和沙俄外交大臣萨佐诺夫在圣彼得堡签订第四次《日俄协约》，再一次确认第三次日俄协约的核心内容。
	7月5日	日本艺术剧院研究所首演林久男（はやし ひさお，1882—1934年）翻译的托尔斯泰的作品《黑暗的力量》。
	8月30日	沙俄驻日大使克鲁彭斯基与日本银行团草签日本购买第二批沙俄财政部发行的债券7000万日元的合同。
	9月4日	日本正式购买第二次沙俄财政部债券7000万日元。
	9月	日本国内创刊《托尔斯泰研究》杂志。
	10月9日	日本成立寺内正毅（てらうち まさたけ，1852—1919年）内阁（—1918年9月21日）。
	10月	日本重建函馆正教会圣堂。
	—	这一年，日本在政府补助下开辟北千岛定期海上航线。
		日本俄语研究者、东京外国语学校教授八杉贞利（やすぎ さだとし，1876—1966年）出版发行《露西亚語階梯》，即《俄罗斯语阶梯》。
		日本日俄协会总裁闲院宫载仁亲王（かんいんのみやことひとしんのう，1865—1945年）访问沙俄。
1917年（大正6年）	1月31日	日本购买第三批沙俄财政部债券5000万日元。
	2月11日	日本前外相内田康哉（うちだ こうさい，1865—1936年）被任命为日本驻沙俄特命全权大使。
	3月12日	沙俄爆发二月革命，推翻沙俄罗曼诺夫王朝的统治。
	3月15日	沙皇尼古拉二世·亚历山德罗维奇（Николай II Александрович，1868—1918年）退位，俄国成立“临时政府”（—11月7日）。
	4月4日	日本承认俄国“临时政府”。

续表

年	月　日	大事记
1917年（大正6年）	5月12日	日本的《东京朝日》连载埋花畔人（まいかはんじん，即三井物产社员今井政吉，いまいいまさきち）撰写的《露都革命見聞録》，即《俄都革命见闻录》。
	6月	俄罗斯尼古拉耶夫斯克、乌苏里斯克举行“加入俄罗斯国籍的韩民族代表大会”。
	7月	俄罗斯符拉迪沃斯克成立参加第一次世界大战的“韩人军人会”（亦称“朝鲜人参战士兵同盟”）。
	9月11日	日本政府购买第四批俄罗斯临时政府财政部债券一亿五百万日元。
	9月	日本正教神甫三井道郎（みい みちろう，1858—1940年）出席全俄地方圣公会会议。
	10月24日	俄罗斯临时政府通告日本废除日本与沙俄签订的《日俄通商航海条约》。
	11月7日	俄国圣彼得堡爆发武装起义，俄国十月革命开始。俄国成立以列宁（Ле́нин；原名：弗拉基米尔·伊里奇·乌里杨诺夫，Влади́мир Ильи́ч Улья́нов，1870—1924年）为首的苏维埃政权（—11月8日）。
	12月9日	日本资助和泉良之助（いずみ りょうのすけ，1871—1931年）在俄国符拉迪沃斯托克创办《浦潮日报》社并任社长，出版发行日文报纸《浦潮日报》（日文：『うらじおにっぽう』；俄：《Владиво-Ниппо》，1917年12月7日至1931年发行）。
	年底	日本在中国哈尔滨的商品陈列馆开办俄语讲习会。
	—	受俄国革命的影响，桦太（萨哈林岛）原来在沙俄管辖区内生产水产罐头的大公司丹比商会没落，罐头生产实权转移到日本人手中。

第二编

日本与苏联政治·经济·社会文化关系年表（1918—1991年）

—— 第一章 ——

第一次世界大战后日本与苏联政治·经济·社会文化关系年表（1918—1945 年）

年	月　日	大事记
1918（大正 7 年）	1 月 1 日	英国副外相向日本驻英大使珍田舍巳（ちんだ すてみ，1857—1929 年）提议，以日军为主力英日共同出兵符拉迪沃斯托克（中国称“海参崴”）。
	1 月 12 日	日本以保护侨民为借口向符拉迪沃斯托克派遣军舰。
	2 月 1 日	苏俄政府废除旧的俄历，采用西方的阳历。旧俄历 2 月 1 日改为阳历 2 月 14 日。
	2 月 27 日	日本撤退驻沙俄大使馆人员。
	4 月 5 日	日英两国海军陆战队在符拉迪沃斯托克（海参崴）登陆。
	4 月	后来成为日本文艺评论家、俄国文学专家的片上伸（かたがみ のぶる，1884—1928 年）从俄国留学回国。
		俄国管辖区水产合作社所属的“鹏丸”渔船经日本农商务省补助，首次在船上配备了无线电通信设备。
	5 月	以李东辉（이동휘，1873—1935 年）为中心的主张积极抗日的团体，在苏俄布尔什维克党的帮助下成立朝鲜最早的共产主义政党“韩人社会党”。

续表

年	月 日	大事记
1918（大正7年）	5月15日	原沙俄白卫军中将谢米诺夫（另又译“谢苗诺夫”，Григóрий Михáйлович Семёнов，1890—1946年）在外贝加尔洲成立反对俄国十月革命的地方政权。
	6月7日	英国外交大臣亚瑟·詹姆斯·贝尔福（Arthur James Balfour，1848—1930年）向日本驻英大使珍田舍巳打探，根据凡尔赛最高军事会议决议，协约国共同干涉西伯利亚相关的问题。
	6月13日	第二次全俄韩民族代表大会在俄罗斯尼古拉耶夫斯克召开。
	6月30日	留在托木斯克的一些社会革命党人在沃洛戈德斯基（Петр Васильевич Вологодский，1863—1928年）的领导下成立“西伯利亚临时政府”。
	7月6日	日本帝国剧场举办俄罗斯著名作曲家、钢琴家谢尔盖·谢尔盖耶维奇·普罗科菲耶夫（Сергéй Сергéевич Прокóфьев，1891—1953年）钢琴演奏会。
	7月8日	美国向日本提议，为了援助“捷克军团”，共同出兵西伯利亚。
	8月2日	日本寺内正毅（てらうち まさたけ，1852—1919年）内阁发表《西伯利亚出兵宣言》，正式出兵西伯利亚。
	8月3日	日美就有关出兵西伯利亚的问题达成妥协。
	8月12日	出兵西伯利亚的日军第十二师团开始登陆符拉迪沃斯托克。
	8月19日	日本公布临时西伯利亚援助委员会官制。
	9月8日	俄国十月革命以后，反苏俄势力在乌法（Уфа）举行“国家会议”。
	9月18日	出兵西伯利亚的日本军队占领符拉迪沃斯托克（Владивосток）（日本称“浦盐斯德”）。

续表

年	月　日	大事记
1918（大正 7 年）	9 月 23 日	俄国十月革命以后，反苏俄势力在乌法举行的“国家会议”上成立“全俄罗斯临时政府”。
	9 月 29 日	日本成立政友会原敬（はらたかし，1856—1921 年）内阁（—1921 年 11 月 5 日）。
	10 月 15 日	日本原敬内阁在内阁会议上确定不向贝加尔湖以西派遣军队的方针。
	11 月	日本春秋出版社开始出版《托尔斯泰全集》。
	11 月 16 日	美国国务卿罗伯特·兰辛（Robert Lansing，1864—1928 年）就日本出兵西伯利亚的军队数量等向日本驻美大使石井菊次郎（いしい きくじろう，1866—1945 年）提出抗议。
	11 月 18 日	俄罗斯鄂木斯克发生政变，原沙俄海军上将亚力山大·瓦西里耶维奇·高尔察克（Александр Васиилиевич Колчак，1874—1920 年）推翻“全俄罗斯临时政府”，建立军事独裁政权。
	—	今井政吉（いまいまさきち,?）出版《露西亚文明纪》，即《俄罗斯文明纪》。
1919 年（大正 8 年）	4 月 26 日	美国驻日大使罗兰斯·斯莱托·莫里斯（Rolans Sletor Morris，1874—1945 年）提议把出兵西伯利亚的各国军队的任务局限在保卫铁路的范围之内。
	5 月 2 日	日本外相内田康哉（うちだこうさい／やすや，1865—1936 年）向美国驻日大使莫里斯提议在西伯利亚设定守卫铁路及水路的防御区域。
	5 月 24 日	巴黎和会的英、法、美、意、日五大国首脑会议决定有条件地支持高尔察克的鄂木斯克政权。
	6 月 2 日	日本在鄂木斯克、伊尔库茨克、布拉维申斯克、哈巴罗夫斯克开设日本领事馆。

续表

年	月 日	大事记
1919年（大正8年）	6月2日	美国驻日大使莫里斯反对日本提出的在西伯利亚划定防卫区域的提案，提议军事行动仅限于守卫铁路。
	6月16日	日本新剧协会在有乐座第一次公演安东・巴甫洛维奇・契诃夫（Антон Павлович Чехов，1860—1904年）的《万尼亚舅舅》。
	6月28日	第一次世界大战各战胜国在巴黎签署《凡尔赛和约》，并创建国际联盟。
	8月26日	日本与鄂木斯克的高尔察克政权交换《日俄渔业协定》继续生效的换文。
	9月1日	俄罗斯歌剧团在日本东京帝国剧场公演《爱达（aida）》《椿姬》等。
	11月11日	原沙俄海军上将高尔察克为首的白卫鄂木斯克政权从鄂木斯克撤退到伊尔库茨克。
	12月27日	原沙俄海军上将、白卫军总头目高尔察克被苏俄红军逮捕，并判处死刑，鄂木斯克政权事实上崩溃。
	—	日本出版发行松本圭亮（まつもとけいすけ，1890年—?）、八杉贞利（やすぎさだとし，1876—1966年）翻译的亚历山大・伊万诺维奇・亚历山德罗夫（Александр Иванович Александров，这是一群辞典作者的笔名）编的《露和大辞典》（《俄和大辞典》）。
1920年（大正9年）	1月8日	出兵西伯利亚的美军司令陆军少将威廉・西德尼・格雷夫斯（William Sidney Graves，1865—1940年）通告出兵西伯利亚的日军浦盐（海参崴）派遣军司令官大井成元（おおいしげもと，1863—1951年）大将，美国将从西伯利亚撤军。
	1月10日	美国通告日本驻美特命全权大使币原喜重郎（しではら きじゅうろう，1872—1951年），美国将撤退西伯利亚派遣军，并表示对日军单独驻扎及增兵并无异议。

续表

年	月　日	大事记
1920 年（大正 9 年）	2 月 24 日	苏俄政府为缓和与日本的关系，通过日本驻法大使松井庆四郎（まつい けいしろう，1868—1946 年）向日本提出，在否认相互存在敌意、不干涉内政及承认日本在东部西伯利亚具有经济通商方面的优越地位为条件双方实现议和。
	3 月 2 日	日本的原敬内阁在内阁会议及外交调查会议上就有关出兵西伯利亚的问题表示，救援“捷克军团”目的已经达到，但是为了阻止过激派对朝鲜、满洲的威胁，决定继续在西伯利亚驻扎军队。该方针的确立表明日本实际上改变了出兵西伯利亚的目的。
	3 月 7 日	日本出版人、苏联问题专家大竹博吉（おおたけ ひろきち，1890—1958 年）在《东京日日新闻》连载以《贫乏籤》为题的批判日本出兵西伯利亚的报道。
	3 月 12 日	日军偷袭包围尼古拉耶夫斯克—纳霍特卡—阿穆尔的苏俄远东游击队。
	3 月 13 日	日军偷袭远东游击队失败，反被苏俄远东游击队歼灭。
	3 月 18 日	日本《读卖新闻》报道，日本内务省警保局新设立外事课。以翻译沙俄无政府主义者彼得・阿历克塞维奇・克鲁泡特金（Пётр Алексéевич Кропóткин，1842—1921 年）作品而引起注目的俄罗斯文学学者升曙梦（のぼり しょむ，1878—1958 年）成为新设外事课特约顾问。
	3 月 31 日	日本早稻田大学设立俄罗斯文学科。
	4 月 4 日	日军攻击符拉迪沃斯托克（海参崴）等地的苏俄远东游击队，在新朝鲜人村进行屠杀。
	4 月 6 日	苏俄远东地区成立苏俄控制的远东共和国（Дальневосточная Республика，ДВР，1920—1922 年），苏俄在远东地区借此缓冲与美日等列强之间的关系。

续表

年	月　日	大事记
1920年（大正9年）	春季	日本横滨成立以格奥尔吉·德米特里耶维奇·罗曼诺夫（Георгий Дмитриевич Романовский，1877—1939年）将军为中心的在日俄罗斯国民统一会，并发行报纸《俄罗斯的大义》。
	5月25日	苏俄远东游击队袭击尼古拉耶夫斯克，杀死日本侨民以后撤退。
	5月27日	尼古拉耶夫斯克附近苏俄游击队与日军发生武装冲突，游击队放火烧城，烧死日军数百人，此即“尼古拉耶夫斯克（庙街）事件”。日军以“尼古拉耶夫斯克事件”（中国称“庙街事件”）为借口，占领该城市。
	6月3日	日本大阪朝日新闻社的中平亮（なかひら りょう，1894—1981年）与大阪每日新闻社的布施胜治（ふせ かつじ，1886—1953年）成为第一个受到苏俄领导人列宁接见的日本人。
	6月28日	日本的原敬内阁在内阁会议及外交调查会上确定从萨哈林州和外贝加尔方面撤军的方针。
	7月	日本杂志《改造》发行题名为《“杀戮团”游击队研究》的7月号特集。
	7月3日	日本政府发表声明，宣称作为“尼古拉耶夫斯克事件”（亦称“庙街事件”）的报复措施，决定出兵占领俄国萨哈林岛（桦太）北部。
	7月10日	日本诗人、作家溝口白羊（みぞくち はよう，1881—1945年）出版记录“尼古拉耶夫斯克事件”的《国辱记》，截止到当年8月再版9次。
	7月15日	日本“西伯利亚派遣军”与远东共和国签署停战协定。
	8月20日	日军从萨哈林州撤退完毕。
	秋季	以赤塔为据点的谢米诺夫白俄军事政权——“外贝加尔地方临时政府”被远东共和国革命军打败。

续表

年	月　日	大事记
1920 年（大正 9 年）	12 月 12 日	日本“西伯利亚派遣军”从哈巴罗夫斯克撤退完毕。
	—	这一年成立日俄学会学校（哈尔滨外国语学院的前身），以日本俄文翻译家井田孝平（いだこうへい，1879—1936 年）为校长。
	—	日本富山县实习船“吴羽丸”在堪察加半岛西岸进行蟹工船渔业试验。
1921 年（大正 10 年）	4 月 11 日	远东共和国外长伊格纳季·优林（Игнатий Юрий，本名：伊格纳季·列奥诺维奇·泽洛夫斯基，Леонович Дзевалтовский，1888—1925 年）向日本驻华公使小幡西吉（おばた ゆうきち，1873—1947 年）提交备忘录，希望日本尽早从西伯利亚撤兵并能与远东共和国建立外交关系。
	5 月 13 日	日本原敬内阁在内阁会议上决定与远东共和国进行非正式的谈判。
	5 月	日本《读卖新闻》的记者大庭柯公（おおば かこう，1872—1924 年?）进入苏俄境内，1923 年以后没有消息，行踪不明。
	5 月 31 日	美国国务卿查尔斯·埃文斯·休斯（Charles Evans Hughes，1862—1948 年）向日本驻美大使币原喜重郎发出警告，美国不承认日本基于占领西伯利亚而提出的任何要求及权限。
	6 月 8 日	为了争取与远东共和国建立正常的通商和邦交关系，日本政府代表副领事岛田滋（しまだ ます,?）与远东共和国副外长诺森第·塞拉菲莫维奇·科涅夫尼科夫（Иннокентий Серафимович Кожевников，1879—1931 年）开始在哈尔滨举行非正式谈判（—7 月 20 日）。

续表

年	月　日	大事记
1921 年（大正 10 年）	8 月 26 日	日本以西伯利亚干涉军司令部政务部长松平恒雄（まつだいらつねお，1877—1949 年），不久由 1922 年 4 月 16 日继任政务部长的松岛肇（まつしまはじめ，1883—1961 年）为代表，与远东共和国外长伊格纳季·优林，后来改由代理首席部长费奥多尔·尼古拉耶维奇·彼得洛夫（Фёдор Николаевич Петров，1876—1973 年）为代表的远东共和国继续在大连举行建立正常的通商和邦交关系的谈判。
	9 月	当代日本文艺评论家、翻译家、社会活动家藏原惟人（くらはら これひと，1902—1991 年）、马场哲哉（ばばてつや，又名：外村史郎，そとむら しろう，1890—1951 年）等第三次发行《俄罗斯文学》杂志（—1924 年 7 月）。
	11 月 6 日	苏俄远东共和国外长雅科夫·达维多维奇·扬森（Яков Давидович Янсон，1886—1938 年）抗议日本援助白俄军队。
	11 月 12 日	来自美、英、法、意、日、比、荷、葡和中国的代表齐聚美国首都华盛顿的独立纪念馆，举行了华盛顿会议（Washington Naval Conference）（—1922 年 2 月 6 日）。
	11 月 25 日	日本皇太子裕仁（こうたいし ひろひと，1901—1989 年）开始摄政（—1926 年 12 月 25 日）。
	11 月 28 日	日本成立“同情苏俄饥馑劳动（工人）会”。
	—	这一年，日本记者、苏联问题研究专家中平亮出版《在赤色俄罗斯的一年》，日本新闻记者布施胜治出版《从劳农俄国归来》。

续表

年	月　日	大事记
1921 年（大正 10 年）	—	日本社会活动家、社会主义运动领导人片山潜（かたやまてつ，1859—1933 年）赴苏俄参加远东民族大会，受到苏俄领导人约瑟夫・维萨里奥诺维奇・斯大林（Иосиф Виссарионович Сталин，1878—1953 年）的接见，被选为共产国际执行委员。
		东京外国语学校的特德罗维奇出版发行《露西亚语书简文》，即俄文书简文式》。
1922 年（大正 11 年）	4 月 3 日	俄共（布）第十一届中央委员会上，约瑟夫・斯大林当选为俄共（布）总书记。
	4 月 10 日	意大利热那亚举行的国际经济会议（Conference of Genoa）（—5 月 19 日）上，苏俄代表抗议依然侵占远东共和国部分领土的日本也派代表参加会议。
	4 月 16 日	日本与远东共和国在大连举行的建立正常通商关系与邦交的会谈破裂。
	6 月 12 日	日本成立海军大将加藤友三郎（かとうともさぶろう，1861—1923 年）内阁（—1923 年 8 月 26 日）。
	6 月 23 日	日本加藤友三郎内阁在内阁会议上确定了截止到 10 月从苏俄沿海州撤兵的方针。
	7 月 15 日	在没有取得合法地位的情况下，日本共产党正式成立。
	9 月 4 日	日本代表与苏维埃俄国及远东共和国代表在长春举行会谈。日方代表为日本外务省欧美局局长松平恒雄和总领事松岛肇，苏俄代表为亚多夫・阿布拉莫维奇・越飞（Адольф Абрамович Иоффе，1883—1927 年），远东共和国代表为外长 Я・Д・扬森。
	9 月 10 日	苏俄安娜・弗罗洛夫娜・巴甫洛娃（Анна Фроловна Павлова，1881—1931 年）舞蹈团访日，在日本帝国剧院公演。
	9 月 25 日	日本代表与苏维埃俄国及远东共和国代表在长春举行的会谈破裂。

续表

年	月 日	大事记
1922 年（大正 11 年）	9 月 30 日	在日本知识分子中，安娜、保尔两派发生对立，日本政府命令解散两派。
	10 月 25 日	日军完成从沿海洲和符拉迪沃斯托克（海参崴）的撤军。
	11 月 15 日	远东共和国与苏俄合并，苏俄宣布远东共和国为苏俄一部分。
	12 月 12 日	日本海盗头目江连力一郎（えづれ りきいちろう，1888—？年）袭击俄罗斯商船并杀人越货的事件暴露。
	12 月 30 日	苏维埃社会主义联邦共和国联盟（Союз Советских Социалистических Республик，缩写：苏联，СССР）成立。
	—	日本公布桦太渔业管理条例。
1923 年（大正 12 年）	1 月	日本社会主义者运动的著名领导人铃木茂三郎（すずき もさぶろう，1893—1970 年）出版发行《作为工农俄罗斯的国宾》一书。
	2 月 1 日	应日本东京市长、日俄协会会长后藤新平（ごとう しんぺい，1857—1929 年）的邀请，苏联驻华全权代表越飞非正式赴日进行有关日苏建交的谈判。
	2 月 28 日	日本修订《帝国国防方针》，依次把美、苏、中确定为假想敌。
	3 月 2 日	苏联政府公布了《远东渔业及海兽业经营规定》并宣布 1907 年签订的《日俄渔业条约》无效。
	4 月 20 日	日本外相内田康哉通告后藤新平，日本政府对开始日苏复交谈判没有异议。
	4 月	日本共产党创刊机关报《赤旗》，即《红旗》。
	5 月 30 日	原俄罗斯管辖区渔业实行第一次大合并。
		苏联人民委员会发表命令“废除同远东渔业及捕猎海兽业有关的一切条约”。

续表

年	月　日	大事记
1923 年（大正 12 年）	5 月 30 日	日苏签订《日苏渔区租借协定》。
	6 月 5 日	日本国内第一次对共产党进行检举。
	6 月 16 日	苏联外交人民委员会任命越飞为苏日建交谈判苏方谈判代表，日本任命驻波兰公使川上俊彦（かわかみ としつね，1861—1935 年）为日苏建交谈判日方谈判代表。
	6 月 29 日	日苏在东京开始举行日苏恢复邦交“川上俊彦—越飞预备会谈”。
	7 月 31 日	日苏结束在东京举行的“川上俊彦—越飞预备会谈”。
	9 月 1 日	日本发生关东大地震。东京圣尼古拉大教堂在关东大地震中遭到破坏。
	9 月 2 日	日本成立第二次山本权兵卫内阁（—12 月 29 日）。
	9 月 13 日	苏联派“列宁”号轮船满载苏联援助日本关东大地震救灾物资驶往日本，却遭到山本权兵卫内阁拒绝而被迫返航。
	—	这一年，日本文艺评论家、社会活动家荒畑寒村（あらはた かんそん，1887—1981 年）访问苏联。
1924 年（大正 13 年）	1 月 7 日	日本成立官僚政客清浦奎吾（きようらけいご，1850—1942 年）内阁（—6 月 7 日）。
	1 月 10 日	日本国内政友会、宪政会、革新俱乐部护宪三派掀起打倒清浦奎吾内阁的“第二次护宪运动”。
	1 月 21 日	苏联人民委员会主席列宁因病去世。
	2 月 26 日	苏联符拉迪沃斯托克（海参崴）日本副领事郡司智麿（ぐんじともまろ，1883—?）、日本参谋本部松井久太郎（まついきゅうたろう，1887—1969 年）大尉等被苏联当局逮捕。
	3 月 1 日	日本驻华公使芳泽谦吉（よしざわ けんきち，1874—1965 年）要求苏联释放在符拉迪沃斯托克（海参崴）被逮捕的日本人（—3 月 16 日被释放）。

续表

年	月 日	大事记
1924年（大正13年）	5月15日	日本驻华公使芳泽谦吉与苏联驻华公使列夫·米哈伊洛维奇·加拉罕（Лев Михайлович Карахан，1889—1937年）在北京正式开始日苏建交谈判。
	6月11日	日本宪政会总裁加藤高明（かとうたかあき，1860—1926年）组阁，成立第一次加藤高明内阁（—1925年7月31日），日本进入二战前短暂的政党内阁时期。
	6月	日本筑地小剧场开始上演俄罗斯戏曲。契诃夫著，浅利鹤雄（あさり つるお，1899—1980年）译《白鸟之歌》（即《海鸥》），由日本演员、剧作家、文艺评论家、小说家和诗人小山内熏（おさない かおる，1881—1928年）主演。
	—	这一年，日本新潮社开始出版发行米川正夫（よねかわ まさお，1891—1965年）等翻译的《陀思妥耶夫斯基全集》（全10卷）。
1925年（大正14年）	1月20日	日苏在中国北京签署《日苏基本条约》，日苏恢复邦交。同日，根据《日苏基本条约》的相关规定，两国还签订了《日苏渔业条约》。
	2月27日	日苏公布《日苏基本条约》，两国建交。
	3月23日	日本任命佐藤尚武（さとう なおたけ，1882—1971年）为日本驻苏临时代理大使、特命全权公使。
	4月22日	日本颁布《治安维持法》。
	4月24日	苏联任命维克托·列昂蒂耶维奇·柯普（Виктор Леонтьевич Копп，1880—1930年）为第一位驻日特命全权大使。
	5月15日	日军从北桦太（北萨哈林岛）全部撤退。
	5月19日	日本在苏联萨哈林岛的亚历山德罗夫斯克（ALEXANDROVSK）设立日本领事馆。

续表

年	月　日	大事记
1925年（大正14年）	7月14日	日本任命田中都吉（たなか ときち，1877—1961年）为驻苏特命全权大使。
	8月2日	日本成立第二次加藤高明内阁（—1926年1月28日）。
	9月3日	日本在苏联哈巴罗夫斯克设立日本总领事馆。
	9月22日	苏联工会代表伊万·伊万诺维奇·列普谢（Иван Иванович Лепсе，1889—1929年）一行到日本访问。
	12月14日	日苏签署《关于北桦太（北萨哈林岛）地区石油、煤炭权利协约》。
	12月22日	日苏开始修订1907年《日俄渔业协定》的谈判。
1926年（昭和元年12月25日开始）	1月30日	日本宪政会总裁若槻礼次郎（わかつきれいじろう，1866—1949年）组织第一次若槻内阁（—1927年4月17日）。
	4月24日	日本在苏联新西伯利亚设立日本领事馆。
	7月7日	苏联任命的驻日临时代理大使格里高利·齐诺维维奇·巴谢多夫斯基（Григорий Зиновьевич Беседовский，1896—1963年）到任。
	10月	日本正教会在东京创办的正教神学院开学。
	11月26日	日本帝国剧院举办苏联小提琴演奏家亚历山大·雅科夫列维奇·莫吉廖夫斯基（Александр Яковлевич Могилевский，1885—1953年）小提琴独奏会。
	12月4日	日苏草签《关于森林利权协约》。
	12月6日	日本演出家、男演员千田是也（せんだ これや，1904—1994年）等所属前卫剧团在筑地小剧场第一次公开演出阿纳托利·瓦西里耶维奇·卢那察尔斯基（Анатолий Васильевич Луначарский，1875—1933年）的《解放了的堂吉诃德》。
	12月25日（昭和元年）	日本大正天皇嘉仁驾崩，摄政裕仁亲王继位（1926—1989年在位），改元“昭和”。日本进入“昭和时代”。

续表

年	月　日	大事记
1926 年（昭和元年 12 月 25 日开始）	—	苏联在远东地区创办国营渔业企业。
	—	苏联在日本东京设立驻日通商代表部。
1927 年（昭和 2 年）	2 月 18 日	日苏正式签署《关于森林利权协约》和《关于北桦太（北萨哈林岛）油田试采区域的协定》。
	4 月 2 日	日苏缔结苏联沿海州林业开发合同。
	4 月 20 日	日本成立以预备役陆军大将田中义一（たなか ぎいち，1864—1929 年）为首的政友会内阁（—1929 年 7 月 2 日）。
	5 月 24 日	苏联首次向日本提议签署《日苏互不侵犯条约》（此后一直到 1941 年签订“日苏中立条约”为止，多次提出该提案）。
	6 月	苏联任命瓦列里·萨维利耶维奇·杜弗卡列夫斯基（Валериан Савельевич Довгалевский，1885—1934 年）为驻日特命全权大使。
	7 月 15 日	共产国际日本问题委员会通过德田球一（とくだ きゅういち，1894—1953 年）等起草的日本共产党 1927 年纲领《关于日本问题的决定》。
	10 月 14 日	苏联外交人民委员（外长）代理加拉罕向日本驻苏大使田中都吉提议苏日缔结互不侵犯条约。
	11 月 20 日	苏联任命伊万·米哈伊洛维奇·梅斯基（Иван Михайлович Майский，本名：扬·利亚霍夫茨基，Ян Ляховéцкий，1884—1975 年）为驻日临时代理大使。
	12 月 5 日	日本日俄协会会长后藤新平启程访苏。
1928 年（昭和 3 年）	1 月 23 日	日苏在莫斯科签署新的《日苏渔业条约》。
	2 月 1 日	苏联任命亚历山大·安东诺维奇·特罗亚诺夫斯基（Александр Антонович Трояновский，1882—1955 年）为驻日特命全权大使。
	3 月 8 日	新到任的苏联驻日大使特罗亚诺夫斯基再一次提议苏日缔结互不侵犯条约。

续表

年	月　日	大事记
1928 年（昭和 3 年）	3 月 15 日	日本国内镇压日本共产党，并在全日本范围内进行大搜捕。
	6 月 17 日	日本驻苏大使田中都吉就共产国际有关的活动向苏联外交副人民委员加拉罕提出严重抗议。
	7 月 17 日	共产国际第六次代表大会在莫斯科召开（—9 月 1 日）。山本懸藏（やまもと けんぞう，1895—1939 年）、佐野学（さの まなぶ，1892—1953 年）、市川正义（いちかわ せいぎ，1892—1945 年）代表日本参加此次大会。
	8 月 1 日	日本第二代歌舞伎市川左团次（いちかわ さだんじ，1880—1940 年）率领的剧团在苏联莫斯科第二剧场公开演出歌舞伎，之后又在列宁格勒（现在的圣彼得堡）圆形歌剧院进行了公演。
	9 月 5 日	日苏北桦太（北萨哈林岛）原油购销合同生效。
	10 月 19 日	日本任命酒匂秀一（さこうしゅういち，1887—1949 年）为驻苏临时代理大使。
	—	苏联开始北太平洋蟹工船渔业。
1929 年（昭和 4 年）	6 月 12 日	沙俄及苏联时期的东方语言学者、东方学者、民俗学者尼古拉·涅夫斯基（Николай Александрович Невский，1892—1937 年）与在小樽邂逅的日本女士萬谷礒子（まんたにイソ，1901—1937 年）结婚。
	6 月 14 日	日本任命田中都吉为驻苏特命全权大使。
	7 月 2 日	日本成立立宪民政党的滨口雄幸（はまぐち おさち，1870—1931 年）内阁（—1931 年 4 月 13 日）。
	7 月 25 日	美国国务卿亨利·刘易斯·史汀生（Henry Lewis Stimson，1867—1950 年）向驻美国的日、英、法、意、德大使提议出面调停因中苏之间的中东铁路路权归属问题而爆发的“中东路事件”。

续表

年	月　日	大事记
1929年（昭和4年）	10月24日	美国纽约华尔街股市的突然暴跌并达到极点，纽约股票市场崩盘，横扫资本主义世界的世界经济大危机由此开始。
	12月	日本复建东京圣尼古拉大教堂。
	—	苏联加强渔业管理，并在远东水域内开始了拖网捕鱼作业。
	—	沙俄时代留日的尼古拉·涅夫斯基完成学业回到苏联成为列宁格勒大学（现彼得堡大学）日语学科教授。
	—	日本岩波书店开始出版由米川正夫、中村白叶共同翻译的《托尔斯泰全集》（共22卷）。
1930年（昭和5年）	1月19日	日本驻苏大使田中都吉抗议Я·Д·扬森等苏联大使馆人员援助日本共产党。
	1月31日	苏联就日本驻苏大使田中都吉的抗议答复称不干涉日本内政。
	8月14日	日本政府任命天羽英二（あもう えいじ，1887—1968年）为日本驻苏代理大使。
	8月15日	苏联首都莫斯科举行的赤色工会国际（PROFINTERN，1921—1937年）第五次大会上，藏原惟人（くらはら これひと，1902—1991年）代表日本出席该大会。
	10月31日	日本封杀苏联电影《亚洲风暴》。
	12月3日	日本政府任命广田弘毅（ひろた こうき，1878—1948年）为日本驻苏特命全权大使。
	—	这一年，岩波书店开始发行米川正夫主编的《托尔斯泰全集》。
1931年（昭和6年）	4月14日	日本成立第二次若槻礼次郎内阁（—12月11日）。
	4月26日	日本外相币原喜重郎与苏联驻日大使亚历山大·安东诺维奇·特罗亚诺夫斯基（Алекса́ндр Анто́нович Трояно́вский，1882—1955年）签订《日苏渔业问题临时协约》。

续表

年	月　日	大事记
1931（昭和6年）年	9月18日	中国东北的日本关东军炮击中国东北军北大营，“九一八事变”（即“满洲事变”）爆发。
	10月	日本橘书店创刊《俄罗斯语》月刊。
	10月29日	苏联副外交人民委员加拉罕致函日本驻苏大使广田弘毅，声明苏联政府对中日冲突奉行“严格的不干涉政策”。
	12月13日	日本成立立宪政友会犬养毅（いぬかい つよし，1855—1932年）内阁（—1932年5月16日）。
	12月31日	苏联外交人民委员（外长）马克西姆·马克西莫维奇·李维诺夫（Максим Максимович Литвинов，1876—1951年）向日方提议两国签署《日苏互不侵犯条约》，被日方拒绝。
1932年（昭和7年）	1月21日	国际联盟成立“李顿（Victor Alexander George Robert Bulwer-Lytton，2nd Earl of Lytton，1876—1947年）调查团”，调查“九一八事变”真相。
	1月	北太平洋苏联控制区渔业公司大合并，重启北太平洋捕鲸业。
	3月1日	日本挟持清朝退位的末代皇帝爱新觉罗·溥仪（1906—1967年）在中国东北成立伪满洲国，发表《伪满洲国建国宣言》。
	3月20日	共产国际机关报发表日本共产党1932年纲领——《日本的形势与日本共产党的任务》。
	4月	日本俄罗斯文学家八杉贞利（やすぎさだとし，1876—1966年）、除村吉太郎（よけむら よしたろう，1897—1975年）、佐藤勇（さとう いさむ，1903—1989年）等执笔的《新俄语讲座》（全6卷）由橘书店出版发行。
	5月15日	日本海军下级激进军官山岸宏（やまぎし ひろし,?）、三上卓（みかみ たく，1905—1971年）等密谋政变，袭击首相官邸打死首相犬养毅，该事件历史上称之为“5·15事件”。至此，第二次世界大战前日本政党政治宣告结束。

续表

年	月　日	大事记
1932 年（昭和 7 年）	5 月 26 日	日本成立海军大将斋藤实（さいとう まこと，1858—1936 年）内阁（—1934 年 7 月 3 日）。
	6 月 22 日	日苏谈判达成《日苏之间渔区暂定协定》。
	8 月 13 日	日苏签署并交换《日苏渔业协定》，即“广田弘毅—加拉罕协定”及相关文件。
	8 月 29 日	日本驻苏大使广田弘毅向加拉罕提出北满铁路（东支铁路）转让问题。
	9 月 6 日	苏联副外长加拉罕表示，同意日本驻苏大使广田弘毅提出的有关北满铁路转让问题的提案。
	9 月 25 日	日本任命天羽英二为驻苏临时代理大使。
	9 月	日本合并在桦太（萨哈林岛）的太平洋鲱鱼渔业。
	11 月 9 日	苏联副外长加拉罕向日本驻苏代理大使天羽英二提议缔结日、伪满、苏“互不侵犯条约”。
	12 月 13 日	日本外相内田康哉答复苏联，表示日方拒绝苏方提出的缔结互不侵犯条约提议。
	12 月 23 日	日本任命大田为吉（おおた ためきち，1880—1956 年）为日本驻苏特命全权大使。
	—	日本南北书院创办《俄语研究》杂志。
		苏联作家、苏联文学奠基人鲍里斯·安德烈耶维奇·皮利尼亚克（Бори́с Андре́евич Пильня́к，1894—1938 年）第二次访日。
1933 年（昭和 8 年）	1 月	日本朝日新闻社举办苏维埃戏剧展。
	1 月 4 日	苏联驻日大使特罗亚诺夫斯基就苏日“互不侵犯条约”问题向日本提出未署名的备忘录。
	1 月 17 日	苏联突然公开未署名的苏日“互不侵犯条约”备忘录，对此日本外务省次官有田八郎（ありた はちろう，1884—1965 年）向苏联提出抗议。

续表

年	月 日	大事记
1933 年（昭和 8 年）	2 月	苏联任命吉恩·斯皮尔瓦内克（英：Jean Spilwanek,?）为临时驻日代理大使
	3 月 20 日	苏联任命康斯坦丁·康斯坦丁诺维奇·尤列涅夫（Константи́н Константи́нович Юре́нев，1888—1937 年）为驻日特命全权大使。
	3 月 27 日	“九一八事变”后，日本不满国际联盟“李顿调查团”有关“九一八事变”的调查报告，悍然退出国际联盟。
	5 月 2 日	苏联正式提议把北满铁路转让给日本或者伪满洲国。
	6 月 15 日	日本渔船“富美丸”上的三名渔民在堪察加半岛东海岸被苏方射杀。
	6 月 26 日	在日本外相内田康哉的“斡旋”下，苏联与伪满举行第一次有关苏联转让北满铁路问题的谈判。
	7 月 3 日	苏联同意对被射杀的“富美丸”上的三名日本渔民支付赔偿金。
	7 月 6 日	日本渔船“第二琴平丸”在堪察加半岛东海岸被苏联的“佩西科夫”号缉拿。
	7 月 17 日	作为报复措施，日本海军扣留“佩西科夫”号，第二年 5 月该事件才得到解决。
	9 月	日本俄罗斯文学研究家原久一郎（はら ひさいちろう，1890—1971 年）在东京丰岛区椎名町的自宅创办托尔斯泰普及会。
	11 月 16 日	苏联与美国正式建立外交关系。
	—	日本明治、大正、昭和时期俄语学者松田卫（まつだ まもる，1882—1957 年）出版《松田和俄大辞典》，即《松田日俄大辞典》。
		再版达尔（弗拉基米尔·伊万诺维奇·达尔，Владимир Иванович Даль，1801—1872 年）《俄语大辞典》，即《ダーリ露語大辞典》。

续表

年	月　日	大事记
1933 年（昭和 8 年）	—	金星堂出版日本俄罗斯文学家中村白叶（なかむら はくよう，1890—1974 年）翻译的沙俄作家契诃夫的《契诃夫全集》。
1934 年（昭和 9 年）	1 月 26 日	苏联共产党（布）第十七次代表大会在莫斯科召开，在本次大会上斯大林在苏共党内的领导地位出现动摇的迹象（—2 月 10 日）。
	2 月 26 日	日本、伪满与苏联再开收购北满铁路谈判。
	夏天	在苏联首都莫斯科滞留七年，并担任莫斯科东方大学的日语教师的日本作家、思想家胜野金政（かつの きんまさ，1901—1984 年）返回日本。
	7 月 8 日	日本成立海军大将冈田启介（おかだけいすけ，1868—1952 年）内阁（—1936 年 2 月 29 日）。
	9 月 6 日	日本冈田内阁外相广田弘毅与苏联驻日大使尤列涅夫就北满铁路收购问题进行谈判。
	9 月 18 日	苏联加入国际联盟。
	12 月 1 日	苏共中央政治局委员谢尔盖・米罗诺维奇・基洛夫（Сергéй Мирóнович Кúров，1886—1934 年）在列宁格勒斯莫尔尼宫遭到枪击身亡。斯大林借机开始全国范围内的“大清洗”，苏联“肃反运动”（Большая чистка）开始。
	12 月 21 日	就北满铁路收购问题进行的“广田弘毅—尤列涅夫会谈”基本达成妥协。
1935 年（昭和 10 年）	1 月 20 日	日本共产党机关报《赤旗》出刊到第 185 号以后被迫停刊。
	3 月 11 日	日本外相广田弘毅、伪满驻日公使丁士源（1879—1945 年）、苏联驻日大使尤列涅夫，在东京草签《苏满关于中东铁路转让协定》。

续表

年	月　日	大事记
1935 年（昭和 10 年）	3 月 23 日	苏联与伪满在东京正式签订《苏满关于中东铁路转让协定》，将中东铁路名义上卖给伪满洲国，而实际落入日本之手。
	10 月 6 日	绥芬河的北方发生日军、伪满军与苏军之间的武装冲突。
		苏联出版日语教科书，但作者很快被人告发“宣扬日本民族主义”。
	12 月 9 日	英国伦敦召开的“第二次伦敦裁军会议”上，日本中途退场。
1936 年（昭和 11 年）	1 月 27 日	在东京日比谷公会堂举行苏联的世界著名男低音歌唱家费多尔·伊万诺维奇·夏利亚宾（Фёдор Ива́нович Шаля́пин，1873—1938 年）的独唱会。
	2 月 10 日	在苏联莫斯科共产国际工作的野坂参三（のさかさんぞう，1892—1993 年）和山本悬藏（やまもと けんぞう，1895—1939 年）发表“致日本共产主义者的一封信”。
	2 月 26 日	日军皇道派军官安藤辉三（あんどう てるぞう，1905—1936 年）、栗原安秀（くりはら やすひで，1908—1936 年）、野中四郎（のなか しろう，1903—1936 年）、香田清贞（こうだ きよさだ，1903—1936 年）为首的日本陆军第一师团年轻军官团，纠集了约 1483 名陆军青年官兵发动兵变，占领了东京赤坂的山王饭店作为兵变指挥部，占领东京警视厅、首相府等重要机关，以“昭和维新，尊皇讨奸”为口号，杀害首相秘书松尾传蔵（まつおでんぞう，1872—1936 年）、内大臣斋藤实（さいとうまこと，1858—1936 年）、大藏大臣高桥是清（たかはしこれきよ1854—1936 年）、陆军大将渡边锭太郎（わたなべ じょうたろう，1874—1936 年）等军政要员。政变遭到日本政府和日军“统制派”镇压，发动政变的十七名首谋被判处死刑，史称“二·二六事件”。

续表

年	月　日	大事记
1936年（昭和11年）	3月9日	日本成立广田弘毅（ひろた こうき，1878—1948年）内阁（—1937年1月23日），积极配合日本军部加强日本军国主义体制。
	3月	日本以苏联特务嫌疑逮捕日本正教会的濑沼恪三郎（せぬま かくさぶろう，1868—1945年）。
		日本早稻田大学撤销俄罗斯文学科。
	5月25日	日苏签署关于延长1928年《日苏渔业条约》的议定书，将条约延长至1936年12月31日。
	7月16日	苏联和伪满洲国在莫斯科举行调整苏联和伪满边界的谈判。
	7月28日	日本任命酒匂秀一为驻苏临时代理大使。
	8月7日	日本召开首相、外相、海相、陆相和藏相参加的“五相会议”通过《国策基准》，强调充实对美、对苏军备。
	11月25日	日本和德国签订《日德防共协定》。
		日本任命重光葵（しげみつ まもる，1887—1957年）为日本驻苏特命全权大使。
	11月29日	苏联外务人民委员李维诺夫发表谴责《日德防共协定》的演说。
	12月5日	苏维埃第八次非常代表大会通过《苏维埃社会主义共和国联盟宪法》，斯大林宣布苏联已建成社会主义制度。
	12月28日	日苏签署第二次关于延长《日苏渔业条约》的议定书。
	—	日本左翼出版社纳乌卡（科学出版社）出版社第一次被解散。
		日本中央公论社发行原久一郎个人翻译的《大托尔斯泰全集》（全22卷）。

续表

年	月 日	大事记
1937年（昭和12年）	1月23日	苏联对尼古拉·斯捷潘诺维奇·普奇科夫（Николай Степанович Пятков，1893—1937年）、卡尔·伯恩加多维奇·拉迪克（Карл Бернгардович Радек，1885—1939年）等人以日德间谍罪进行公开审判（—30日）。
	1月24日	苏联驻日大使尤列涅夫会见日本外相有田八郎，就调整日苏邦交问题进行会谈。
	2月2日	日本成立陆军大将林铣十郎（はやし せんじゅうろう，1876—1943年）内阁（—5月31日）。
	4月2日	苏联以日本间谍嫌疑逮捕朝鲜裔作家罗曼·尼古拉维奇·金（Roman Nikolaevich Kim，1898—1966年）。
	4月19日	罗曼·金的妻子、日本语学者玛丽安娜·萨莫伊洛娃·金（Mariam Samoilovna Tsyn，1904或1905—2002年）也被逮捕。
	6月4日	日本成立第一次近卫文麿（このえ ふみまろ，1891—1945年）内阁（—1939年1月4日）。
	6月	苏联任命伊萨克·纳乌莫维奇·狄奇曼（Исаак Наумович Дейчман，1895—？年）为临时驻日代理大使。
	6月19日	苏联占领苏联和伪满边界上的乾岔子岛。
	6月30日	日本和伪满军队在乾岔子岛附近击沉苏联炮艇。
	7月2日	苏联外务人民委员李维诺夫向日方保证从乾岔子岛撤离军队和炮艇。
	7月7日	日军在中国北平（今北京）挑起“七七卢沟桥事变”，日本发动全面侵华战争。
	8月19日	苏联通告日本，在敖德萨和新西伯利亚的日本领事馆的职务执行权限将截止到9月15日。
	8月20日	苏联共产党和苏联政府决定，把居住在苏联沿海州的十八万朝鲜人强制迁往中亚地区。

续表

年	月　日	大事记
1937年（昭和12年）	8月21日	中苏缔结《中苏互不侵犯条约》。
	8月	正在苏联的日本细菌学家、流浪的共产主义者国崎定洞（くにざき ていどう，1894—1937年），被当作日本间谍遭到逮捕并杀害。
	9月2日	苏联驻日特命全权大使米哈伊尔·米哈伊洛维奇·斯拉维茨基（Михаил Михайлович Славуцкий，1898—1943年）到任。
	10月	苏联以日本特务嫌疑逮捕东方语言学者、东方学者、民俗学者尼古拉·涅夫斯基。
	11月2日	苏联把日本共产党早期党员、工人运动领袖山本悬藏当作日本特务加以逮捕。
	12月13日	侵华日军占领中国国民政府首都南京，制造骇人听闻的“南京大屠杀”。
	12月29日	日苏签署关于延长1928年《日苏渔业条约》的第三次议定书。
		在莫斯科给著名导演弗谢沃洛德·埃米列维奇·梅耶霍尔德（Всеволод Эмильевич Мейерхольд，1874—1940年）当舞台助手的佐野硕（さの せき，1905—1966年）和土方与志（ひじかた よし，1898—1959年）同时被苏联逮捕并驱逐。
1938年（昭和13年）	1月3日	日本左翼文化运动领袖、演员杉本良吉（すぎもと りょうきち，1907—1939年）与情人日本电影明星冈田嘉子（おかだよしこ，1902—1992年）在桦太（萨哈林岛）越过日苏边界亡命苏联，被苏联逮捕。
	1月26日	日苏停止两国间小包裹邮件的相互交换。
	2月10日	作为关闭在日苏领事馆的交换条件，苏联驻日大使按照对等原则也要求日本关闭在苏日本领事馆。

续表

年	月　日	大事记
1938 年（昭和 13 年）	4 月 4 日	日本驻苏大使重光葵（しげみつ まもる，Shigemitsu Mamoru，1887—1957 年）抗议苏联对华提供援助。
	4 月 8 日	苏联关闭在神户的苏联领事馆。
	6 月 5 日	苏联任命康斯坦丁·阿列克山德罗维奇·斯梅塔宁（Константин Александрович Сметанин，1898—1969 年）为驻日代理大使。
	6 月 13 日	苏联内务人民委员部远东地区部长留希科夫（Люшков Генрих Самойлович，1900—1945 年）大将叛逃到在满洲的日本关东军，史称“留希科夫事件”。
	7 月 15 日	中、朝、俄三国边界附近的张鼓峰爆发日苏军队武装冲突，史称“张鼓峰事件”。
	7 月 20 日	日本驻苏大使重光葵要求苏联军队从张鼓峰撤军，遭到苏联拒绝。
	7 月 29 日	苏军在张鼓峰北面的沙草峰南面构筑阵地。
	8 月 2 日	苏联要求立即关闭日本在哈巴罗夫斯克和布拉戈维申斯克的领事馆，日本分批撤回领馆人员。
	8 月 10 日	苏日双方在莫斯科签订“张鼓峰停战协议”。
	8 月 11 日	日苏两国军队停止在张鼓峰、沙草峰方面之战斗行动。
	8 月	苏联以日本间谍嫌疑逮捕列宁格勒（今彼得堡大学）大学东方学教授，在中国、日本问题研究领域于苏联国内居领军地位的学者尼古拉·伊西福维奇·康拉德（Никола́й Ио́сифович Ко́нрад，1891—1970 年）。
	9 月 30 日	苏联成立北千岛鲑鳟鱼渔业总联合会，设立北千岛水产公司。
	10 月 19 日	日本任命西春彦（にし はるひこ，Nishi Haruhiko，1893—1986 年）为驻苏临时代理大使。
	10 月 29 日	日本任命东乡茂德（とうごう しげのり，原名：朴茂德，1882—1950 年）为驻苏特命全权大使。

续表

年	月　日	大事记
1938 年（昭和 13 年）	12 月 24 日	苏联关闭在函馆的苏联领事馆。
1939 年（昭和 14 年）	2 月 22 日	日共野坂参三把有关另一位日共领导人山本悬藏问题的书简邮寄给共产国际执行委员会总书记、保加利亚人格奥尔基·季米特洛夫（保加利亚语：Георги Димитров Михайлов；俄语：Георгий Михайлович Димитров，1882—1949 年）。
	3 月 10 日	苏联大清洗中被捕的日共领导人山本悬藏被苏联判处死刑并执行枪决。
	4 月 2 日	日苏签署关于延长《日苏渔业条约》的第四次议定书。
	5 月 1 日	日本政界元老、前枢密院议长平沼骐一郎（ひらぬま きいちろう，1867—1952 年）组织内阁（—8 月 28 日）。
	5 月 11 日	日苏两国在伪“满洲国”和“蒙古国”交界的哈拉哈河的诺门坎地区爆发大规模武装冲突，史称“诺门坎事件”。
	5 月 19 日	苏联外交人民委员维亚切斯拉夫·米哈伊洛维奇·莫洛托夫（Вячеслав Михайлович Молотов，1890—1986 年；本名：维亚切斯拉夫·米哈伊洛维奇·斯克里亚宾，Вячеслав Михайлович Скрябин.）召见日本驻苏大使东乡茂德，抗议日本、伪满军队侵犯“蒙古国”边境。
	5 月 25 日	日本驻苏大使东乡茂德反过来向苏联外交人民委员莫洛托夫抗议苏蒙军队侵犯伪“满洲国”边界。
	5 月 28 日	日本关东军打败苏蒙军炮兵中队。
	5 月 31 日	苏联政府再次向日本发出警告。
	6 月 27 日	日本关东军未经日军中央，日本军部的批准擅自强行炮击多木斯克。
	7 月 5 日	苏联任命尼古拉·伊万诺维奇·格涅拉罗夫（Николай Иванович Генералов，1905—1990 年）为驻日临时代理大使。

续表

年	月 日	大事记
1939 年（昭和 14 年）	7 月 17 日	日本召开首相、外相、海相、陆相和藏相参加的五相会议，确定不扩大“诺门坎事件”的方针，决定进行外交交涉。
	8 月 20 日	苏联驻蒙苏军第一集团军司令员格奥尔吉·康斯坦丁诺维奇·朱可夫（Гео́ргий Константи́нович Жу́ков，1896—1974 年）指挥的苏联、蒙古联军对日军展开全面反攻。
	8 月 22 日	日本驻苏大使东乡茂德就北萨哈林岛（北桦太）利权问题同苏联外交人民委员代理索洛莫·阿布拉莫维奇·罗佐夫斯基（Соломо́н Абра́мович Лозовский，1878—1952 年）举行会谈。
	8 月 23 日	苏联外交人民委员莫洛托夫与纳粹德国外长乌尔里希·弗里德里希·威廉·约阿希姆·冯·里宾特洛甫（Ulrich Friedrich Wilhelm Joachimvon Ribbentrop，1893—1946 年）在苏联莫斯科秘密缔结《苏德互不侵犯条约》。
	8 月 25 日	日本平沼骐一郎内阁认为《德苏互不侵犯条约》违反《日德防共协定》，从而向德国提出抗议。
	8 月 30 日	日本成立陆军大将阿部信行（あべ のぶゆき，1875—1953 年）内阁（—1940 年 1 月 14 日）
	8 月 31 日	哈拉哈河的诺门坎战争中入侵“蒙古国”境内的日本军队全部被消灭。
	9 月 1 日	阿道夫·希特勒（德语：Adolf Hitler，1889—1945 年）的纳粹德国突袭波兰，第二次世界大战爆发。
	9 月 15 日	日苏达成《关于“诺门坎事件”的停战协定》。
	9 月 17 日	苏联根据之前与纳粹德国签定的秘密协定，也出兵进攻波兰，事实上苏联与纳粹德国一起瓜分了波兰，并制造骇人听闻的、枪杀波兰精英的“卡廷惨案”。
	9 月 27 日	苏联最高法院军事委员会认定日共党员、演员杉本良吉（すぎもとりょうきち，1907—1939 年）是日本间谍而判处死刑，并执行枪决。

续表

年	月　日	大事记
1939年（昭和14年）	9月	日本禁止苏联歌剧、芭蕾舞团的演出。
	11月20日	苏联任命康斯坦丁·亚历山德罗维奇·斯曼宁（Константин Александрович Сметанин，1898—1969年）为驻日特命全权大使。
	12月12日	被苏联政府强制收容的1500名囚犯等乘坐的苏联“印地吉尔卡”号轮船从鄂霍次克海北岸的纳卡耶维驶向符拉迪沃斯托克（海参崴）途中，在日本北海道宗谷岬附近的猿拂村海面遭遇海难。
	12月31日	日苏签署关于延长《日苏渔业条约》的第五次议定书。
1940年（昭和15年）	1月7日	日苏在哈尔滨举行“日苏划界委员会”会议。
	1月10日	日苏第一次通商会议在苏联莫斯科举行。
	1月16日	日本成立海军大将米内光政（よない みつまさ，1880—1948年）内阁（—7月16日）。
	4月14日	日苏通商会议上的谈判破裂。
	6月9日	日本驻苏特命全权大使东乡茂德与苏联外交人民委员莫洛托夫之间的日苏冲突地区划界谈判达成妥协。
	7月2日	日本驻苏大使东乡茂德根据国内训令，向苏联外交人民委员莫洛托夫提议两国缔结中立条约。
	7月18日	日本驻苏大使东乡茂德与苏联外交人民委员莫洛托夫签订《关于现场勘界委员会的决议》。
	7月21日	苏联吞并波罗的海三国爱沙尼亚、拉脱维亚和立陶宛。
	7月22日	日本成立第二次近卫文麿内阁（—1941年7月16日）。
	8月14日	苏联外交人民委员莫洛托夫接受日方提出的签订中立条约案，作为代价要求日本放弃在北萨哈林岛（北桦太）的权利。
	9月27日	日、德、意在柏林签定军事同盟条约——《德意日三国同盟条约》，通称《三国轴心协定》，又称《柏林公约》。

续表

年	月 日	大事记
1940 年（昭和 15 年）	10 月 20 日	日本任命塚本毅（つかもとたけし，1896—1973 年）为日本驻苏临时代理大使。
	10 月 23 日	日本任命陆军中将建川美次（たてかわよしつぐ，1880—1945 年）为日本驻苏特命全权大使。
	10 月 30 日	日本驻苏大使建川美次根据训令向苏联提议两国签订互不侵犯条约。
1941 年（昭和 16 年）	1 月 30	日苏签署关于延长《日苏渔业条约》的第六次议定书。
	3 月 24 日	日本外相松冈洋右（まつおかようすけ，1880—1946 年）在莫斯科同苏联外交人民委员莫洛托夫就签署日苏中立条约问题举行会谈。
	3 月 28 日	在中国东北绥芬河附近发生日、伪满军队与苏军之间的军事冲突。
	4 月 7 日	日本外相松冈洋右再一次访问苏联，在莫斯科同苏联外交人民委员莫洛托夫举行会谈，提议日苏签订互不侵犯条约，被莫洛托夫拒绝。莫洛托夫提议缔结中立条约。
	4 月 12 日	日本外相松冈洋右与苏共总书记、部长会议主席斯大林举行会谈。
	4 月 13 日	日、苏在莫斯科签署《日苏中立条约》。
	4 月	日本俄罗斯文学家、翻译家米川正夫为完成米哈依尔·肖洛霍夫（Михаил А Шолохов，1905—1984 年）的长篇小说《静静的顿河》的全部翻译，辞去陆军大学教官职务。
	6 月 22 日	法西斯德国进攻苏联，苏德战争爆发。松冈洋右进日本皇宫参拜天皇，并上奏天皇主张立刻参加对苏战争。
	6 月 24 日	日本外相松冈洋右明确告知苏联驻日大使斯米塔宁，《日苏中立条约》如果与“三国同盟相抵触”就立即停止效力。

续表

年	月　日	大事记
1941年（昭和16年）	7月2日	日本御前会议通过《形势变化趋势及其与之相伴的帝国国策纲要》，决定一方面进行对苏战争准备，另一方面南进占领南部法属印度支那。
		日本大本营下令进行“关东军特别演习”，在满洲（中国东北）集结70万兵力。
	7月18日	日本成立第三次近卫文麿内阁（—10月16日）。
	8月4日	日本大本营政府联络会议上通过《对苏外交交涉纲要》。
	8月5日	日本第三次近卫文麿内阁外相、海军大将丰田贞次郎（とよだ ていじろう，1885—1961年）向苏联驻日大使斯米塔宁明确表示日本将诚实履行《日苏中立条约》，这表明日本已确定“南进”方针。
	8月6日	日本大本营政府联络会议上通过《针对日苏之间的现状，帝国应采取之措施》。
	8月13日	苏联驻日大使斯米塔宁明确表示苏联不会与第三国缔结针对日本的军事同盟，也不会为第三国提供军事基地。
	10月18日	日本东条英机（とうじょう ひでき，1884—1948年）法西斯内阁成立（—1944年7月18日）。
		继《朝日新闻》记者、日本共产党员尾崎秀实（おざき ほつみ，1901—1944年）之后，理查德·佐尔格（德：Richard Sorge，俄：Рихард Зорге，1895—1944年）也以共产国际间谍罪名被逮捕，此即“佐尔格事件”。
	11月22日	日本东条英机内阁外相东乡茂德向苏联驻日大使斯米塔宁打探苏联对《日苏中立条约》的态度。
	12月1日	苏联驻日大使斯米塔宁答复，苏联将遵守《日苏中立条约》。

续表

年	月 日	大事记
1941 年（昭和 16 年）	12 月 8 日	日本偷袭美国在夏威夷的海军基地珍珠港——即日本“偷袭珍珠港（Surprise attack on Pearl Harbor）”，并向美、英宣战，太平洋战争爆发。
	12 月 12 日	苏联共产党机关报《真理报（Прáвда）》谴责日本为侵略者。
1942 年（昭和 17 年）	1 月 24 日	苏联任命雅科夫·亚历山德罗维奇·马立克（Яков Александрович Малик，1906—1980 年）为驻日临时代理大使。
	3 月 20 日	日苏签署关于延长《日苏渔业条约》的第七次议定书。
	3 月 25 日	日本任命宫川船夫（みやがわふなお，1890—1950 年）为驻苏临时代理大使。
	3 月 28 日	日本任命佐藤尚武（さとう なおたけ，1882—1971 年）为驻苏特命全权大使。
	4 月 14 日	苏联提请日本驻苏大使佐藤尚武注意，日本有义务放弃有关北萨哈林岛（北桦太）的利权。
	5 月 16 日	日本报纸以国际谍报集团事件为名公开报道了“佐尔格事件”。
	7 月 8 日	苏联任命马立克为驻日特命全权大使。
	7 月 20 日	日本驻希特勒纳粹德国大使大岛浩（おおしまひろし，1886—1975 年）把德国外长里宾特洛甫“关于日本参加对苏战争的请求”电告日本国内。
	8 月 31 日	德军进攻斯大林格勒，斯大林格勒战役开始（一战役持续到 1943 年 2 月 2 日）。
1943 年（昭和 18 年）	3 月 6 日	日本驻德国大使大岛浩按照日本国内的训令答复希特勒纳粹德国，称日本将不参与对苏战争。
	3 月 8 日	日苏签署关于延长《日苏渔业条约》的第八次议定书。

续表

年	月 日	大事记
1943 年（昭和 18 年）	5 月 21 日	苏联向日本驻苏大使佐藤尚武明确表示，苏联将严守中立条约，不会向第三国提供军事基地。
	5 月	日本以间谍嫌疑逮捕日本研究俄罗斯语言文学的学者米川正夫，并进行调查。
	6 月 4 日	苏联外交人民委员莫洛托夫约见日本驻苏大使佐藤尚武要求日本履约放弃在北萨哈林岛（北桦太）上的利权。
	9 月 10 日	日本驻苏大使佐藤尚武向苏联外交人民委员莫洛托夫表示愿为苏德之间的和平进行斡旋。
	9 月 13 日	苏联外交人民委员莫洛托夫答复日本驻苏大使佐藤尚武，称苏联并没有苏德之间实现和平的意愿。
	11 月 23 日	反法西斯盟国中、美，英三国在埃及首都开罗举行“开罗会议”（Cairo Conference）（—26 日），中华民国政府主席兼军事委员会委员长蒋介石（1887—1975 年）、英国首相温斯顿·丘吉尔（Winston Leonard Spencer Churchill，1874—1965 年）、美国总统富兰克林·罗斯福（Franklin D. Roosevelt，1882—1945 年）出席会议，共同商讨反攻日本的战略及战后的安排问题，并签署《开罗宣言》。
	11 月 28 日	反法西斯盟国苏、美、英三国领导人斯大林、罗斯福、丘吉尔在伊朗首都德黑兰举行会议（—12 月 1 日），史称“德黑兰会议”（Tehran Conference）。
	12 月 1 日	反法西斯盟国正式发表中、美、英三国《开罗宣言》。
	12 月	日本的月刊杂志《俄罗斯语》停刊，橘书店破产。
1944 年（昭和 19 年）	3 月 30 日	日苏缔结《关于日本转让北桦太（北萨哈林岛）地区石油权利的议定书》，同时还缔结了关于继续延长《日苏渔业条约》五年的议定书。
	4 月 8 日	日本向苏联提出愿意斡旋苏德间和平的意向，被苏联予以拒绝。

续表

年	月　日	大事记
1944 年（昭和 19 年）	7 月 22 日	日本成立陆军大将小矶国昭（こいそ くにあき，1880—1950 年）内阁（—1945 年（昭和 20 年）4 月 7 日）。
	8 月 28 日	日本外相重光葵向德国驻日大使海因里希·乔治·斯塔默（Heinrich Georg Stahmer，1892—1978 年）表示愿意斡旋德苏之间的和平。
	9 月 6 日	日本向苏联驻日大使雅科夫·马立克提出向苏联派遣特使的要求，被苏联方面拒绝。
	9 月 14 日	德国驻日大使斯塔哈默拒绝了日本外相重光葵愿为德苏和平斡旋的提议。
	9 月 16 日	日本最高战争指导会议通过《关于对苏施策》的文件。
	10 月 19 日	反法西斯盟军举行第二次苏、美、英三国莫斯科外长会议召开，苏联外交人民委员莫洛托夫、美国国务卿科德尔·赫尔（Cordell Hull，1871—1955 年）和英国外交大臣罗伯特·A. 艾登（Robert Anthony Eden，1897—1977 年）出席会议（—10 月 30 日）。
	10 月 20 日	苏、美、英三国外长在莫斯科举行会议期间，斯大林与美国驻苏大使威廉·A. 哈里曼（William Averell Hariman，1891—1986 年）约定，苏联参加对日作战。
	11 月 7 日	在俄国十月革命纪念日，日本执行对共产国际、苏联红色间谍佐尔格、尾崎秀实的死刑。
1945 年（昭和 20 年）	2 月 4 日	反法西盟国首脑斯大林、罗斯福、丘吉尔在克里米亚的雅尔塔举行“雅尔塔会议”（Yalta Conference）（—2 月 11 日）。
	2 月 10 日	苏、美、英三国签署结束对法西斯德国的战争的三个月以后，苏联参加对日作战的秘密协定。
	4 月 5 日	苏联外交人民委员莫洛托夫通告日本，苏联将不再延长《日苏中立条约》。

续表

年	月　日	大事记
1945年（昭和20年）	4月7日	日本成立天皇侍从长、海军大将铃木贯太郎（すずきかんたろう，1868—1948年）为首的“终战”内阁（—10月5日）。
	4月	日本东京正教尼古拉堂的格奥尔吉·阿列克谢耶维奇·季霍米罗夫·塞尔基（Георгий Алексеевич Тихомиров，1871—1945年）府主教，以间谍嫌疑被逮捕。
	5月8日	法西斯德国无条件投降。
	5月14日	日本最高战争指导会议全体成员决定，通过苏联从中斡旋实现对美媾和的方针，并以南萨哈林和北千岛移交给苏联作为媾和的代价。
	6月3日	日本前首相广田弘毅与苏联驻日大使马立克会面，广田希望改善日苏关系。
	6月24日	日本前首相广田弘毅与苏联驻日大使马立克举行会谈，马立克要求日方提出具体方案。
	6月29日	日本前首相广田弘毅与马利克大使举行会谈，并提出日方改善日苏关系的具体方案。
	7月8日	日本外交大臣东乡茂德准备委托前首相近卫文麿访问苏联。
	7月10日	最高战争指导会议决定为结束战争向苏联派遣使节团。
	7月12日	为通过苏联的斡旋实现对美、英媾和，日本昭和天皇批准近卫文麿访苏。
	7月13日	日本驻苏大使佐藤尚武向苏联打探日本派遣“近卫文麿使节团”委托苏联斡旋对美、英媾和的可能性。
	7月17日	第二次世界大战中的对德战争结束前夕，反法西盟国首脑斯大林、罗斯福、丘吉尔，后期为克莱门特·理查德·艾德礼（Clement Richard Attlee，1883—1967年）在德国柏林近郊的波茨坦举行会议，史称“波茨坦会议”（—8月2日）。

续表

年	月 日	大事记
1945 年（昭和 20 年）	7 月 18 日	苏联拒绝了日本希望向苏联派遣“近卫文磨使节团”的请求，日本企图通过苏联的斡旋实现对美、英媾和的幻想破灭。
	7 月 25 日	日本驻苏大使佐藤尚武希望苏联出面斡旋以无条件投降以外的其他方式对美、英实现和平。
	7 月 26 日	中、美、英三国对日发表敦促日本投降的《波茨坦公告》（后来苏联也加入了该公告）。
	8 月 6 日	美国在日本广岛投下第一颗原子弹。
	8 月 8 日	苏联外交人民委员莫洛托夫向日本驻苏大使佐藤尚武通告，从 8 月 9 日开始日苏将进入战争状态。
	8 月 9 日	苏联驻日使馆闭馆（—1957 年 2 月）。
		苏联对日开战，苏军向中国东北、朝鲜半岛北部、南桦太（南萨哈林岛）地区日军发动进攻。
		美军在日本长崎投下第二颗原子弹。
	8 月 10 日	苏联驻日大使马立克向日本东乡茂德外相转交苏联的宣战书。
	8 月 14 日	日本决定接受《波茨坦公告》无条件投降。
	8 月 15 日	日本播放天皇结束战争的录音讲话——《终战诏书》，宣布正式投降，第二次世界大战结束。
	8 月 16 日	斯大林向盟国提议对日实行分区占领，要求苏军占领北海道北部，遭到美国总统哈里·S. 杜鲁门（Harry S. Truman，1884—1972 年）的拒绝。
	8 月 17 日	日本成立东久迩宫稔彦（ひがしくにのみや なるひこおう，1887—1990 年）皇族内阁（—10 月 5 日）。
	8 月 18 日	苏联继续进攻占守岛。
	8 月 23 日	进军中国东北并已占领哈尔滨、长春、沈阳、吉林的苏军，在当地与日军签订“停战协定”。斯大林决定把日本俘虏移送到西伯利亚作为劳动力使用。

续表

年	月　日	大事记
1945年（昭和20年）	9月1日	苏军彻底解除日本关东军武装。
	9月2日	对日交战国在东京湾的美国军舰“密苏里”号上举行日本投降仪式，日本全权代表时任外相重光葵（しげみつまもる，1887—1957年）和时任日军参谋总长梅津美治郎（うめづ よしじろう，1882—1949年）在日本投降书上正式签字。
	9月3日	斯大林宣布对日战争的胜利，宣布“彻底洗刷了日俄战争中战败的屈辱”。
	9月15日	苏联在哈巴罗夫斯克专门为被扣留在西伯利亚的日本俘虏创办报纸——《日本新闻》。
	10月9日	日本成立币原喜重郎（しではら きじゅうろう，1872—1951年）内阁（—1946年4月22日）。
	10月24日	第二次世界大战后最大政府间国际组织联合国（United Nations，UN）正式成立。
	12月1日	日本北海道根室町长安藤石典（あんどういしすけ，1886—1955年）向盟国占领军总司令官道格拉斯·麦克阿瑟（Douglas MacArthur，1880—1964年）陈请，希望美军对“北方领土”实行保护性占领。
	12月27日	美、英、苏莫斯科三国外长会议闭幕，盟国宣布成立由美、苏、中、法、加拿大、澳大利亚、新西兰、印度、巴基斯坦、荷兰、菲律宾、缅甸等国组成的总部设在美国首都华盛顿的“远东委员会”（Far Eastern Commission）来负责监督盟国“对日理事会”（Allied-Council for Japan），共同管制战后日本（—1951年9月8日解散）。

—— 第二章 ——

第二次世界大战后日本与苏联政治·经济·社会文化关系年表（1946—1991年）

年	月 日	大事记
1946年（昭和21年）	1月2日	盟国对日理事会（Allied Council for Japan，1945年12月27日至1951年9月8日解散）苏联代表杰列维扬科（Кузьмá Никола́евич Деревя́нко，1904—1954年）中将到任。
	1月29日	盟军总司令官麦克阿瑟发表备忘录（SCAPIN第677号），把千岛群岛、齿舞群岛、色丹岛置于日本领土范围之外。
	2月11日	美苏公开雅尔塔协定。
	2月20日	苏联发布公告，宣布将南萨哈林岛（南桦太）、千岛群岛划入苏联版图。
	4月	日本早稻田大学恢复俄罗斯文学学科。
	4月30日	日本渔船"第二晓丸"在多乐岛附近被苏联缉拿，这是第二次世界大战后第一艘被苏联缉拿的日本渔船。
	5月22日	日本自由党成立第一次吉田茂（よしだ しげる，1878—1967年）内阁（—1947年5月20）。
	6月5日	美国发表"马歇尔计划"（The Marshall Plan）（也称"欧洲复兴计划"）。

续表

年	月　日	大事记
1946 年（昭和 21 年）	7 月 3 日	日本设立“恳请返还北海道附属岛屿委员会”，并以北海道根室町长安藤石典为会长。
	10 月 5 日	欧洲九国“共产党工人党情报局”成立（—1956 年 4 月 17 日解散）。
1947 年（昭和 22 年）	5 月 3 日	第二次世界大战后制定的日本新宪法《日本国宪法》正式生效。
	5 月 24 日	日本成立片山哲（かたやま てつ，1887—1978 年）日本社会党内阁（—1948 年 2 月 10 日）。
	8 月 10 日	日本北海道举行“恳请归还北海道附属岛屿根室国民大会”，并把大会决议寄送给盟国日本占领军总司令麦克阿瑟。
	9 月 22 日	盟国日本占领军总司令部（GHQ）宣布，签订占领下的《日苏贸易协定》。
1948 年（昭和 23 年）	1 月 6 日	美国陆军部长肯尼思·克来本·罗亚尔（Kenneth Claiborne Royall，1894—1971 年）发表演说宣称：“美国要使日本成为远东兵工厂和防止共产主义的屏障。”亚洲的冷战正式开始。
	3 月 10 日	日本成立民主党芦田均（あしだ ひとし，1887—1959 年）内阁（—10 月 7 日）。
	6 月 19 日	苏联开始封锁西柏林，第一次柏林危机（Berlin Blockade）爆发（—1949 年 5 月 12 日）。
	10 月 19 日	日本成立民自党第二次吉田茂内阁（—1949 年 2 月 11 日）。
1949 年（昭和 24 年）	1 月 25 日	苏联与东欧国家成立“经济相互援助会（经互会）”（Совéт Экономúческой Взаимопóмощи，简称：СЭВ；The Council for Mutual Economic Assistance，简称：Comecon）。

续表

年	月　日	大事记
1949 年（昭和 24 年）	2 月 16 日	日本成立民自党第三次吉田茂内阁（—1952 年 10 月 24 日）。
	4 月 4 日	美国与西欧国家在华盛顿签署协议组织成立“北大西洋公约组织”（North Atlantic Treaty Organization，NATO）。
	5 月 9 日	日本的日苏友好协会下设俄语讲座，是后来日苏学院的前身。
	5 月	苏联政府宣布大部分日本俘虏已经遣返完毕。
	10 月 1 日	中国共产党在北京宣告成立中华人民共和国。
	—	这一年，日本设立大阪外国语大学。
1950 年（昭和 25 年）	1 月 6 日	“共产党和工人党情报局”（Cominform）批评日本共产党。日本共产党扩大中央委员会接受“共产党和工人党情报局”的批评。
	2 月 14 日	中苏签订《中苏友好同盟条约》（—4 月 11 日生效）。
	3 月 16 日	就第二次世界大战后被苏联扣留在西伯利亚的日本人问题，日本共产党书记长德田球一（とくだ きゅういち，1894—1955 年）被怀疑向苏联提出了“请不要遣返反动分子”的请求，从而遭到日本国会传唤。
	6 月 25 日	朝鲜战争爆发。
	7 月 11 日	日本成立俄罗斯文学会。
	8 月 30 日	苏联驻日代表阿列克谢·帕夫洛维奇·基斯连科（Алексей Павлович Кисленко，1901—1982 年）到任。
	9 月 1 日	日本内阁会议通过“整肃红色分子”的方针。
1951 年（昭和 26 年）	6 月 10 日	苏联在递交给美国的有关对日媾和问题的备忘录中提议召开由全体对日参战国参加的对日媾和会议，实现对日全面媾和。
	7 月 14 日	美国拒绝了在对日媾和问题上主张对日全面媾和的苏联提案。

续表

年	月　日	大事记
1951 年（昭和 26 年）	8 月 13 日	苏联向美英通告，苏联将出席旧金山对日媾和会议。
	9 月 4 日	美国主导下的盟国对日媾和会议在美国旧金山召开，参加对日作战的 52 个国家参加此次会议。
	9 月 8 日	除苏联等少数几个国家以外，参加旧金山会议的 48 个国家签署了《对日和平条约》（亦称《旧金山对日和平条约》）。日本宣布放弃“萨哈林岛（桦太）南部，及千岛群岛”。参加旧金山对日媾和会议的日本全权代表、首相吉田茂在接受《对日和平条约》的致辞中宣称：“齿舞、色丹两个群岛是北海道的一部分。”
		日美签订《日美安全保障条约》。
	12 月 20 日	日本社会活动家、政治学家大山郁夫（おおやま いくお，1880—1955 年）被授予“斯大林国际和平奖”。
1952 年（昭和 27 年）	1 月	日本水产厅发表了重新开始北太平洋渔业的基本方针。
	1 月 25 日	日本首相吉田茂以苏联占领日本领土齿舞、色丹两个群岛为由，表示日本无意与苏联缔结和平条约。
	2 月 2 日	日本成立“北海道日苏友好协会”。
	4 月 5 日	日本妇女活动家、和平运动家、国会参议院绿风会成员高良富（こうら とみ，1896—1993 年）以及左派社会党众议院议员帆足计（ほあし けい，1905—1989 年）、改进党众议院议员宫腰喜助（みやこし きすけ，1905—1966 年）取道欧洲抵达莫斯科，成为第二次世界大战后第一批到访苏联的日本人。
	4 月 11 日	日本颁布废除“波茨坦政令（盟国日本占领当局政令）”的法律（—4 月 28 日生效）。
	4 月 28 日	随着《对日和平条约》生效和废除“波茨坦政令”的法律生效，占领时期盟军总司令部（GHQ）设立的“麦克阿瑟线”也被废除，日本渔民开始重新进入北太平洋进行捕捞鲑鱼、鳟鱼的渔业活动。

续表

年	月　日	大事记
1952 年（昭和 27 年）	4 月 28 日	日本制定母船式渔业管理条例。
		苏联在北太平洋海域缉拿日本渔船事件也开始频发。
	5 月 9 日	日、美、加签署《日美加渔业条约》。
	5 月 30 日	日本政府向苏联驻日代表部通告称，随着《对日和平条约》的生效，苏联驻日代表部已经失去其存在的依据。
	6 月 27 日	苏联驻日代表部外交代表代理格奥尔吉·伊万诺维奇·帕夫利切夫（Георгий Иванович Павлычев，1896—?年）到任。
	7 月	日本制定鲑鱼、鳟鱼流网渔业管理条例。
	7 月 31 日	日本众议院通过完成媾和后要求继续解决齿舞、色丹、冲绳、小笠原等余下领土问题的决议。
	9 月 12 日	日本第三次成立纳乌卡（科学）株式会社。
	9 月 18 日	苏联动用联合国安理会常任理事国的一票否决权，否决日本加入联合国的申请。
	10 月 7 日	齿舞群岛上空发生苏联飞机击落美军飞机的事件。
	10 月 8 日	苏联驻英大使安德烈·安德烈耶维奇·葛罗米柯（Андре́й Андре́евич Громы́ко，1909—1989 年）发表有关《对日和平条约》的备忘录。
	10 月 30 日	日本成立自由党第四次吉田茂内阁（—1953 年 5 月 21 日）。
	—	日本成立“日苏贸易促进会议”。
1953 年（昭和 28 年）	3 月 15 日	苏联部长会议主席、苏共中央总书记斯大林逝世，格奥尔基·马克西米连诺维奇·马林科夫（Гео ргий Максимилианович Маленков，1902—1988 年）继任苏联部长会议主席。
	3 月 21 日	苏联在北太平洋设置“布尔加宁线”，禁止其他国家渔船进入线内。

续表

年	月　日	大事记
1953 年（昭和 28 年）	4 月	日本批准北太平洋鲑鱼、鳟鱼流网渔业。
	5 月 21 日	日本成立第五次吉田茂自由党内阁（—1954 年 12 月 7 日）。
	6 月 24 日	日本北海道大学根据校内决议成立斯拉夫研究室。
	9 月 12 日	尼基塔·谢尔盖耶维奇·赫鲁晓夫（Никита Сергеевич Хрущёв，1894—1971 年）就任苏共中央委员会第一书记。
	—	日本成立“日苏贸易会”，1955 年改组为“日苏东欧贸易会”。
1954 年（昭和 29 年）	2 月 12 日	日本外务省的杉原荒太（すぎはら あらた，1899—1982 年）就日苏复交谈判的原则，向鸠山一郎（はとやま いちろう，1883—1959 年）提出建议。
	6 月	日苏草签两国进出口贸易总额 8000 万美元为目标的 1954—1955 年贸易协定。
	8 月 14 日	日本外务省与公安调查厅共同发表原苏联驻日代表部二等秘书尤里·亚历山德罗维奇·拉斯托波罗夫（Юрий Александрович Растворов，1921—2004 年）在日从事间谍活动，后秘密流亡美国的事件。
	8 月 16 日	日本政府配合巴黎统筹委员会（Coordinating Committee for Multilateral Export Controls，简称“巴统”（COCOM））放宽对苏出口的方针，也采取措施放宽了对苏出口。
	9 月 25 日	美国在递交给苏联的备忘录中宣称千岛群岛中不包括齿舞群岛。
	10 月 12 日	中苏发表《中华人民共和国政府和苏维埃社会主义共和国联盟政府关于对日本关系的联合宣言》(简称《中苏关于对日本关系的联合宣言》)。
	10 月 28 日	日本成立恢复日中、日苏邦交国民会议，会长久原房之助（くはら ふさのすけ、1869—1965 年）。

续表

年	月 日	大事记
1954 年（昭和 29 年）	11 月 7 日	北海道附近海域发生苏联战机击落美军飞机的事件。
	12 月 1 日	美国国务卿约翰·福斯特·杜勒斯（John Foster Dulles，1888—1959 年）在递交给总统德怀特·戴维·艾森豪威尔（Dwight David Eisenhower，1890—1969 年）的备忘录中表示，如果不通过战争手段，就很难把苏联驱逐出齿舞群岛。
	12 月 7 日	日本自由党吉田茂内阁总辞职，民主党党首鸠山一郎（はとやま いちろう，1883—1959 年）着手组织民主党内阁。
	12 月 10 日	日本民主党成立第一次鸠山一郎内阁（—1955 年 3 月 18 日）。
	12 月 12 日	苏联莫斯科市最高苏维埃主席和伏尔加格勒市最高苏维埃主席对日本广岛市市长浜井信三（はまい しんぞう，1905—1968 年）提出的禁止使用原子弹的呼吁表示支持。
	12 月 17 日	苏联外长莫洛托夫通过莫斯科广播电台发表声明称，苏联有意同日本探讨恢复两国邦交的问题。
	12 月 29 日	苏联列宁格勒最高苏维埃主席对日本广岛市市长浜井信三提出的禁止使用原子弹的呼吁表示了支持。
	—	这一年，苏联任命的驻日代表安德烈·多米尼茨基（Андрей Домницкий，?）到任（—1956 年 5 月 3 日）。
1955 年（昭和 30 年）	1 月 10 日	日本首相鸠山一郎在会见记者时对恢复日中、日苏邦交，修改宪法表现出积极态度。
	1 月 25 日	苏联驻日代表多米尼茨基向鸠山首相提出有关苏日恢复邦交事宜的未署名书简。
	—	日、美、加、苏全权代表举行海狗保护条约谈判。
	2 月 4 日	日本民主党鸠山一郎内阁在内阁会议上决定同苏联举行第二次世界战后的日苏复交谈判。

续表

年	月　日	大事记
1955 年（昭和 30 年）	2 月 8 日	苏联政局发生变化，马林科夫辞去苏联部长会议主席职务，尼古拉・亚历山德罗维奇・布尔加宁（Николай Александрович Булганин，1895—1975 年）继任苏联部长会议主席。
	2 月 23 日	苏联犹太裔小提琴家大卫・费奥多罗维奇・奥伊斯特拉赫（Давид Фёдорович Ойстрах，1908—1974 年）在日本东京日比谷公会堂举行小提琴演奏会。
	3 月 19 日	日本民主党成立第二次鸠山一郎内阁（—11 月 21 日）。
	3 月 30 日	日本举行日中、日苏恢复邦交国民大会。
	4 月 9 日	美国国家安全保障会议重新制定对日政策，支持日本要求归还齿舞、色丹的主张，不支持苏联对千岛、南萨哈林的领土主权要求。
	5 月 14 日	苏联与东欧的东德、波兰、捷克、匈牙利、罗马尼亚、保加利亚、阿尔巴尼亚七国成立“华沙条约组织”（Warsaw Pact，简称“华约组织”）（—1991 年 7 月 1 日正式解散）。
	5 月 24 日	日本内阁会议正式任命众议院议员松本俊一（まつもと しゅんいち，1897—1987 年）为日苏邦交正常化谈判全权代表。
	5 月 26 日	日本政府在众议院会议上阐明日苏恢复邦交谈判的方针，并任命众议院议员、前驻英大使松本俊一为日苏复交谈判全权代表。日本外务省发出“训令 16 号”称，“原则上日本要求归还南桦太（南萨哈林岛）和南千岛，如果这一要求不能得到贯彻，但至少要坚持要求归还齿舞、色丹”。
	6—9 月	举行第一次日苏复交伦敦大使级谈判。

续表

年	月　日	大事记
1955 年（昭和 30 年）	6 月 1 日	日本日苏复交谈判全权代表松本俊一与苏联全权代表、驻英大使雅科夫·亚历山德罗维奇·马立克（Яков Александрович Малик，1906—1980 年）在英国伦敦苏联大使馆举行会谈。
	6 月 3 日	日苏恢复两国邦交谈判第一轮大使级正式会谈在苏联驻英大使馆举行。
	6 月 7 日	日苏在伦敦日本大使官邸举行第二轮两国大使级复交谈判。日方提出备忘录，主张“齿舞、色丹、千岛及南桦太（南萨哈林岛），从历史上看是日本的领土”。苏联方面主张签订上述领土均为苏联领土的两国和平条约案。
	6 月 14 日	日苏在伦敦苏联大使馆举行第三轮两国大使级复交谈判。
	6 月 21 日	日苏在伦敦日本大使官邸举行第四轮两国大使级复交谈判。
	6 月 24 日	日苏在伦敦苏联大使馆举行第五轮两国大使级复交谈判。
	6 月 28 日	日苏在伦敦日本大使官邸举行第六轮两国大使级复交谈判。
	7 月 1 日	日本北海道大学法学部设立附属斯拉夫研究设施。
	7 月 2 日	苏联为准备美、苏、英、法即将在日内瓦举行的四国首脑会议召回驻英大使马立克，因而日苏复交谈判暂时休会。
	7 月 15 日	日苏在伦敦苏联大使馆举行第七轮两国大使级复交谈判。
	7 月 18 日	美国总统艾森豪威尔、英国首相安东尼·艾登（Robert Anthony Eden，1897—1977 年）、法国总理埃德加·富尔（Edgar Faure，1908—1988 年）、苏联代表布尔加宁在日内瓦举行美、苏、英、法四大国首脑会议（—7 月 23 日）。

续表

年	月　日	大事记
1955年（昭和30年）	7月26日	日苏在伦敦日本大使官邸举行第八轮两国大使级复交谈判。
	7月31日	日本首席全权代表鸠山内阁外相重光葵、全权代表松本俊一与苏联全权代表、外长德米特里・特罗菲莫维奇・谢皮洛夫（Дми́трий Трофи́мович Шепи́лов，1905—1995年）及马立克大使等在苏联外交部举行第一轮日苏邦交正常化莫斯科谈判，此后谈判以每周三次的频率在莫斯科迎宾馆举行。
	8月2日	日苏在伦敦苏联大使馆举行第九轮两国大使级复交谈判。
	8月5日	日苏邦交正常化伦敦大使级会谈苏方全权代表马立克向日方透露苏联准备返还齿舞、色丹岛的意向。
	8月9日	日苏在伦敦日本大使官邸举行第十轮两国大使级复交谈判，苏联提出日苏两国签署和平条约时返还齿舞群岛和色丹岛的提案，日方则提出同时归还“北方四岛”方案。
	8月10日	日方日苏伦敦大使级复交谈判代表松本俊一用密电转告日本外务省，苏方准备返还齿舞、色丹的妥协方案。
	8月16日	日苏在伦敦苏联大使馆举行第十一轮两国大使级复交谈判。
	8月20日	日本《朝日新闻》独家报道了外务省准备要求归还“北方四岛”的日方谈判方针。
	8月23日	日苏在伦敦日本大使官邸举行第十二轮两国大使级复交谈判。
	8月25日	日本《每日新闻》独家报道了苏联方面打算归还两岛的谈判方针。
	8月27日	日本外务省向在伦敦进行日苏大使级复交谈判的日方代表松本俊一发出新的指令，让其要求苏联以召开国际会议的方式来归还“北方四岛”。

续表

年	月　日	大事记
1955 年（昭和 30 年）	8 月 30 日	日苏在伦敦苏联大使馆举行第十三轮两国大使级复交谈判。
	9 月 6 日	日苏在伦敦日本大使官邸举行第十四轮两国大使级复交谈判。
	9 月 11 日	日本成立千岛、齿舞群岛居住者联盟。
	9 月 13 日	日苏在伦敦苏联大使馆举行第十五轮两国大使级复交谈判。
		苏联与西德签署建立外交关系的公报。
	9 月 21 日	苏联共产党中央委员会第一书记赫鲁晓夫、苏联部长会议主席布尔加宁接见以北村德太郎（きたむら とくたろう，1886—1968 年）为团长的日本国会议员访苏团。
	9 月 23 日	日苏邦交正常化伦敦大使级谈判暂时中断。
	10 月 1 日	日苏伦敦大使级复交谈判的日方全权代表松本俊一回国。
	10 月 22 日	日本自由党外交调查会主张以举行国际会议的形式让苏联归还“北方四岛”。
	11 月 15 日	日本自由党与民主党合并成立“自由民主党”，实现“保守联合”，日本“五五年体制形成”。
		执政的自民党确定以召开国际会议的方式让苏联把“北方四岛”返还日本的方针，并以此为前提实现日苏复交。
	11 月 22 日	日本成立第三次鸠山一郎自民党内阁（—1956 年 12 月 30 日）。
	12 月 20 日	日本女歌唱家、音乐教育家和音乐评论家关鉴子（せきあきこ，1899—1973 年）被授予斯大林国际和平奖。
	12 月 24 日	日本政府向苏联政府提议继续进行大使级日苏复交谈判。

续表

年	月　日	大事记
1956年（昭和31年）*	1—3月	举行第二次日苏复交伦敦大使级会谈。
	1月17日	日苏在伦敦日本大使官邸举行第十六轮两国大使级复交谈判。
	1月24日	日苏在伦敦苏联大使馆举行第十七轮两国大使级复交谈判。
	1月31日	日苏在伦敦日本大使官邸举行第十八轮两国大使级复交谈判。
	2月7日	日苏在伦敦苏联大使馆举行第十九轮两国大使级复交谈判。
	2月10日	日苏在伦敦日本大使官邸举行第二十轮两国大使级复交谈判。
	2月14日	苏联共产党在莫斯科举行第二十次代表大会（—2月25日）。
	2月25日	日本成立俄国史研究会，日本著名历史学家、东京大学教授江口朴郎（えぐち ぼくろう，1911—1989年）被推选为日本俄国史研究会会长。
		苏共第二十次代表大会最后一天，苏共中央第一书记赫鲁晓夫发表批判斯大林的秘密报告《关于个人迷信及其后果》，全盘否定了斯大林，揭露了很多苏共和国际共产主义运动的负面情况。
	3月9日	日苏在伦敦苏联大使馆举行第二十一轮两国大使级复交谈判。
	3月13日	日苏在伦敦日本大使官邸举行第二十二轮两国大使级复交谈判。
	3月20日	日苏在伦敦苏联大使馆举行第二十三轮两国大使级复交谈判。此后日苏伦敦大使级复交谈判因领土问题陷入僵局，宣布无限期休会。
		日方向苏联提出谈判缔结有关保存鱼类资源以及救援海上遇难者的协定。

续表

年	月 日	大事记
1956 年（昭和 31 年）*	3 月 21 日	苏联宣布，将对北太平洋渔业加以限制。
	4 月 9 日	美国重新制定对日政策，“原则上支持日本要求归还齿舞、色丹的主张，不支持苏联对千岛、南萨哈林的领土主权要求”。
		苏联同意与日本举行苏日渔业谈判。
	4 月 11 日	日本政府与执政的自民党决定派鸠山内阁农林相河野一郎（こうのいちろう，1898—1965 年）为首的十二三人规模的代表团赴莫斯科进行渔业谈判。
	4 月 12 日	日本内阁会议确定日苏渔业谈判副代表及其成员名单，任命日本驻加拿大大使松平康东（まつだいらこうとう，1903—1994 年）为日苏渔业谈判的副代表。
	4 月 27 日	日本鸠山内阁农相河野一郎为进行日苏渔业谈判抵达莫斯科。
	4 月 29 日	日本鸠山内阁农林相河野一郎为首的日方渔业谈判代表团与苏联渔业部部长亚历山大·阿基莫维奇·伊什科夫（Александр Акимович Ишков，1905—1988 年）率领的苏方渔业谈判代表团开始日苏渔业谈判。
	4 月 30 日	日苏签订商事仲裁协定。
	5 月 4 日	苏联任命谢尔盖·列奥尼多维奇·齐赫文斯基（Сергей Леонидович Тихвинский，1918—2018 年）为驻日外交代表。
	5 月 9 日	日本鸠山内阁外相河野一郎与苏联部长会议主席布尔加宁举行会谈。
	5 月 14 日	日苏通过六轮渔业谈判最终达成妥协，两国签订《日苏渔业条约及海难救助协定》（—12 月 12 日正式生效）。
	5 月 24 日	日本劳动总评议会访苏代表团与苏联总工会中央委员会发表共同声明。
	6 月 7 日	日本生活协同组合贸易株式会社与全苏联消费者协会中央联合会签订了“以货易货”贸易协定。

续表

年	月　日	大事记
1956年（昭和31年）*	6月21日	以俄罗斯文学研究者原久一郎（はら ひさいちろう，1890—1971年）为团长的日苏友好协会访苏使节团发表声明，表示为日苏友好而努力。
	7—8月	举行日苏复交第一次莫斯科谈判。
	7月13日	日本在舞贺举行促进沿海贸易、渔业大会，并通过致赫鲁晓夫的书信。
	7月16日	苏联最高苏维埃会议发表“关于日本国会呼吁禁止爆炸原子弹的声明”。
	7月18日	日本驻英大使西春彦（にしはるひこ，1893—1986年）通过苏联驻英大使马立克向苏联政府转达了日本希望在莫斯科重开日苏复交谈判的意向，并任命鸠山内阁外相重光葵（しげみつまもる，1887—1957年）为日苏复交谈判首席全权代表，松本俊一为全权代表。
	7月21日	苏联同意日方请求，决定在莫斯科重开日苏复交谈判，并任命外交部长谢皮洛夫为首席全权代表。
	7月26日	鸠山内阁外相重光葵为首席全权代表的日本谈判代表团从羽田机场出发，启程前往莫斯科。
	7月29日	鸠山内阁外相重光葵为首席全权代表的日本谈判代表团抵达莫斯科。
	7月31日	鸠山内阁外相重光葵为首的日本谈判代表团与以外长谢皮洛夫为首的苏方代表举行第一轮日苏复交谈判。日本外相重光葵主张苏联应返还“北方四岛”。
	8月3日	鸠山内阁外相重光葵为首的日本谈判代表团与以外长谢皮洛夫为首的苏方代表举行第二轮日苏复交谈判。日本外相重光葵要求苏联尽早释放被扣押在苏联的日本人。
	8月6日	日本鸠山内阁外相重光葵为首的日本谈判代表团与以外长谢皮洛夫为首的苏方代表举行第三轮日苏复交谈判。

续表

年	月　日	大事记
1956年（昭和31年）*	8月7日	日本鸠山内阁外相重光葵与苏联外长谢皮洛夫进行第一次个别会谈。
	8月8日	日本鸠山内阁外相重光葵为首的日本谈判代表团与以外长谢皮洛夫为首的苏方代表举行第四轮日苏复交谈判。两国成立小委员会，并举行第一轮小委员会会议，讨论渔业、日本加入联合国、两国恢复外交关系、通商等问题。
	8月9日	日本鸠山内阁外相重光葵与苏联外长谢皮洛夫进行第二次个别会谈。
	8月10日	日本鸠山内阁外相重光葵与苏共中央第一书记赫鲁晓夫、苏联部长会议主席布尔加宁举行会谈，寻求复交谈判的突破口，未果。同一天举行第二轮小委员会会议，讨论两国恢复外交关系、渔业、通商等问题。
	8月11日	日本鸠山内阁外相重光葵与苏联外长谢皮洛夫进行第三次个别会谈。同一天举行第三轮小委员会会议，讨论两国恢复外交关系、渔业、通商等问题。
	8月12日	日本鸠山内阁外相重光葵放弃要求归还“北方四岛”的强硬主张，完全接受苏联提出的“两岛归还方案”，并决定签署日苏和平条约。重光葵就此妥协方案向日本国内请示意见的结果被否决。
	8月13日	日苏复交第一次莫斯科谈判暂时中断。
	8月19日	日本鸠山内阁外相重光葵会见苏联外交部长谢皮洛夫，继续商议领土问题，但无进展。
		日本鸠山内阁外相重光葵在伦敦与美国国务卿约翰·福斯特·杜勒斯（John Foster Dulles，1888—1959年）会面，就归还两岛为前提同苏联达成妥协征询美国的意见。对此，杜勒斯表态，如果日本按现在的重光葵方案与苏联达成妥协，那么美国也将不打算返还冲绳。

续表

年	月　日	大事记
1956年（昭和31年）*	8月22日	日本鸠山内阁外相重光葵会晤苏联外长谢皮洛夫，要求暂停谈判，苏方也表示同意。
	8月28日	日本鸠山内阁外相重光葵从伦敦启程回国，9月3日抵达日本。
	9—10月	举行日苏复交第二次莫斯科谈判。
	9月3日	美国助理国务卿沃尔特·S. 罗伯特逊（Walter S. Robertson，1893—1970年）在他的意见书中称，"要想证明择捉、国后不属于千岛群岛极为困难。"
	9月7日	日本外务省发表"支持日本四岛归还要求"的美国国务院备忘录。
	9月11日	日本前首相吉田茂在报纸《产经时事》上发表"致鸠山首相的一封信"，反对鸠山一郎首相访问苏联。
		日本首相鸠山一郎在致苏联部长会议主席布尔加宁的书简中提议，以"搁置领土问题"的方式实现两国复交。
	9月13日	苏联部长会议主席布尔加宁复函日本首相鸠山一郎，同意鸠山首相的提议。
	9月20日	日本自由民主党总务会议通过了"立即返还两岛，之后就剩余的领土问题，继续进行交涉"的新决议。松本俊一全权代表和条约局副局长高桥通敏（たかはしみちとし，1914—1989年）、随员广冈任（ひろおかにん，?）等人从东京启程前往莫斯科。
	9月22日	日本"禁止原子弹氢弹协议会"（简称"原氢协"）向苏联部长会议主席布尔加宁寄送抗议苏联试爆原子弹、氢弹的书简。
	9月25日	日本全权代表松本俊一一行抵达莫斯科。松本俊一全权代表当天立即会晤苏联副外长尼古拉·特拉菲莫维奇·费德连科（Николай Трофимович Федоренко，1912—2000年），在苏联外交部举行会谈，就鸠山一郎首相的访苏日期、领土问题的处理等达成一致意见。日方还向苏方递交了以换文的形式讨论领土问题的方案。

续表

年	月 日	大事记
1956 年（昭和 31 年）*	9 月 28 日	苏联副外长费德连科答复："苏联方面对日本方面提出的以换文方式讨论领土问题的方案无异议。"
	9 月 29 日	日本全权代表松本俊一为了获取苏联方面已承诺的领土问题方面的换文，拜访苏联第一副外长安德烈·安德烈耶维奇·葛罗米柯（Андре́й Андре́евич Громы́ко，1909—1989 年），松本俊一与葛罗米柯交换公文。日苏双方一致同意，两国恢复正常外交关系以后继续进行包括领土问题在内的有关和平条约的谈判。
	10 月 2 日	日本内阁会议上正式决定首相鸠山一郎访苏，还任命首相鸠山一郎和农林相河野一郎、松本俊一为日苏复交谈判全权代表，任命内阁官房副长官松本泷藏（まつもとたきぞう，1901—1958 年）为全权代表顾问。
	10 月 3 日	正在莫斯科的日本全权代表松本俊一会晤苏联副外长费德连科，根据日本政府训令正式向苏联提出鸠山一郎首相准备访问莫斯科的想法。苏联方面对鸠山一郎首相访苏表示了非常欢迎的态度。
	10 月 7 日	日本首相鸠山一郎偕同 30 余名成员从东京启程，踏上访苏之途。
	10 月 12 日	日本首相鸠山一郎抵达莫斯科。
	10 月 13 日	日本首相鸠山一郎偕同农林相河野一郎、松本俊一两位全权代表以及松本泷藏顾问前往克里姆林宫拜访苏联部长会议主席布尔加宁。另外，日本鸠山内阁农林相河野一郎前往苏联渔业部会晤渔业部长伊什科夫，就北太平洋渔业问题以及 5 月间河野一郎和布尔加宁会谈的内容等进行了磋商。日苏谈判最后阶段的筹备工作已经就绪。
	10 月 15 日	日苏举行第一次两国复交正式谈判。日本鸠山内阁农林相河野一郎同苏联渔业部长伊什科夫举行第二次会谈，着重讨论领土问题。

续表

年	月　日	大事记
1956年（昭和31年）*	10月16日	日苏召开专门委员会第一次会议，讨论复交“联合宣言方案”。日方全权代表鸠山内阁农林相河野一郎和苏共第一书记赫鲁晓夫举行第一次会谈，核心依然是领土处理问题。
	10月17日	日方全权代表鸠山内阁农林相河野一郎和苏共第一书记赫鲁晓夫举行第二次会谈，会谈核心依然是领土处理问题。日本在齿舞、色丹归还问题上让步，收回“立即归还”要求。
	10月18日	日方全权代表鸠山内阁农林相河野一郎和苏共第一书记赫鲁晓夫举行第三次会谈，最终敲定联合宣言的关键内容。
	10月19日	日苏在莫斯科克里姆林宫“大理石大厅”举行结束日苏两国战争状态，恢复两国邦交的《联合宣言》及《关于通商航海的议定书》的签字仪式。日苏复交《联合宣言》第9条规定“签订日苏和平条约以后苏联返还齿舞、色丹于日本”。
	10月23日	匈牙利爆发反对苏联模式和苏联控制的人民群众和平游行示威，后逐渐演变成群众武装暴动，苏联出兵镇压，此即“匈牙利事件”。
	10月27日	田中雄三（たなか ゆうぞ,?）为委员长的日本“全学联”与苏联青年组织委员会的学生组织理事会发表联合声明。
	11月4日	“匈牙利事件”发生以后，匈牙利成立以共产党领导人卡达尔·亚诺什（Kádár János，1912—1989年）为首的亲苏的工农革命政府。
	11月6日	日本工会总评议会（简称“总评”）发表“关于匈牙利事件的声明”，并致电苏联和匈牙利总工会执行委员会。
	12月7日	《日苏联合宣言》最终获得日本国会的批准。
	12月12日	日苏在日本东京交换《日苏联合宣言》批准书，《日苏渔业条约及海难救助协定》正式生效。

续表

年	月　日	大事记
1956 年（昭和 31 年）*	12 月 12 日	日本任命新关钦哉（にいぜききんや，1916—2003 年）参事官为日本驻苏临时代理大使。
	12 月 13 日	苏联最高苏维埃主席团发表“关于扣留日本人的特赦令”。
	12 月 15 日	苏联任命齐赫文斯基为苏联驻日临时代理大使。
	12 月 18 日	日本正式加入联合国（UN）。
	12 月 23 日	日本成立自民党石桥湛山（いしばしたんざん，1884—1973 年）内阁（—1957 年 2 月 23 日）。
	12 月 26 日	第二次世界大战后被苏联扣留的首批 1025 名日本人回国，经十一次遣返，苏联完成被扣西伯利亚日本人的遣返工作，结束遣返。
	12 月 28 日	日本煤矿工会访苏代表团与苏联煤炭产业工会发表联合声明。
	12 月 30 日	苏联正式任命苏联部长会议副主席伊万·费多罗维奇·特沃西扬（Иван Федорович Тевосян，1902—1958 年）为苏联驻日特命全权大使。
	—	这一年秋天的“匈牙利事件”为契机，日本共产主义运动中出现反斯大林主义的潮流。
1957 年（昭和 32 年）	1 月	日本正式任命外务次官门胁季光（かとわき すえみつ，1897—1985 年）为日本驻苏特命全权大使。
	2 月 9 日	日本、苏联、美国和加拿大四国签署《关于保护北太平洋海狗的临时公约》。
	2 月 10 日	苏联驻日大使特沃西扬偕同参事阿迪尔哈耶夫（Николай Борисович Адырхаев，?）、伊凡诺夫（Иванов，?）等使馆工作人员到达日本东京。
	2 月 14 日	日苏在日本东京召开日苏渔业委员会第一次会议（—4 月 6 日）。

续表

年	月　日	大事记
1957 年（昭和 32 年）	2 月 15 日	苏联外长谢皮洛夫辞职，第一副外长葛罗米柯（Андре́й Андре́евич Громы́ко，1909—1989 年）继任苏联外长。
	2 月 20 日	苏联驻日特命全权大使特沃西扬向日本天皇递交国书，正式就任大使（—1957 年 9 月 27 日）。
	2 月 25 日	日本自民党成立第一次岸信介（きしのぶすけ，1896—1987 年）内阁（—1958 年 6 月 10 日）。
	3 月 8 日	日本任命的驻苏联特命全权大使门胁季光抵达莫斯科。
	3 月 9 日	日本向苏联提议停止进行核实验。
	3 月 15 日	日本和平委员会请求苏联部长会议主席布尔加宁缔结“禁止核试验协定”。
		日本北海道大学法学部附属斯拉夫研究室创刊《斯拉夫研究》杂志。
	3 月 16 日	日本驻苏联特命全权大使门胁季光向苏联最高苏维埃主席团主席克里门特·叶弗列莫维奇·伏罗希洛夫（Климе́нт єфре́мович Вороши́лов，1881—1969 年）递交国书，正式就任大使。
		苏联向日本通告在苏日本人的调查结果。
	3 月 18 日	苏共中央第一书记赫鲁晓夫在与日本和平联络会事务局长畑中政春（はたなかまさはる，1907—1973 年）的会谈中，把在苏日本人名簿转交给日方。
	3 月 29 日	苏联拒绝日本政府提出的要求苏联停止核试验的提议。
	4 月 6 日	日苏签订《日苏渔业协定》。
	4 月 15 日	日本驻苏大使门胁季光对苏联无预告地进行核试爆，向苏联政府提出抗议。
	4 月 20 日	日本驻苏大使门胁季光与苏共第一书记赫鲁晓夫举行会谈，提议日苏共同呼吁全面禁止核试验。

续表

年	月　日	大事记
1957年（昭和32年）	4月27日	正在访问日本的苏联工会中央理事会代表团与日本劳动总评议会（“总评”）发表联合声明。
	5月4日	苏联要求日本撤走“北方四岛”沿海海面上的日本渔船，日本向苏联提出抗议。
	5月6日	苏联维护和平委员会致函日本禁止原子弹、氢弹协会（简称“原氢协”，日文：“原水协”），表示“支持‘原氢协’为禁止核试验所做的努力”。
	5月7日	苏联部长会议主席布尔加宁接受日本和平委员会缔结“禁止核试验协定”的请求。
	5月9日	苏联驻日大使特沃西扬向岸信介首相递交了“关于苏联停止核试验的备忘录”。
	5月10日	对苏联提出的“关于苏联停止核试验的备忘录”，日本政府要求苏联率先停止核试验。
	5月21日	苏联政府对日本政府“关于禁止核试验的备忘录”做出答复。
	5月23日	美国国务院在对苏备忘录中称千岛群岛（库里尔群岛）中不包括择捉、国后诸岛。
	6月4日	苏联的“携手亚洲委员会”友好访日团与日本的“携手亚洲委员会访日使团欢迎委员会”发表联合声明。
	6月21日	苏联共产党中央委员会向日本社会党发出访苏邀请。
	6月27日	访苏中的日本合成化学工联代表团与苏联化学工会中央委员会发表联合声明。
	6月29日	日本成立“日苏协会”，前首相鸠山一郎为日苏协会会长。
	7月21日	苏联部长会议宣布彼得大帝湾为苏联内海。
	7月22日	日本对苏联宣布彼得大帝湾为内海提出抗议。
	7月26日	日本要求苏联撤回7月21日发布的宣布彼得大帝湾为内海的宣言。

续表

年	月　日	大事记
1957 年（昭和 32 年）	8 月 5 日	访苏中的日本禁止原子弹、氢弹国民访苏团，向苏联部长会议主席布尔加宁转交日本和平委员会的信函。
	8 月 6 日	日本就 7 月 21 日苏联“宣布彼得大帝湾为内海”提出第二次抗议。
		苏共中央第一书记赫鲁晓夫致函日苏协会会长鸠山一郎。
	8 月 8 日	苏联部长会议主席布尔加宁致函第三届世界禁止原子弹、氢弹大会。
	8 月 12 日	苏联部长会议主席布尔加宁鼓励日本长崎市长田川务（たがわ つとむ，1897—1977 年）支持长崎市市民的禁止原子弹、氢弹的斗争。
	8 月 28 日	苏联莫斯科国家剧院芭蕾舞团第一次到日本公演。
	9 月 17 日	苏联食品工会访日代表团与日本全国专卖劳动组合（简称“全专卖劳组”）发表联合声明。
	9 月 24 日	正在访问苏联的日本教师劳动组合（简称“日教组”）代表团与俄罗斯苏维埃加盟共和国教职员工会签订了“关于建立友好合作关系、促进相互交流的协定”等。
	9 月 28 日	苏联任命的驻日临时代理大使叶甫盖尼·格里戈里耶维奇·扎布罗丁（Евге́ний Григо́рьевич Забро́дин，1907—1989 年）到任（—1958 年 9 月 16 日）。
	10 月 3 日	苏联外交部拒绝了日本政府提出的要求停止核试验的照会。
	10 月 4 日	苏联成功发射人造地球卫星斯普特尼克 1 号。
	10 月 11 日	正在访苏中的日本社会党代表团与苏联共产党中央委员会发表联合声明。日本社会党访苏代表团团长片山哲在与苏共第一书记赫鲁晓夫的会谈中提出归还全部千岛群岛和南桦太（南萨哈林岛）的主张。

续表

年	月　日	大事记
1957 年（昭和 32 年）	10 月 14 日	日、美、加、苏四国签署的《关于保护北太平洋海狗的临时公约》生效。
	12 月 5 日	苏联政府向日本政府发出备忘录，谴责日本政府在联合国大会上所持的有关停止核试验问题上的态度和立场。
	12 月 6 日	日苏在日本东京签署了《日苏通商条约》《日苏贸易及支付协定》以及《日苏关于开辟定期航线的交换公文》，苏联在日设立通商代表部。
1958 年（昭和 33 年）	1 月 7 日	日、美、英三国对苏联宣布“彼得大帝湾为内海”提出抗议，苏联表示拒绝接受三国抗议。
	2 月 20 日	日本社会党中央委员会决定撤回“要求苏联归还南桦太（南萨哈林岛）”的主张，采取了要求苏联归还全千岛群岛的方针。
	2 月 22 日	第二次世界大战后日本商社第一次签订购买苏联石油协定。
	3 月 24 日	苏联政府拒绝日本政府提出的有关保障北太平渔业捕捞安全的照会，回绝了日方提出的谈判要求。
	3 月 27 日	苏联政局发生变化，部长会议主席布尔加宁辞职，苏共第一书记赫鲁晓夫兼任苏联部长会议主席职务。
	4 月 7 日	苏联领导人——苏联部长会议主席赫鲁晓夫致函日本首相岸信介，请求日本支持苏联提出的全面禁止核试验的提案。
	4 月 18 日	日本交通公社与苏联国际旅行社签订“日苏旅游协定”。
	4 月 22 日	第二次日苏年度渔业谈判，即 1958 年度日苏渔业谈判达成妥协。
	5 月 9 日	《日苏通商条约》正式生效。
	5 月 15 日	苏联驻日代理大使扎布罗丁通过外务次官山田久就（やまだひさなり，1907—1987 年）向日本政府递交“关于驻日美军把核武器带进日本问题的外交备忘录”。

续表

年	月　日	大事记
1958 年（昭和 33 年）	5 月 17 日	日本首相岸信介回函苏联领导人——苏联部长会议主席赫鲁晓夫，希望苏联停止原子弹、氢弹试验。
		日本外务省就苏联外交备忘录提出的“关于驻日美军把核武器带进日本的问题”进行了答复。
	5 月 21 日	苏联领导人——苏联部长会议主席赫鲁晓夫致函日本劳动总评议会议长原口幸雄（はらくちゆきお,?）表示“如果日本消除国内外国军事基地，苏联将不会对日使用核武器”。
	6 月 3 日	日苏在东京签署《日苏航空协定》，开通两国定期航班。
	6 月 5 日	苏联成立“苏日协会”，并以致函形式通告日本“日苏协会”。
	6 月 11 日	苏联任命副外长尼古拉·特罗菲莫维奇·费多连科（Николай Трофимович Федоренко，1912—2000 年）为驻日大使。
	6 月 12 日	日本自民党成立第二次岸信介内阁（—1960 年 7 月 15 日）。
	6 月 16 日	奉苏联政府之命，苏驻日大使馆就驻日美军往日本本土带进核武器问题再次向日本政府递交外交备忘录。
	6 月 19 日	日苏小包邮件直接交接谈判达成协议。
	7 月 12 日	日本协同组合贸易株式会社与全苏联消费合作协会中央联合会签订“物物交换协定”。
	8 月 23 日	日本政府答复 6 月 16 日苏联驻日大使馆向日本外务省递交的关于驻日美军往日本本土带进核武器问题的备忘录。
	8 月 27 日	苏联渔业部长伊什科夫访问日本。
	9 月 12 日	日本禁止原子弹氢弹协议会理事长安井郁（やすい かおる，1907—1980 年）同苏联领导人——苏联部长会议主席赫鲁晓夫举行会谈。

续表

年	月　日	大事记
1958 年（昭和 33 年）	9 月 16 日	苏联发表《关于美军使用日本领土的声明》。
	9 月 17 日	苏联驻日特命全权大使费多连科到任（—1962 年 7 月 14 日）。
	10 月 2 日	苏联驻日大使费多连科照会日方，提议进行缔结日苏和平条约谈判。
	11 月 27 日	苏联向日本递交有关驻日美军问题的备忘录。
	12 月 2 日	苏联向日本驻苏大使门胁季光递交“葛罗米柯备忘录”，就日美着手修订安保条约问题表态称，期待日本保持中立。
	12 月 4 日	日苏签订 1959 年度日苏贸易协定。
	12 月 5 日	苏联莫斯科剧团到日本公演《樱花园》《底层》等剧目。
1959 年（昭和 34 年）	1 月 15 日	苏联政府就日本渔船侵犯苏联领海问题向日本政府提出抗议。
	2 月 18 日	日本新闻社专务理事本田良介（ほんだりょうすけ,?）致函苏联领导人——苏联部长会议主席赫鲁晓夫，询问苏联对日政策的具体内容及前后顺序。
	3 月 1 日	访日中的英国作家亚瑟・凯斯特勒（Arthur Koestler, 1905—1983 年）因“彩笔密探”问题批判“日本笔会（日本作家协会）”。
	4 月 20 日	苏联领导人——苏联部长会议主席赫鲁晓夫复函回答日本新闻社专务理事本田良介提出的问题。
	5 月 4 日	苏联政府向日本政府递交反对日本核武装，呼吁日本中立的外交备忘录。
	5 月 13 日	日苏第三次渔业谈判达成妥协。
	5 月 15 日	日本政府答复 5 月 4 日苏联政府向日方提出的外交备忘录。

续表

年	月　日	大事记
1959年（昭和34年）	6月2日	日本生活协同组合与全苏联消费合作协会中央联合会签订1959年度贸易合同。
	6月24日	日本为建立日苏商业关系，派遣苏联的、由日本全国商业协会（全商协）成员组成的代表团与苏联商业消费合作协会工会发表共同声明。
	8月5日	苏联铁路运输工会表示支持日本国营铁路劳动组合为“松川事件”而进行的斗争。
	8月6日	苏联领导人——苏联部长会议主席赫鲁晓夫致函第五届禁止原子弹、氢弹世界大会。
	9月11日	正在访问苏联的日本国会众议院议员三木武夫（みきたけお，1907—1988年）与苏联领导人——苏联部长会议主席赫鲁晓夫举行会谈。
	9月25日	苏联领导人——苏联部长会议主席赫鲁晓夫访美，与美国总统艾森豪威尔在总统别墅戴维营举行会谈（—9月27日）。
	9月26日	苏联伊戈尔·摩西耶夫（Игоря Моисеев，1906—2007年）舞蹈团访日公演（—10月4日）。
	11月20日	日苏在莫斯科签订有关举办莫斯科日本商品博览会的协定。
1960年（昭和35年）	1月7日	日本劳动总评议会（简称“总评”）与苏联工会中央理事会发表联合声明，呼吁世界各国尽早缔结全面控制军备协定。
	1月18日	苏联政府向日本政府转交苏联最高苏维埃会议通过的有关军控问题的咨文。
	1月19日	日美签订《日本国和美利坚合众国共同合作及安全保障条约（Treaty of Security and Safeguard Between Japan and United States)》（简称：《日美新安保条约》）和《驻日美军地位协定》。

续表

年	月　日	大事记
1960年（昭和35年）	1月25日	苏联政府向日本递交有关苏联在太平洋进行火箭试验的外交备忘录。
	1月27日	苏联外长葛罗米柯向日本驻苏大使门胁季光递交了谴责《日美新安保条约》的对日外交备忘录，并对苏联归还齿舞群岛和色丹岛又附加了新的条件，苏联声称“只要外国军队继续驻扎在日本，苏联就不会移交齿舞、色丹群岛”。
	1月31日	日本共产党中央委员会总书记宫本显治（みゃやもとけんじい，1909—2007年）应邀参加苏联共产党第二十一次临时代表大会，并发表演说。
	2月5日	日本政府在东京对1月27日苏联外长葛罗米柯通过日本驻苏大使门胁季光转交日方的、苏联谴责《日美新安保条约》的外交备忘录给予了反驳，认为“葛罗米柯备忘录”是对日本内政的不正当干涉。
		苏联通过莫斯科电台的广播，表示苏日之间的领土问题已经得到解决。
	2月24日	苏联针对2月5日的日方的反驳，通过日本驻苏联大使馆向日方递交了第二次对日备忘录。
	3月1日	日方在东京通过苏联驻日大使馆答复2月24日苏联向日方递交的第二次对日备忘录。
	3月2日	日苏签署为期三年的《第一次日苏长期贸易协定(1960—1962)》，并开始签订可延期支付的成套设备合同。
	3月28日	日本能源公司出光兴产与苏联石油出口公司签订石油进出口合同。
	4月22日	苏联政府通过日本驻苏大使馆就有关《日美新安保条约》问题向日本政府递交第三次外交备忘录。
	5月18日	第四次日苏渔业年度交涉达成协议。

续表

年	月　日	大事记
1960年（昭和35年）	5月20日	苏联政府通过日本驻苏联大使馆就有关驻日美军基地问题向日本政府递交第四次外交备忘录，并谴责美军U2侦察机驻留日本。
	5月21日	为纪念彼得・伊里奇・柴可夫斯基（Пётр Ильич Чайковский，1840—1893年），日本在东京设立芭蕾舞学校，苏联博尔肖伊剧院芭蕾舞学校为其提供合作。
	5月31日	日本贸易协同组合联合会与苏联消费合作协会中央联合会签订1960年度相互商品交换合同。
	6月4日	苏联列宁格勒（今“圣彼得堡”）芭蕾舞团第一次到日本公演。
	6月15日	苏联政府通过日本驻苏联大使馆就《日美新安保条约》等问题，向日本政府递交了第五次外交备忘录。
	6月23日	日美交换《日美新安保条约》批准书。
	6月29日	苏联发表谴责《日美新安保条约》的声明。
	7月1日	日本政府通过苏联驻日大使费多连科，把反驳苏联有关日本安保问题的外交备忘录的外交备忘录递交给了苏联政府。
	7月14日	苏联全国总工会中央理事会发表声明，抗议日本当局镇压组织反对《日美新安保条约》示威的劳动组合（工会）领导成员。
	7月19日	日本成立自民党池田勇人（いけだ はやとう，1899—1965年）内阁（—1964年11月9日）。
	8月2日	苏联领导人——苏联部长会议主席赫鲁晓夫致电第六届世界禁止原子弹、氢弹大会。
	8月16日	苏联首都莫斯科举办第一次日本产业展览会（—9月5日），参观者突破100万人。

续表

年	月　日	大事记
1960年（昭和35年）	8月29日	日本社会党委员会、众议院议员铃木茂三郎（すずき もさぶろう，1893—1970年）为团长的日本社会党代表团访问苏联，与苏联领导人——苏联部长会议主席赫鲁晓夫、苏联部长会议第一副主席阿那斯塔斯·霍夫汉内斯·米高扬（Анаста́с Ива́нович Микоя́н，1895—1978年）举行会谈，日方要求苏联在日本废除日美安保条约以后把全部千岛群岛归还日本。
	10月1日	全日本农民组合访苏代表团与苏联农业从业人员工会发表共同声明，呼吁联合国支持苏联军备控制政策。
	10月24日	苏联领导人——苏联部长会议主席赫鲁晓夫就苏联核试验问题致函日本首相池田勇人。
	10月28日	日本首相池田勇人针对苏联领导人——苏联部长会议主席赫鲁晓夫的有关苏联核试验问题的来函，致函予以答复。
	11月5日	日本俄罗斯历史研究会的会刊《俄罗斯史研究》创刊。
	11月18日	苏联塔斯社就缔结日苏和平条约问题发表声明。
	12月8日	日本成立第二次自民党池田勇人内阁（—1963年12月4日）。
	12月19日	日本在东京学士会馆成立苏联教育学研究会，会长为矢川德光（やがわ とくみつ，1900—1982年），研究会会址设在东京都文京区本乡东京大学教育学院五十岚研究室。
	12月21日	日苏签署1961年度日苏贸易协定。
	12月24日	日本教职员组合（简称“日教组”）访苏代表团与苏联教职员工会发表共同声明。
	—	这一年，全苏联国立外国文献图书馆东方部与苏联科学院东方研究所日本部编纂的《日本书志》第1卷出版发行。

续表

年	月　日	大事记
1961年（昭和36年）	1月16日	日本的日苏协会访苏代表团与苏联国际旅行社签署两国互相宣传旅游项目的合同。
	1月17日	日苏协会与苏日协会及苏联对外友好和文化联络协会联合会签署《日苏文化协定》。
	3月25日	日本电波新闻社与苏联国家广播电视委员会签署“关于录像带的协定”。
	4月10日	苏联外交部发表通告，允许日本人访问哈巴罗夫斯克和赤塔的日本人墓地。
	4月12日	苏联成功发射载人宇宙飞船“沃斯托克1号1（Vostok 1）”，宇航员尤里·阿列克谢耶维奇·加加林（Юрий Алексеевич Гагарин，1934—1968年）完成人类历史上首次载人太空航行。
	4月20日	依斯克拉（ISKRA）产业与苏联医药品进出口公司草签进口100万人份活性疫苗的合同。
	5月21日	日苏第五次渔业年度交涉达成协议。
	5月26日	日苏开通横滨至纳霍德卡之间的定期海运航线。
	5月30日	日本社会党的青年组织、社会主义青年同盟（简称“社青同”）委员长西风勳（にしかぜいさお，1926年—）与苏联青年组织委员会发表共同声明。
	6月3日	美国总统约翰·菲茨杰拉德·肯尼迪（John Fitzgerald Kennedy，1917—1963年）与苏联领导人——苏联部长会议主席．赫鲁晓夫在奥地利首都维也纳举行会谈（—6月4日）。
	6月10日	日本任命重光晶（しげみつあきら，1915—2000年）参事官为日本驻苏临时代理大使。
	6月21日	日本舞鹤市与苏联纳霍德卡市结为姐妹（友好）城市。

续表

年	月　日	大事记
1961年（昭和36年）	6月24日	第二代市川猿之助（にだいめ いちかわえんのすけ，1888—1963年）、第六代中村歌右卫门（ろくだいめ なかむらうたえもん，1917—2001年）等日本歌舞伎剧团踏上访苏公演之途。
	6月28日	日本贸易振兴机构（JETRO）与驻日苏联通商代表部在东京签订举办有关苏联工商业展览会的合同。
	7月6日	日本任命外务事务次官山田久就（やまだひさなり，1907—1987年）为日本国驻苏联特命全权大使。
	8月10日	苏联领导人——苏联部长会议主席赫鲁晓夫致函第七次禁止原子弹、氢弹世界大会。
	8月14日	苏联部长会议第一副主席阿纳斯塔斯·伊万诺维奇·米高扬（Анаста́с Ива́нович Микоя́н，1895—1978年）为出席苏联工商业展览会访问日本（—8月16日），访日期间米高扬与日本池田内阁外相小坂善太郎（こさかぜんたろう，1912—2000年）举行会谈，米高扬批判日美安保体制，声称如果不废除日美安保体制，苏联连两个岛屿也不会返还。
	8月15日	苏联部长会议第一副主席苏联工商业展览会在日本东京晴海开幕（—9月4日）。
	8月16日	米高扬与日本首相池田勇人举行会谈，并亲手转交苏联领导人——苏联部长会议主席赫鲁晓夫致日本首相池田勇人的亲笔信。
	8月17日	第一批前往苏联西伯利亚日本人墓地扫墓参拜的日本扫墓参拜团离开日本。
	8月23日	苏联在齿舞群岛贝壳岛附近海域缉拿十三艘收获海带的日本渔船。
	8月28日	日本首相池田勇人回复苏联领导人赫鲁晓夫的亲笔信，该复函署名日期为8月26日。

续表

年	月　日	大事记
1961 年（昭和 36 年）	8 月 30 日	苏联政府就苏联重开核试验发表声明。
	9 月 2 日	日本政府就苏联重开核试验进行抗议。
	9 月 21 日	正在苏联访问的日本共产党国会议员团与苏联最高苏维埃代表团发表共同声明。
	9 月 25 日	苏联领导人——苏联部长会议主席赫鲁晓夫在致日本的书简中明确表示，苏日两国的领土问题已获得解决。
	9 月 27 日	苏联政府在交给日本政府的外交备忘录中阐明了在核试验问题上的苏联立场。
	9 月 29 日	苏联领导人——联部长会议主席赫鲁晓夫复函日本首相池田勇人 8 月 26 日的来信称，日方提出北方领土问题是在为苏日两国关系制造障碍，该复函署名日期为 9 月 25 日。
	9 月	日本全国学生联合会（“全学联”）在苏联驻日使馆前举行抗议苏联核试验的游行示威。
	10 月 3 日	日本首相池田勇人在日本国会答辩称，择捉岛和国后岛不属于千岛（库里尔）群岛。
	10 月 7 日	苏联领导人——苏联部长会议主席赫鲁晓夫对日本禁止试爆原子弹、氢弹协议会（简称“原水（氢）协”）称，为了预防战争核试验是必要的。
	10 月 8 日	日本社会党确立解决日苏两国领土问题的方针。
	10 月 20 日	日本政府对苏联声明进行 5000 万吨级核爆炸实验提出抗议。
	10 月 23 日	日本共产党中央委员会主席野坂参三（のさか さんぞう，1892—1993 年）应邀参加苏联共产党第二十三次代表大会，并在大会上发表演说。
	10 月 24 日	苏联领导人——苏联部长会议主席赫鲁晓夫就苏联重启核试验问题致函日本首相池田勇人，阐明苏联在核试验问题上的立场。

续表

年	月　日	大事记
1961 年（昭和 36 年）	10 月 28 日	日本首相池田勇人回复赫鲁晓夫的书简。
	11 月 11 日	苏联领导人——苏联部长会议主席赫鲁晓夫就重新启动试验问题再一次复函日本首相池田勇人，对有关问题进行回答。
	11 月 15 日	日本驻苏大使山田久就向苏联外交部副部长瓦西里·瓦西里耶维奇·库兹涅佐夫（Васи́лий Васи́льевич Кузнецо́в，1901—1990 年）转交日本首相池田勇人答复 9 月 25 日赫鲁晓夫书简的复函，在复函中池田勇人继续要求苏联归还“北方四岛”。
	12 月 8 日	苏联领导人——苏联部长会议主席赫鲁晓夫复函日本首相池田勇人，反驳日本首相池田勇人要求归还“北方四岛”的主张。
	12 月 27 日	苏联塔斯社发表特别声明，反驳在“北方领土问题”上支持日本政府主张的美国国务院发言人的声明。
	—	这一年，日本向全社会投放进口的苏联研制的预防儿童脊髓灰质炎（小儿麻痹症）的疫苗。
1962 年（昭和 37 年）	1 月 1 日	苏联领导人——苏联部长会议主席赫鲁晓夫在回答中部日本新闻编辑局局长织田（おりだ,?）的提问时明确表示苏日之间的领土问题业已得到解决。
	1 月 31 日	苏联政府向日方通告，批准日本遗族第二次赴苏联西伯利亚日本人墓地扫墓参拜的请求。
	2 月 23 日	日苏签署 1962 年度日苏贸易协定。
	3 月 10 日	日本首相池田勇人致函苏联领导人——苏联部长会议主席赫鲁晓夫，希望通过签署一项“停止核试验协定”，停止一切核试验。
	3 月 14 日	苏联领导人——苏联部长会议主席赫鲁晓夫致函日本东京大学校长茅诚司（かやせいじい，1898—1988 年）。

续表

年	月　日	大事记
1962年（昭和37年）	3月20日	苏联国家对外文化联系委员会主席尤里·亚历山德罗维奇·茹科夫（Юрий Александрович Жуков，1908—1991年）访问日本（—3月30日）。
	3月30日	苏联共产党中央委员会，致函祝贺日本共产党中央委员会主席野坂参三七十岁生日。
	4月2日	苏联领导人——苏联部长会议主席赫鲁晓夫就苏联核试验问题致函日本首相池田勇人。
	4月6日	苏联领导人——苏联部长会议主席赫鲁晓夫回复3月10日日本首相池田勇人致赫鲁晓夫的信。
	4月20日	日本首相池田勇人就停止核试验问题再一次致函苏联领导人——苏联部长会议主席赫鲁晓夫。
	5月2日	苏联宇航员加加林访问日本（—5月29日）。
	5月12日	日苏渔业委员会把渔场划分为A、B两个区域的方式签署协议。
	6月6日	苏联文化产业工会代表团与日本“全国印刷出版产业劳动组合总联合会”（简称“全印总联”）“出版劳协”等发表共同声明。
	6月10日	苏联领导人——苏联部长会议主席赫鲁晓夫致函日本首相池田勇人，就苏联核试验问题答复日方。
	6月14日	苏联领导人——联部长会议主席赫鲁晓夫署名日期为6月10日的、对4月20日日本首相池田勇人致苏联部长会议主席赫鲁晓夫的亲笔信的回函抵达日本。
	6月18日	日本共产党中央委员会主席野坂参三就停止核试验问题致函苏联领导人——苏共中央第一书记赫鲁晓夫。
	6月19日	苏联政府对日方通过驻苏联大使馆向苏方提出的外交备忘录，进行答复。
	6月29日	苏联政府就苏联核试验问题向日本政府递交外交备忘录。

续表

年	月　日	大事记
1962 年（昭和 37 年）	7 月 9 日	苏联任命弗拉基米尔·米哈伊洛维奇·维诺格拉多夫（Владимир Михайлович Виноградов，1921—1997 年）为苏联驻日特命全权大使。
	7 月 13 日	苏联共产党中央委员会祝贺日本共产党成立 40 周年。
	7 月 15 日	苏联任命迪亚·谢尔盖·彼得罗维奇·苏兹达列夫（Сергей Петрович Суздалев，1908—1969 年）为驻日临时代理大使（—1962 年 9 月 27 日）。
	7 月 26 日	日本政府对苏联重启核试验提出抗议。
	8 月 3 日	苏联领导人——苏联部长会议主席赫鲁晓夫致电第八次世界禁止原子弹、氢弹大会。
	8 月 5 日	苏联再一次进行核试验。
	8 月 6 日	第八次世界青年学生和平友好大会在苏联首都莫斯科举行。
		为出席在列宁格勒（现在的圣彼得堡）举行的国际学生联合会大会，正在访问苏联的日本全国学生联合会（简称“全学联”）代表在莫斯科红场举行抗议苏联进行核试验的示威游行，全学联委员长根本仁（ねもとひとし,?）等三人被苏联拘留。
		日本东京举行的第八次世界禁止原子弹、氢弹大会（8 月 1—6 日）上，围绕日本社会党、日本劳动组合总评议会（总评）提出的抗议苏联核试验的动议发生争论。
	8 月 8 日	小松制作所社长河合良成（かわいよしなり，1886—1970 年）为团长的首批日本经济界代表团访问苏联，苏联领导人——苏联部长会议主席赫鲁晓夫接见日本财界代表团（—8 月 26 日）。
	8 月 21 日	正在苏联访问的日本经济界代表团与苏联签订大型船舶出口合同。

续表

年	月　日	大事记
1962年（昭和37年）	8月22日	苏联领导人——苏联部长会议主席赫鲁晓夫与访苏中的以小松制作所会长、“経团联”常任理事河合良成为团长的日本经济界代表团在雅尔塔举行会谈。
	8月30日	苏联政府就日本政府对苏联重开核试验的抗议，予以答复。
	9月28日	苏联任命的特命全权大使维诺格拉多夫到任（—1967年3月5日）。
	10月22日	苏联秘密在古巴建设导弹发射基地，准备部署核弹道导弹，并陆续向古巴运输导弹及其部件，其行为被美国发现。美国封锁加勒比海，美苏在海上对峙，“古巴导弹危机”爆发。
	10月25日	苏联特命全权大使维诺格拉多夫向日本池田内阁外相大平正芳（おおひらまさよし，1910—1980年）递交《抗议美国海上封锁古巴行为的苏联政府声明》副本，并就此问题试探日本政府的态度。
	10月28日	美国的压力下，苏联领导人赫鲁晓夫同意从古巴撤出核弹道导弹，“古巴导弹危机”得到平息。
	11月8日	日本的日苏协会与苏联的苏日协会、苏联对外友好和文化联络协会联合会（简称：苏联对外友协联合会）签署1963年度日苏文化合作计划。
1963年（昭和38年）	2月5日	日苏在东京签署第二次为期三年的两国长期贸易协定（1963—1965年）。
		日苏就两国交换消费物质达成协议，两国开始“沿岸贸易”。
	2月6日	苏联驻日大使维诺格拉多夫把抗议美国核潜艇停靠日本港口的备忘录递交给日本池田内阁外相大平正芳。

续表

年	月 日	大事记
1963 年（昭和 38 年）	6 月 10 日	大日本水产会与苏联部长会议最高国民经济委员会下属国家渔业委员会在莫斯科签署《关于贝壳岛海域海带采收问题的民间协定》。
	6 月 19 日	日本自民党议员、原长崎银行行长北村德太郎（きたむらとくたろう，1886—1968 年）为团长的第二次日本经济使节团访问苏联（—7 月 6 日）。
	7 月 16 日	苏联驻日公使阿纳托利·阿纳托利耶维奇·罗扎诺夫（Анатолий Анатольевич Розанов，1921—1978 年）视察日本北海道的根室。
	8 月 5 日	美、英、苏在莫斯科签署《禁止在大气层、外层空间和水下进行核武试验条约》，即《部分禁止核试验条约》（Partial Nuclear Test Ban Treaty）。
		日本广岛市举行的第九次世界禁止原子弹、氢弹大会因日本社会党、日本劳动组合总评议会（即“总评”）的抵制而发生分裂。
	10 月 1 日	苏联驻日大使维诺格拉多夫视察日本北海道的根室。
	10 月 23 日	日本钢铁联盟与苏联专利进出口公司签署引进苏联铸造技术合同，这是日本第一次引进苏联技术。
	11 月 10 日	日本共产党对中苏论战采取了独立自主的态度和立场。
	11 月 25 日	日本政府任命重光晶（しげみつあきら，1915—2000 年）为日本驻苏临时代理大使和公使。
	11 月 30 日	日本政府就苏联的太平洋火箭发射计划向苏联政府提出抗议照会。
	12 月 9 日	第三次日本自民党池田勇人内阁成立（—1964 年 11 月 9 日）。
1964 年（昭和 39 年）	1 月 3 日	苏联发表苏联领导人——苏联部长会议主席赫鲁晓夫致各国首脑的公开信中提议各国缔结一份誓不以武力解决领土、边界争端的条约。

续表

年	月　日	大事记
1964年（昭和39年）	1月16日	日本任命下田武三（しもだたけぞう，1907—1995年）为日本驻苏特命全权大使。
	2月7日	日本首相池田勇人在复函落款日期为1963年12月31日的致苏联领导人——苏联部长会议主席赫鲁晓夫的信函中要求苏联返还日本的“北方领土”。
	4月1日	日本东京大学充实有关俄罗斯历史、俄罗斯语言、俄罗斯文学方面的讲座。
	4月11日	苏联国家交响乐团在第七届大阪国际音乐节上公演。
		日本大阪举办俄罗斯国宝展（—5月17日）。
	4月29日	大日本水产会与苏联部长会议最高国民经济委员会下属的国家渔业委员会在莫斯科签署延长《关于贝壳岛海域海带采收问题的民间协定》的议定书。
	4月	日本共产党与苏联共产党围绕《部分禁止核试验条约》问题进行公开论战。
	5月14日	苏联部长会议第一副主席米高扬为团长的苏联最高苏维埃代表团访问日本，米高扬亲手转交苏联部长会议主席赫鲁晓夫致日本首相池田勇人的一封亲笔信（—5月27日）。
	6月17日	日本外务次官通告自治次官，不要把国后岛、择捉岛称之为“南千岛”。
	7月1日	被日本共产党开除的志贺义雄（しがよしお，1801—1989年）、铃木市藏（すずきいちぞう，1910—2006年）等成立“日本之声同志会”。
	7月10日	毛泽东（1893—1976年）主席在会见日本社会党中国考察团时明确表示，苏联应该把南千岛群岛归还给日本。
	7月	日本社会党书记长成田知巳（なりたともみ，1912—1979年）为团长的日本社会党代表团访问苏联。

续表

年	月 日	大事记
1964 年（昭和 39 年）	8 月	应日本国际贸易促进协会总裁石桥湛山（いしばしたんざん，1884—1973 年）和日本钢铁联盟会长永野重雄（ながのしげお，1900—1984 年）的邀请，以苏联钢铁工业部长弗谢沃洛德·叶菲莫维奇·博伊科（Всеволод Ефимович Бойко，1914—1970 年）为团长的苏联钢铁代表团访日。
	9 月 2 日	苏联《真理报》刊文“批判”毛泽东主席有关日本“北方领土问题”上的发言。
	9 月 4 日	以日本国会议员福永健司（ふくなが けんじ，1910—1988 年）为团长的日本国会议员团访问苏联（—9 月 16 日）。
	9 月 8 日	苏联批准日本人到苏控“北方四岛”的水晶岛、色丹岛进行扫墓参拜（截止到 1975 年共进行 8 次扫墓参拜）。
	10 月 10 日	日本东京举行的第十八届夏季奥林匹克运动会，苏联派出 319 名选手参赛（—10 月 24 日）。
	10 月 13 日	正在访问苏联中的日本自民党国会议员藤山爱一郎（ふじやま あいいちろう，1897—1985 年），等在俄罗斯索契同苏联领导人——苏联部长会议主席赫鲁晓夫举行会谈。
		日本成立日苏图书股份公司。
	10 月 14 日	苏联领导人——苏联部长会议主席赫鲁晓夫被解除职务，列昂尼德·伊里奇·勃列日涅夫（Леонид Ильич Брежнев，1906—1982 年）就任苏共中央总书记、苏联最高苏维埃主席团主席，掌握实权。阿列克谢·尼古拉耶维奇·柯西金（Алексей Николаевич Косыгин，1904—1980 年）就任苏联部长会议主席。
	11 月 9 日	日本成立自民党佐藤荣作（さとうえいさく，1901—1975 年）内阁（—1972 年 7 月 7 日）。

续表

年	月　日	大事记
1964年（昭和39年）	12月4日	日本佐藤内阁外相椎名悦三郎（しいなえつさぶろう，1898—1979年）在第十九届联合国大会一般性辩论演说中提出日苏“北方领土问题”。
	12月29日	苏联部长会议主席柯西金致函邀请日本首相佐藤荣作方便的时候访问苏联。
1965年（昭和40年）	2月1日	日本首相佐藤荣作回复12月29日苏联部长会主席柯西金的来信，表示愿意在适当的时机访问苏联并缔结日苏领事条约。
	2月26日	日本成立日苏交流协会，并以江户幕府德川氏后人德川义亲（とくがわ よしちか，1886—1976年）为会长。
		日苏在东京交换《日苏互免签证费协定》公文（—1965年4月1日起生效）。
	3月22日	苏联政府就越南战争问题向日本政府递交外交备忘录。
	3月29日	日本成立苏联心理学研究会。
	4月6日	日本政府就3月22日苏联政府提出的有关越南战争问题的外交备忘录给予答复。
	4月18日	日本举行日苏友好协会成立大会，并推选日本社会党宣传教育局长松本七郎（まつもとしちろう，1911—1990年）为理事长。
	4月27日	日本北海道成立根室市日苏友好协会。
	5月2日	日本佐藤内阁农林水产相赤城宗德访问苏联，与苏联部长会议主席柯西金举行会谈（—5月8日）。
	5月7日	日苏发表推进日苏渔业技术合作的共同声明。
	6月7日	苏联红十字会向长期修缮和管理日俄战争俘虏墓地的日本松山市妇女团体与日苏协会松山支部发公函致谢。
	6月15日	日本钢铁联盟会长永野重雄为团长的日本钢铁代表团访问苏联，签署有关设立日苏、苏日经济委员会的议定书，永野重雄还与苏联部长会议主席柯西金进行了会谈（—7月2日）。

续表

年	月 日	大事记
1965 年（昭和 40 年）	6 月 17 日	苏联外交部第一副部长巴西利·瓦西里耶维奇·库兹涅佐夫（Василий Васильевич Кузнецов，1901—1990 年）访问日本（—6 月 25 日）。
	6 月 21 日	日本任命须之部量三（すのべ りょうぞう，1918—2006 年）公使为日本驻苏联临时代理大使。
	7 月 8 日	日本佐藤内阁通产相三木武夫赴苏联参加“日本产业博览会”闭幕式（—7 月 10 日）。
	7 月 9 日	日本佐藤内阁通产相三木武夫与苏联部长会议主席柯西金举行会谈。
	8 月 17 日	日本众议院议长船田中（ふなだなか，1895—1979 年）访问苏联。
	8 月 26 日	日本经济团体联合会副会长植村甲午郎（うえむらこうろう，1894—1978 年）为团长的日本政府经济代表团访问苏联，苏联部长会议主席柯西金接见日本经济代表团（—9 月 16 日）。
	8 月 31 日	苏联政府向日本政府递交“在越南问题上日本是美军军事冒险行为的共犯”的外交备忘录。
	9 月 28 日	日本政府就苏联政府的 8 月 31 日对日外交备忘录予以答复。
	10 月 2 日	日本政府任命中川融（なかがわとおる，1911—2001 年）为日本驻苏特命全权大使。
	12 月 10 日	日本在北海道根室市设立北方领土资料馆。
	—	这一年，苏联出版发行《日本书志》第二卷。
1966 年（昭和 41 年）	1 月 16 日	日本佐藤内阁外相椎名悦三郎正式访问苏联（—1 月 22 日）。
	1 月 21 日	日本佐藤内阁外相椎名悦三郎访苏期间，日苏签署《日苏航空协定》，日苏两国实现东京—莫斯科直飞。日苏还第一次签署为期五年的《贸易支付协定（1966—1970 年）》。此后，日本佐藤内阁外相椎名悦三郎与苏联部长会议主席柯西金举行会谈，并转交日本首相佐藤荣作的亲笔信。

续表

年	月　日	大事记
1966 年（昭和 41 年）	2 月 17 日	苏联政府照会日本政府，希望在越南问题上停止对美提供合作。
	3 月 14 日	日苏、苏日经济委员会第一次联席会议在日本东京举行（—3 月 23 日）。
	3 月 22 日	日苏第一次沿岸贸易联合会议在日本新泻举行。
	3 月 26 日	日本政府回复 2 月 17 日苏联政府有关越南问题的对日照会。
	6 月 1 日	苏联渔业部长伊什科夫正式访日（—6 月 29 日）。
	7 月 24 日	苏联外交部长葛罗米柯正式访问日本，举行日苏两国外长定期协商，会谈取得了一些成果（—7 月 30 日）。
	7 月 29 日	日苏签署《日苏领事条约》（1967 年 8 月 23 日生效），并就苏联在日本大阪和札幌设立总领事馆，日本在苏联列宁格勒（现在的圣彼得堡）和纳霍德卡设立总领事馆事宜达成协议。
	9 月 5 日	同和矿业社长新井友藏（あらいともぞう,?）为团长的第二次日本政府经济代表团访问苏联（—9 月 25 日）。
	10 月 15 日	第二次苏联工商业展览会在日本大阪举行（—10 月 26 日）。
	10 月 19 日	《日苏共同宣言》发表十周年之际，日苏两国政府首脑，日本首相佐藤荣作、苏联部长会议主席柯西金和日苏两国外相（长），日本佐藤内阁外相椎名悦三郎，俄罗斯外长葛罗米柯互致贺电祝贺。
	10 月 20 日	日本举办苏联近代画展，苏联文化部长叶卡捷琳娜・阿列克谢耶夫娜・赫谢耶娃（Екатерина Алексеевна Фурцева，1910—1974 年）赴日参加苏联国立美术馆近代名画展（—10 月 29 日）。

续表

年	月　日	大事记
1967 年（昭和 42 年）	1 月 16 日	日本举行“日本苏联东欧贸易会”成立大会（1970 年 8 月 12 日批准为社团法人）。
	1 月 20 日	日苏两国在东京签署《日苏航空商务协定》。
	1 月 27 日	苏联政府发表关于越南问题的对日声明。
	2 月 16 日	日本政府就 1 月 27 日苏联政府的对日声明进行回应。
	2 月 17 日	日本自民党成立第二次佐藤荣作内阁（—1970 年 1 月 14 日）。
	3 月 6 日	苏联任命的驻日临时代理大使罗扎诺夫到任（—1967 年 5 月 21 日）。
	3 月 20 日	日本北陆地区石川县金泽市与苏联西伯利亚的伊尔库茨克市结为姐妹（友好）城市。
	4 月 7 日	苏联国营莫斯科电影制片厂赴日公映电影。
	4 月 18 日	苏联民用航空部部长叶甫盖尼·费多罗维奇·洛吉诺夫（Евгений Федорович Логино，1907—1970 年）受邀试飞招待到日本访问（—4 月 25 日）。
	5 月 9 日	苏联新任命奥列格·亚历山大洛维奇·特罗扬诺夫斯基（Олег Александрович Трояновский，1919—2003 年）为驻日大使。
	5 月 18 日	自民党外交调查会会长川岛正次郎（かわしま しょうじろう，1890—1970 年）作为佐藤荣作首相的特使访问苏联（—5 月 24 日），并向苏联部长会议主席柯西金转交日本首相佐藤荣作的亲笔信。
	5 月 19 日	日苏在莫斯科相互交换关于设立领事馆的书简。
	5 月 21 日	苏联新任命的驻日大使特罗扬诺夫斯基到任（—1976 年 4 月 16 日）。
	6 月 6 日	日本成立“日苏贸易协会”（1990 年 10 月 25 日被批准为社团法人）。
	6 月 12 日	在莫斯科举行日苏、苏日经济委员会第二次联席会议（—6 月 19 日）。

续表

年	月　日	大事记
1967 年（昭和 42 年）	7 月 4 日	应日本国会参议院议长重宗雄三（しげむねゆうぞう，1894—1976 年）和众议院议长石井光次郎（いしい みつじろう，1889—1981 年）的邀请，苏联最高苏维联盟院主席伊万・瓦西里耶维奇・斯皮里多诺夫（Ивáн Васи́льевич Спиридóнов，1905—1991 年）正式访日（—7 月 13 日）。
	7 月 9 日	日本在苏联滨海边疆区纳霍德卡设立的日本总领事馆开馆。
	7 月 20 日	日本外相三木武夫正式访问苏联，与苏联外交部长葛罗米柯举行第一次日苏外相（长）定期协商（—7 月 25 日）。
	7 月 22 日	日本外相三木武夫与苏联部长会议主席柯西金举行会谈。
	7 月 24 日	日本外相三木武夫与苏联外交部长葛罗米柯相互交换《日苏领事条约》批准书，签订《日苏关于渔业领域的科学技术合作协定》。
	9 月 22 日	日本作曲家芥川也寸志（あくたがわ やすし，1925—1989 年）担任指挥的日本新交响乐团为赴苏联进行巡回演出，从日本出发。
	10 月 9 日	苏联在日本北海道札幌设立总领事馆。
	10 月	苏联外交部正式批准日本在莫斯科设立办事处。
	10 月	日本国内举办苏联绘画五十年展。
	10 月	苏联授予日本俄罗斯文学翻译家原久一郎（はら ひさいちろう，1890—1971 年）荣誉勋章和莫斯科大学名誉博士学位。
	12 月 31 日	苏联部长会议主席柯西金在接受日本共同社采访时就日本记者提出的“北方领土”问题回答称，该问题已通过战前和战后的国际条约获得解决，并警告说人为煽动领土问题，不利于两国关系。

续表

年	月　日	大事记
1968年（昭和43年）	1月16日	苏联部长会议副主席兼国家计划委员会主席尼古拉·康斯坦丁诺维奇·拜巴科夫（Николай Константинович Байбаков，1911—2008年）访问日本（—2月1日）。
	1月29日	苏联政府发表“有关越南问题的对日声明”。
		苏联共产党中央委员会政治局委员兼书记米哈伊尔·安德烈耶维奇·苏斯洛夫（Михаил Андреевич Суслов，1902—1982年）为团长的苏共代表团访问日本，访日期间与日共举行会谈（—2月7日）。
	2月6日	苏联颁布最高苏维埃主席团《1968年2月6日主席团关于大陆架的法令》（Decree of the Presidium of 6 February 1968 on the Continental Shelf）。
	5月18日	日本广岛市与苏联伏尔加格勒市结成姐妹（友好）城市。
	7月14日	日本佐藤内阁外相三木武夫与正在访问日本的苏联对外贸部部长尼古拉·谢苗诺维奇·帕托利切夫（Николай Семёнович Патоличев，1908—1989年）相互交换“有关远东森林开发的书简”。
	7月29日	日苏签署远东森力资源开发（KS）项目基础合同。
	8月20日	除罗马尼亚以外，以苏联为首的华沙条约组织各国出兵武装干涉捷克斯洛伐克共产党改革，史称“布拉格之春事件”（пражская весна）（—8月21日）。
	8月22日	日本政府就捷克斯洛伐克事件向苏联政府递交外交照会。
	9月4日	苏联的莫斯科艺术团访问日本。
	10月15日	苏共政治局委员兼全苏工会中央理事会主席亚历山大·尼古拉耶维奇·谢列平（Алекса́ндр Никола́евич Шеле́пин，1918—1994年）为出席日苏工会交流委员会会议赴日。

续表

年	月　日	大事记
1968年（昭和43年）	10月25日	日本佐藤内阁运输相中曾根康弘（なかそねやすひろ，1918年—）访苏，交涉日本航空公司的自主运航事宜（—10月28日）。
	10月28日	日本佐藤内阁运输相中曾根康弘向苏联部长会议主席柯西金转交日本首相佐藤荣作的亲笔信。
	12月6日	日苏在日本东京举行日苏、苏日经济委员会第三次联合会议（—12月11日）。
	—	这一年，日本在北海道创办札幌大学，该校成为关东以北唯一一所开设俄语专业的高校。
1969年（昭和44年）	2月4日	苏联民用航空部部长叶甫盖尼・费奥多罗维奇・罗吉诺夫（Евге́ний Фёдорович Ло́гинов，1907—1970年）访问日本（—2月13日）。
	3月2日	中苏两国军队在乌苏里江上的珍宝岛（达曼斯基岛）发生边界武装冲突。
	3月7日	日本佐藤内阁外相爱知揆一（あいち きいち，1907—1973年）与苏联驻日大使特罗扬诺夫斯基签署有关扩大日苏航空联系的书简。
	4月15日	应日本国会参议院议长重宗雄三和众议院议长石井光次郎的邀请，苏联最高苏维埃民族院主席尤斯塔斯・伊戈诺维奇・帕莱茨克（Юстас Игнович Палецк，1899—1980年）夫妇访问日本（—4月24日）。
	9月4日	日本佐藤内阁外相爱知揆一访问苏联，与苏联部长会议主席柯西金举行会谈，在北方领土问题上，日苏双方发生对立（—9月9日）。
	9月8日	日本佐藤内阁外相爱知揆一与苏联外长葛罗米柯举行会谈，苏方同意在北太平洋地区渔业安全操作问题上以日方提出的方案为基础进行研究。

续表

年	月 日	大事记
1969 年（昭和 44 年）	9 月 16 日	以日本众议院议员赤城宗德（あかぎ むねのり，1904—1993 年）为团长的日苏友好协会代表团访问苏联。
	10 月 10 日	日本佐藤内阁运输相原田宪（はらだ けん，1919—1997 年）访问苏联。
	10 月 15 日	应日本社会党的邀请，以苏共中央委员阿列克谢·马特维耶维奇·鲁米扬采夫（Алексей Матвеевич Румянцев，1905—1993 年）为团长的苏联共产党中央代表团访问日本（—10 月 23 日）。
	11 月	苏联国家科学技术委员会副主席杰尔曼·米哈伊洛维奇·格维希亚尼（Джермен Михайлович Гвишиани，1928—2003 年）访问日本。
		日本正教会代表在东京与俄罗斯正教会牧首公署、美国正教会的都主教公署进行谈判，确立日本正教会的自主独立地位。
	12 月 27 日	日苏航空协定附属协议修订文书正式生效，日本航空公司开始受理经由西伯利亚上空的国际航空业务。
1970 年（昭和 45 年）	1 月 3 日	日本驻苏联大使中川融代表日本政府在《不扩散核武器条约（Treaty on the Non-Proliferation of Nuclear Weapons—NPT）》上签字。
	1 月 14 日	日本自民党成立第三次佐藤荣作内阁（—1972 年 7 月 6 日）。
	2 月 10 日	日苏在莫斯科举行日苏、苏日经济委员会第四次联合会议（—2 月 17 日）。
	3 月 28 日	第一趟经由苏联西伯利亚上空的日本航空公司飞机抵达莫斯科。
	3 月 31 日	日本自民党副总裁川岛正次郎（かわしま しょうじろう，1890 年至 1970 年 11 月 9 日）作为日本政府特使访问苏联，出席日本贸易振兴机构（JETRO）在苏联举办的商品展销会（—4 月 6 日）。

续表

年	月　日	大事记
1970 年（昭和 45 年）	4 月 3 日	苏联外交部通告日本驻苏联大使馆，苏联最高苏维埃主席团主席尼古拉·维克托罗维奇·波德戈尔内（Никола́й Ви́кторович Подго́рный，1903—1983 年）因病取消访日行程。
	4 月 6 日	日本自民党副总裁、日本政府特使川岛正次郎与苏联部长会议第一副主席基里尔·特罗菲莫维奇·马祖罗夫（Кири́лл Трофи́мович Ма́зуров，1914—1989 年）举行会谈，就"北方领土问题"交换意见，并转交日本首相佐藤荣作致苏联部长会议主席柯西金的亲笔信。
	4 月 7 日	苏联部长会议副主席亚历山大·亚历山德罗维奇·诺维科夫（Александр Александрович Новиков，1900—1976 年）赴日出席在大阪举行的万国博览会（世界博览会）（—4 月 8 日）。
	7 月 9 日	日本社会党委员长成田知巳（なりたともみ，1912—1979 年）为团长的日本社会党代表团访问苏联（—7 月 19 日）。
	7 月 14 日	日本驻苏联大使中川融向苏联渔业部长伊什科夫转交关于北太平洋地区渔业安全操作的日本政府提案。
	8 月 11 日	苏联文化部部长叶卡捷琳娜·阿列克谢耶夫娜·福尔采娃（Екатерина Алексеевна Фурцева，1910—1974 年）访问日本（—8 月 18 日）。
	9 月 5 日	应日本国会参众两院议长的邀请，以苏维埃最高会议民族院主席亚德加·萨德克夫娜·纳斯利季诺娃（Ядгар Садыковна Насриддинова，1920—2006 年）为团长的苏联苏维埃最高会议代表团访问日本（—9 月 17 日）。
	9 月 11 日	应苏联最高苏维埃会议的邀请，以日本众议院议员福永健司（ふくなが けんじ，Hukunaga Kenji，1910—1988 年）为团长的日本国会议员团访问苏联。

续表

年	月　日	大事记
1970年（昭和45年）	12月11日	日本石川县的七尾市与位于苏联贝加尔湖西部隶属伊尔库茨克州的布拉茨克（Братск）市结为姐妹（友好）城市。
	12月18日	日苏在日本东京签署关于建设纳霍德卡东部乌兰格尔港的基础协定。
1971年（昭和46年）	2月4日	日本外务省任命日本驻苏公使大和田涉（おおわだ わたる，1917—1987年）为驻苏临时代理大使。
	3月16日	日苏在莫斯科签署开设哈巴罗夫斯克至新泻空中航线的协定。
	3月19日	日本任命新关钦哉（にいぜき きんや，1916—2003年）为驻苏特命全权大使。
	4月20日	日本特使赤城宗德为进行日苏螃蟹渔业谈判访问苏联，同苏联部长会议主席柯西金、渔业部长伊什科夫举行会谈（—5月1日）。
	4月21日	苏联在日本大阪设立总领事馆。
	4月30日	修订后的《日苏航空协定·附属议定书》生效，正式开通哈巴罗夫斯克至新泻的空中航线。
	5月9日	日本在苏联列宁格勒（即现在的圣彼得堡）设立总领事馆。
	5月18日	日苏有关引渡被苏联缉拿的日本渔船及被逮捕日本渔民相关手续的协议生效。
	6月2日	日苏在苏联莫斯科签署《日苏海带协定》。
	6月17日	美日签署《日美关于冲绳群岛及大东群岛协定（即“冲绳归还协定”）》。
	8月24日	日本自民党政策调查会长小坂善太郎（こさかぜんたろう，1912—2000年）访问苏联（—8月30日）。
	9月7日	日本古都京都与苏联加盟共和国乌克兰首都基辅结为姐妹（友好）城市。

续表

年	月　日	大事记
1971年（昭和46年）	9月12日	日本佐藤内阁科学技术厅长官平泉涉（ひらいずみ わたる，1929—2015年）访问苏联（—9月17日）。
	9月21日	苏联对外贸易部长尼古拉·谢苗诺维奇·帕托利切夫（Никола́й Семёнович Пато́личев，1908—1989年）访问日本，签署第二次为期五年的"日苏贸易支付协定"（—9月25日）。
	10月11日	日本佐藤内阁农林水产相赤城宗德访问苏联，同苏联渔业部长伊什科夫举行会谈（—10月15日）。
	10月14日	全苏工会中央理事会主席谢列平访问日本，参加在日本举行的日苏工会交流委员会会议（—10月21日）。
	10月19日	实现日苏两国复交的《日苏共同宣言》发表15周年之际，日本佐藤内阁外相福田赳夫（ふくだ たけお，1905—1995年）与苏联外长葛罗米柯相互致电祝贺。
	12月6日	日苏在日本东京签署开发纸浆材料、木屑项目的基础协定。
1972年（昭和47年）	1月23日	苏联外长葛罗米柯访问日本，与日本佐藤内阁外相福田赳夫举行第二次日苏外相（长）定期协商（—1月28日）。
	1月27日	葛罗米柯访日期间，日苏又签署《日苏文化交流协定》，并发表《共同声明》。日苏双方就实现两国首脑互访、两国最迟从1972年开始进行有关缔结和平条约的交涉以及两国外相（长）至少每年举行一次定期协商等方面达成一致。
	2月7日	日苏在苏联莫斯科举行基于《日苏贸易协定》的年度贸易谈判。
	2月15日	日苏在莫斯科签署《日苏贸易年度咨询备忘录》。
	2月21日	美国总统理查德·米尔豪斯·尼克松（Richard Milhous Nixon，1913—1994年）访问中国，中美发表《上海联合公报》，宣布中美两国关系走向正常化（—2月28日）。

续表

年	月 日	大事记
1972年（昭和47年）	2月21日	日苏在日本东京举行日苏·苏日经济委员会第五次联合会议（—2月24日）。
	5月22日	美国总统尼克松应邀访问苏联，同苏联领导人——苏共中央总书记勃列日涅夫等人就“美苏关系和当前国际局势的根本性问题”进行了会谈。这是二战后27年来美国总统第一次访问苏联。会谈结果，双方发表了《美苏联合公报》《美苏相互关系原则》，并签署了《关于限制反弹道导弹防御系统条约》《关于限制进攻性战略武器的某些措施的临时协定》等文件，美苏还成立了美苏联合贸易委员会（—5月30日）。
	6月6日	苏联渔业部长伊什科夫访问日本与日本佐藤内阁农林水产相赤城宗德举行会谈，达成《日苏螺贝渔业协定》，并签署《日苏海带协定》（—6月7日）。
	7月7日	日本成立自民党田中角荣（たなかかくえい，1918—1993年）内阁（—1974年12月9日）。
	9月7日	日本众议院外交委员会委员长福田笃泰（ふくだ とくやす，1906—1993年）为团长的日本国会众、参两院对苏友好议员访问团访问苏联，拜会苏联最高苏维埃联盟院主席和民族院主席，并同苏联最高苏维埃外交委员会主席举行会谈（—9月14日）。
	9月19日	日本驻苏大使新关钦哉向苏方提交“有关北方海域安全作业的日方正式提案”。
	9月21日	日本众议院外交委员会委员长福田笃泰把日本首相田中角荣致苏联领导人——苏共中央总书记勃列日涅夫的亲笔信转交给苏联最高苏维民族院外交委员会委员长鲍里斯·尼古拉耶维奇·波诺马廖夫（Бори́с Никола́евич Пономарёв，1905—1995年），由其代转勃列日涅夫。

续表

年	月　日	大事记
1972年（昭和47年）	9月25日	日本首相田中角荣访问中国，与周恩来（1898—1976年）总理等举行会谈，两国发表《中华人民共和国和日本国政府联合声明》实现中日邦交正常化（—9月29日）。
	10月6日	日本成立苏联·东欧学会。
	10月21日	日本田中内阁的外相大平正芳（おおひら まさよし，1910—1980年）访问苏联（—10月24日）。
	10月23日	日本田中内阁外相大平正芳与苏联外长葛罗米柯举行第一次有关日苏和平条约的谈判。
	10月24日	日本田中内阁外相大平正芳与苏联部长会议主席柯西金举行会谈。
	12月22日	日本自民党成立第二次田中角荣内阁（—1974年12月9日）。
1973年（昭和48年）	1月17日	苏联驻日大使特罗扬诺夫斯基拜会日本田中内阁外相大平正芳，确认之前双方达成的在下一次日苏外相（长）定期协商中继续进行有关缔结和平条约谈判的一致意见是否继续有效。
	1月	苏联波利斯芭蕾舞团访问日本。
	3月6日	日本驻苏大使新关钦哉同苏联领导人——苏共中央总书记勃列日涅夫举行会谈，并把希望日苏尽早缔结和平条约的日本首相田中角荣的亲笔信转交给勃列日涅夫。
	3月28日	日本首相田中角荣接收苏联通过驻日大使特罗扬诺夫斯基转交的苏联领导人、苏共中央总书记勃列日涅夫的亲笔信。
	5月	苏联加入《国际著作权条约》。
		苏联列宁格勒（即现在的“圣彼得堡”）爱乐乐团访问日本。

续表

年	月　日	大事记
1973年（昭和48年）	6月16日	苏联领导人——苏共中央总书记勃列日涅夫访问美国，与美国总统尼克松会谈，并签署《美苏防止核战争协定（Agreement between the United States of America and the Union of Soviet Socialist Republics on the Prevention of Nuclear War)》（—6月25日）。
	7月3日	苏联文化部长福尔采娃访问日本（—7月9日）。
	8月27日	日本众议院议员石田博英（いしだ ひろひで，1914—1993年）为团长的日本国会对苏友好议员访苏团访问苏联（—9月6日）。
	9月20日	日本众议院大会通过自民党、社会党、公明党、民社党、共产党五大政党共同提出的《关于返还北方领土的决议》案。
	10月7日	日本首相田中角荣访问苏联，就日苏两国缔结和平友好条约问题同苏共中央总书记勃列日涅夫举行第二次会谈，并发表日苏《共同声明》（—10月10日）。
		日本田中内阁外相大平正芳与苏联外长葛罗米柯举行第三次日苏外相（长）定期协商，两国还签署了《科学技术合作协定》《候鸟条约》和《文化交流实施协定》（—10月10日）。
	10月19日	日本田中内阁的农林相樱内义雄（さくらうち よしお，1912—2003年）访问苏联，同苏联渔业部长伊什科夫进行日苏渔业部长（相）之间的协商（—10月27日）。
	12月19日	苏联俄罗斯加盟共和国部长会议主席米哈伊尔·谢尔盖耶维奇·索洛缅采夫（Михаил Сергеевич Соломенцев，1913—2008年）赴日出席在日本举行的苏联大西伯利亚博览会开幕式（—12月29日）。
	12月	第一次日苏历史学专题学术研讨会在日本东京举行。

续表

年	月　日	大事记
1974 年（昭和 49 年）	1 月 4 日	日本任命驻苏公使长谷川孝昭（はせがわたかあき,?）为日本驻苏临时代理大使。
	2 月 6 日	日本任命重光晶（しげみつあきら，1915—2000 年）为驻苏特命全权大使。
	3 月 21 日	日本经济团体联合会（经团联）名誉会长植村甲午郎（うえむら こうごろう，1894—1978 年）和日本商工会议所会长永野重雄（ながの しげお，1900—1984 年）率领的日本经济团体代表团访问苏联，同苏联部长会议主席柯西金（3 月 22 日）以及苏联领导人——苏共中央总书记勃列日涅夫（3 月 25 日）举行会谈（—3 月 26 日）。
	4 月 5 日	日本首相田中角荣与苏联部长会议主席柯西金在莫斯科举行两国首脑会谈。
	4 月 18 日	日本众议院议员石田博英（いしだ ひろひで，1914—1993 年）访问苏联（—4 月 24 日）。
	4 月 24 日	日本众议院议员石田博英访苏期间与苏联领导人——苏共中央总书记勃列日涅夫举行会谈。
	5 月 16 日	日本驻苏大使重光晶向苏联部长会议主席柯西金转交田中角荣首相的亲笔信。
	5 月	被誉为 20 世纪苏联最著名芭蕾舞表演艺术家的玛伊娅・普利谢茨卡娅（Майя Михайловна Плисецкая，1925—2015 年）访问日本。
	6 月 3 日	日苏签署南雅库特原煤开发项目基础合同。
	6 月 27 日	美国总统尼克松访问苏联，与苏联领导人——苏共中央总书记勃列日涅夫在莫斯科举行会晤（—7 月 3 日）。
	7 月 2 日	作为尼克松访苏的成果，美苏两国签署《限制地下核武器试验条约》。

续表

年	月 日	大事记
1974 年（昭和 49 年）	7 月 11 日	苏联驻日大使特罗扬诺夫斯基把苏联部长会议主席柯西金致日本首相田中角荣的亲笔信转交给田中首相本人。
	7 月 30 日	日苏签署第二次苏联远东森林资源开发项目基础合同。
	9 月 25 日	美国纽约举行联合国大会期间，日本田中内阁外相木村俊夫（きむら としお，1909—1983 年）与苏联斯外长葛罗米柯在纽约举行会谈。
	10 月 30 日	日苏·苏日经济委员会第六次联合会议在苏联莫斯科举行（—11 月 1 日）。
	10 月 16 日	苏联驻日大使特罗扬诺夫斯基把苏共中央总书记勃列日涅夫致日本首相田中角荣的亲笔信转交给田中首相本人。
	11 月 23—24 日	美国总统杰拉尔德·鲁道夫·福特（Gerald Rudolph Ford，1913—2006 年）访问苏联，在符拉迪沃斯托克与苏联领导人——苏共中央总书记勃列日涅夫举行会谈。
	12 月 7 日	日本北海道的根室市举办第一次苏维埃友好展（—12 月 9 日）。
	12 月 9 日	日本成立自民党三木武夫（みきたけお，1907—1988 年）内阁（—1976 年 12 月 24 日）。
	12 月 11 日	日、美、苏三国签署雅库特天然气开发项目基础合同。
1975 年（昭和 50 年）	1 月 15 日	日本三木内阁的外相宫泽喜一（みやざわ きいち，1919—2007 年）访问苏联，与苏联进行第三次日苏和平条约谈判（—1 月 17 日）。
	1 月 28 日	日苏签署试探性开采苏联萨哈林岛周边大陆架石油·天然气的基础合同。
	2 月 13 日	苏共中央总书记勃列日涅夫在致日本首相三木武夫的亲笔信中，提议缔结《苏日睦邻合作条约》，日本首相三木武夫拒绝了勃列日涅夫提议。

续表

年	月　日	大事记
1975年（昭和50年）	4月25日	日本驻苏大使重光晶向苏联外长葛罗米柯转交了日本首相三木武夫致苏联领导人——苏共中央总书记勃列日涅夫的亲笔信。
	6月2日	苏联渔业部长伊什科夫访问日本（—6月8日）。
	6月7日	苏联渔业部长伊什科夫访问日本期间签署了防止在日本北海道近海发生渔业作业事故为目的的《日苏渔业作业协定》。
	6月17日	苏联塔斯社发表苏联政府的对日声明，希望日本政府在缔结日中和平条约时慎重对待其中的“反霸条款”。
	6月19日	日本驻苏大使重光晶就6月17日塔斯社发表的苏联政府的对日声明，向苏联外长葛罗米柯说明了日方的立场。
	7月14日	为了在苏联雅库特进行天然气勘探以及向苏联出口生产尿素（合成氨）的成套设备，日苏草签了由日本输出入银行提供上述项目所需贷款的合同。
	7月30日	由欧洲三十三个国家（除阿尔巴尼亚和安道尔以外所有欧洲国家）和美国、加拿大等国的国家元首、政府首脑或他们的代表参加的、筹备已久的欧洲安全与合作会议在芬兰首都赫尔辛基举行，会议最终签署了《欧洲安全与合作会议最后文件》，亦称《赫尔辛基宣言》，欧洲缓和氛围达到顶点（—8月1日）。
	7月31日	日苏在莫斯科相互交换有关海运、航空租税的公文。
	8月2日	日本著名导演黑泽明（くろさわ あきら，1910—1998年）导演的苏联电影《德尔斯·乌扎拉》举行首映式。
	9月	苏联莫耶赛耶夫芭蕾舞团访问日本。
		日本首相三木武夫的智囊平泽和重（ひらさわ かずしげ，1909—1977年）投稿美国《外交（Foreign Affairs）》季刊，提出苏联返还齿舞、色丹两个群岛，冻结国后、择捉群岛的主权争端的主张。

续表

年	月　日	大事记
1975年（昭和50年）	10月4日	苏共中央政治局委员、苏联外长葛罗米柯在苏联《共产党人》杂志第十四期刊登卷首文章，主张“实施和平纲领”，反击日本“没有根据的北方领土返还要求”。
	10月8日	日本外务省认为苏联外长葛罗米柯的文章违反1973年的《日苏共同声明》，并向苏联提出抗议。
	10月15日	苏联海运部长季莫菲·鲍里索维奇·戈金科（Тимофей Борисович Гуженко，1918—2008年）赴日参加在日本冲绳举行的海洋博览会的国家海洋日活动。
	10月21日	日苏在日本东京签署《日苏北太平洋捕鲸管制协定》。
	10月23日	《日苏渔业作业协定》生效。
	11月24日	苏联部长会议副主席、摩尔达维亚苏维埃社会主义共和国共产党中央第一书记伊万·伊万诺维奇·波德勒（Иван Иванович Бодюл，1917—2013年）为团长的苏联最高苏维埃代表团访问日本（—11月30日）。
1976年（昭和51年）	1月9日	苏联外长葛罗米柯访问日本，与日本三木内阁外相宫泽喜一（みやざわきいち，1919—2007年）进行第四次日苏外相（长）定期协商，并参加在日本东京进行的第四次日苏和平条约谈判（—1月13日）。
	1月	苏联莫斯科爱乐管弦乐团访问日本。
	2月24日	在苏联共产党第二十五届中央委员会的报告中，苏共中央总书记勃列日涅夫批评日本称：“对于那些本应和平解决的各种问题，有时在外部势力的教唆下，日本就有人向苏联提出没有依据的不法要求。”
	3月1日	针对2月24日苏联领导人——苏共中央总书记勃列日涅夫的讲话，日本外务省召见在东京的苏联驻日临时代理大使，表明了日方的明确态度，并提请苏联方面对此加以注意。
	3月5日	日本成立日苏渔业损害赔偿请求处理委员会东京委员会。

续表

年	月　日	大事记
1976年（昭和51年）	3月6日	苏联驻日临时代理大使伊凡·尼古拉耶维奇·契科尼亚（Иван Николаевич Цехоня，1921年—）到任。
	3月26日	苏联成立苏日渔业损害赔偿请求处理委员会莫斯科委员会。
	4月17日	苏联任命的驻日临时代理大使契科尼亚正式上任（—1976年5月13日）。
	4月22日	苏联新任命的德米特里·斯捷潘诺维奇·波利扬斯基（Дмитрий Степанович Полянский，1917—2001年）为苏联驻日特命全权大使。
	4月27日	苏联世界级芭蕾舞大师普利谢茨卡娅赴日出席在日本东京举行的第一届世界芭蕾舞节。
	5月12日	日本以违反日本国内法的名义逮捕苏联俄罗斯国际新闻通讯社（RIA Novosti）的一名东京特派记者亚历山大·叶戈罗维奇·马切欣（Александр Егорович Мачехин，1937—2012年），史称“马切欣事件”。
	5月14日	苏联驻日特命全权大使波利扬斯基到任（—1982年1月9日）。
	7月8日	日本北海道根室市成立“推进北方领土返还要求协议会”。
	7月28日	苏联“贝加尔”号游轮上发生日本东京外国语大学三年级女学生被苏联乘客杀害的“贝加尔号事件”。
	8月8日	日本经济团体联合会（简称“经团联”）会长土光敏夫（どこう としお，1896—1988年）一行访问苏联（—8月14日）。
	8月13日	土光敏夫访苏期间一行在雅尔塔同苏联领导人——苏共中央总书记勃列日涅夫举行会谈。
	9月3日	苏联外交部最终答复日本，希望到俄控“北方领土”扫墓参拜的日本人必须持有日本护照和苏联签证，因而原“北方四岛”上的日本岛民未能实现扫墓参拜的愿望。

续表

年	月　日	大事记
1976 年（昭和 51 年）	9 月 6 日	苏联新型战斗机米格 25（MIG25）降落到日本北海道函馆机场，苏联空军中尉维克托·伊万诺维奇·别连科（Виктор Иванович Беленко，1947 年—）流亡日本——此即“别连科中尉流亡事件”。
	9 月 9 日	苏联驻日大使波利扬斯基把苏联政府针对有关“MIG25 事件”（即，“别连科中尉流亡事件”）的对日声明亲手交给日本政府。
	9 月 10 日	日本三木内阁外相宫泽喜一视察日苏争议的“北方领土”（—9 月 12 日）。
	9 月 20 日	日本外务省把有关“别连科中尉流亡事件”的日方立场转告苏联驻日本大使馆。
	9 月 22 日	苏联驻日大使波利扬斯基把苏联政府有关“别连科中尉流亡事件”的第二次声明转交日方。
	9 月 28 日	美国纽约举行联合国大会期间日本三木内阁外相小坂善太郎（こさか ぜんたろう，1912—2000 年）与苏联外长葛罗米柯举行会谈。
	11 月 14 日	日本在茨城县日立港向苏联移交别连科中尉驾驶过来的米格—25（MIG25）战机。
	12 月 10 日	根据苏联最高苏维埃主席团关于苏联海洋专属经济区的法令，苏联设定 200 海里渔业海域。
	12 月 24 日	日本成立自民党福田赳夫（ふくだ たけお，1905—1995 年）内阁（—1978 年 12 月 6 日）。
1977 年（昭和 52 年）	2 月 24 日	苏联部长会议决定，在包括“北方四岛”周边海域在内的苏联周边海域，从本年度（1977 年）3 月 1 日开始在 200 海里海域范围内加强渔业监管，对此日本提出抗议。
	2 月 25 日	日本政府通过福田内阁官房长官园田直（そのだ すなお，1913—1984 年）发表谈话的方式表示，拒绝承认 2 月 24 日苏联方面单方面宣布设置的 200 海里海洋专属经济区的决定。

续表

年	月　日	大事记
1977年（昭和52年）	2月26日	日本外务省通过在东京的苏联驻日大使波利扬斯基对苏联部长会议的决定提出了抗议。
	2月28日	日本福田内阁农林相铃木善幸（すずき ぜんこう，1911—2004年）第一次访问苏联（—3月3日）。
	3月3日	日本福田内阁农林相铃木善幸与苏联渔业部长伊什科夫举行会谈。
	3月	苏联斯坦尼斯拉夫斯基和涅米洛维奇—丹琴科莫斯科模范音乐剧院（Московский академический Музыкальн-ыйимени народных артистов СССР К. С. Станиславского и Вл. И. Немировича-Данченко）赴日演出。
	4月	日本成立学校法人日苏学院。
	4月5日	日本福田内阁官房长官园田直作为首相特使访问苏联（—4月8日）。
	4月7日	日本福田内阁农林相铃木善幸第二次访问苏联（—4月16日）。
	4月16日	日本众议院议员樱内义雄（さくらうち よしお，1912—2003年）为团长的由日本国会各党派组成的有关日苏渔业交涉国会议员代表团一行15人访问苏联（—4月22日）。
	4月29日	苏联向日本通告废除《日苏渔业条约》，一年后《日苏渔业条约》失效。
	5月2日	日本国会通过有关海洋的两个法案——《关于渔业海域的临时措施法》和《关于领海及毗邻海域的法律》（即“领海法”）。
	5月3日	日本福田内阁农林相铃木善幸第三次访问苏联（—5月27日）。
	5月24日	日本福田内阁农林相铃木善幸访苏期间，日苏渔业委员会上日苏双方代表在已达成协议的渔业问题议事录上签字。
	5月26日	苏联对外贸易部长帕托利切夫访问日本（—6月1日）。

续表

年	月 日	大事记
1977 年（昭和 52 年）	5 月 27 日	日本福田内阁农林相铃木善幸访苏期间，日苏在莫斯科签署《日苏临时渔业协定》。
	5 月 30 日	日苏在日本东京签署第三次为期五年的《日苏贸易支付协定》。
	6 月 6 日	苏共中央总书记勃列日涅夫发表答复日本《朝日新闻》的谈话。
	6 月 10 日	《日苏渔业临时协定》正式生效。
	6 月 12 日	日本福田赳夫内阁劳动相石田博英参加完国际劳工组织（International Labour Organization，简称 ILO）大会以后，在回国途中访问苏联（—6 月 15 日）。
	6 月 14 日	日本福田内阁劳动相石田博英访苏期间与苏联部长会议主席柯西金举行会谈。
	6 月 15 日	日本福田内阁劳动相石田博英访苏期间与苏共中央总书记勃列日涅夫举行会谈。
	6 月 16 日	苏共中央总书记勃列日涅夫兼任苏联最高苏维埃主席团主席。
	6 月 29 日	日苏在日本东京举行一年一度的日苏临时渔业协定谈判。
	7 月 1 日	日本正式实行有关海洋的两个法案——《关于渔业海域的临时措施法》与《关于领海及毗邻海域的法律“领海法”》。
	7 月 27 日	日本在北海道札幌市丰平区平岸设立财团法人·北海道日苏友好会馆。
	7 月 28 日	苏联渔业部长伊什科夫访问日本（—8 月 5 日）。
	8 月 4 日	苏联渔业部长伊什科夫访日期间，日苏在东京签署《日苏渔业临时协定》。
	8 月 16 日	日苏《日苏渔业临时协定》生效。
	9 月 12 日	日苏两国日苏·苏日经济委员会第七次联合会议在日本东京举行（—9 月 16 日）。

续表

年	月　日	大事记
1977年（昭和52年）	9月29日	日苏在苏联莫斯科举行日苏缔结长期渔业协定谈判。
		美国纽参加联合国大会期间，日本福田内阁外相鸠山威一郎（はとやまいいちろう，1918—1993年）与苏联外长葛罗米柯在纽约举行会谈。
	10月5日	日本对外文化协会会长松前重义（まつまえしげよし，1901—1991年）（日本社会党）访问苏联，同苏联部长会议主席柯西金举行会谈。
	10月7日	苏联颁布新宪法，通常称之为“勃列日涅夫宪法”。
	11月18日	日苏在日本东京签署《日苏民间原子能协定》。
	12月6日	日苏两国政府在莫斯科举行第二十次日苏政府间年度贸易谈判。
	12月16日	日苏在莫斯科签署关于延长日苏・苏日临时贸易协定有效期的议定书。
1978年（昭和53年）	1月8日	日本福田内阁新外相园田直访问苏联，进行日苏和平条约谈判，并与苏联外长葛罗米柯举行第五次日苏外相（长）定期协商（—1月11日）。
	1月23日	日苏科学技术合作委员会第一次会议在日本东京举行。
	2月15日	日苏在苏联莫斯科开始缔结日苏渔业合作协定的谈判，主要涉及北太平洋鲑鱼、鳟鱼渔业问题。
	2月22日	苏联驻日大使波利扬斯基向日本首相福田赳夫转交“希望苏日两国缔结友好合作条约”的苏联领导人——苏共中央总书记勃列日涅夫的亲笔信。
	2月23日	苏联公开发表《苏日友好合作条约案》。
	3月6日	苏联外交部发表关于领土问题的口头声明。
	3月20日	日本对苏联外交部关于领土问题的口头声明进行反驳。
	4月1日	日本北海道大学原法学部所属斯拉夫研究设施，升格为独立的“斯拉夫研究中心”。

续表

年	月　日	大事记
1978 年（昭和 53 年）	4 月 11 日	日本福田内阁农林水产相中川一郎（なかがわ いちろう，1925—1983 年）为了促进日苏渔业谈判，访问苏联（—4 月 22 日）。
	4 月 21 日	日苏在莫斯科签署《日苏渔业合作协定及鲑鱼、鳟鱼议定书》。
		韩国大韩航空的民航飞机闯入苏联领空，遭到苏联战机实弹扫射，一名日本人中弹身亡。
	6 月 1 日	日本首相福田纠夫与苏联高中等专门教育部长鲍里斯·尼古拉耶维奇·叶利钦（Бори́с Никола́евич Е́льцин，1931—2007 年）举行会谈。
	6 月 19 日	苏联驻日大使波利扬斯基把苏方对《中日和平友好条约》表示担心的苏联政府声明转交给日本政府。
	8 月 11 日	日本政府任命松原进（まつばらすすむ，?）为日本驻苏临时代理大使和特命全权公使。
	8 月 12 日	中日两国签定《中华人民共和国和日本国和平友好条约》，简称《中日和平友好条约》。日本外务省欧亚局局长宫泽泰（みやざわやすし，1923—2010 年）就日中签订《日中和平友好条约》相关的问题向苏联驻日代理大使季诺维耶夫（Зиновьев，?）进行了说明。
	8 月 14 日	日本驻苏临时代理大使松原进就有关《日中友好条约》相关的问题向苏联外交部副部长尼古拉·巴甫洛维奇·菲留宾（Николай Павлович Фирюбин，1908—1983 年）进行了说明。
		日本任命鱼本藤吉郎（うおもと とうきちろう，1917—1988 年）为日本国驻苏特命全权大使。
	8 月 20 日	在日本北海道的根室市举行“要求归还北方领土全体国民大会”。

续表

年	月　日	大事记
1978年（昭和53年）	8月23日	苏联驻日代理大使季诺维耶夫就《中日友好条约》相关问题向日本外务省事务次官有田圭辅（ありたけいすけ，1917年—?）口头传达了苏联政府的立场。
	8月29日	日本社会党日苏问题特别委员会代表团访问苏联。
	9月4日	以日本自民党众议院议员白浜仁吉（しらはま にきち，1908—1985年）为团长的日本超党派国会议员团访问苏联（—9月11日）。
	9月19日	日本对外文化协会会长松前重义（まつまえ しげよし，1901—1991年）访问苏联，与苏联部长会议主席柯西金举行会谈。
	9月25日	美国纽约召开联合国大会期间，日本福田内阁外相园田直与苏联外长葛罗米柯在美国纽约举行会谈。
	10月11日	日苏年度贸易谈判在日本东京举行（—10月13日）。
	10月23日	《中华人民共和国和日本国和平友好条约》正式生效。
	10月24日	苏联发表关于在北方海域侵犯领海问题的口头声明。
	10月30日	日本政府反驳苏联关于在北方海域侵犯领海问题的口头声明。
	11月18日	日苏延长《日苏渔业临时协定》议定书的谈判在日本东京举行。
	11月21日	日本国会“新自由俱乐部”代表河野洋平（こうの ようへい，1937年—）访问苏联。
	11月23日	日本成立“日本斯拉夫及东欧研究学会”（The Japanese Society for Slavic and East European Studies，简称：JSSEES）。
	12月7日	日本成立自民党大平正芳（おおひらまさよし，1910—1980年）内阁（—1980年6月12日）。

续表

年	月　日	大事记
1978年（昭和53年）	12月13日	苏联对外友好文化交流团体联合会主席团主席齐奈达·米哈伊洛夫娜·舍洛娃（Зинаида Михайловна Круглова，1923—1995年）访问日本（—12月23日）。
	12月15日	日俄在东京签署延长《日苏临时渔业协定》的议定书。
	12月16日	中美发表《中华人民共和国和美利坚合众国建立外交关系的联合公报》，宣布两国自1979年1月1日起互相承认并建立外交关系。
	12月17日	日本社会党委员长飞鸟田一雄（あすかた いちお，1915—1990年）为团长的日本社会党代表团访问苏联。
	12月18日	中国共产党在北京举行第十一届中央委员会第三次全体会议，决定把全党的工作重点转移到社会主义现代化建设上来，中国走上改革开放的道路（—12月18日）。
1979年（昭和54年）	1月1日	中美正式建交，互派大使。中国任命柴泽民（1916—2010年）为首任中华人民共和国驻美国全权大使，美国任命伦纳德·F. 伍德科克（Leonard F. Woodcock，1911—2001年）为首任美利坚合众国驻中国全权大使。
	1月7日	日本公明党副委员长多田省吾（ただ しょうご，1931—2010年）为团长的公明党代表团访问苏联。
	1月30日	苏联在国后岛和择捉岛配备常备兵力。
	2月5日	日本外务省外务审议官高岛益郎（たかしま ますお，1919—1988年）就苏联在日苏有领土争议的岛屿国后岛、择捉岛建设军事基地的问题，向苏联驻日大使波利扬斯基提出照会。
	2月14日	日苏在日本东京举行日苏·苏日经济委员会干部会议（—2月16日）。

续表

年	月　日	大事记
1979年（昭和54年）	2月14日	苏联渔业部长伊什科夫被免职，苏联任命弗拉基米尔・米哈伊洛维奇・卡缅捷夫（Владимир Михайлович Каменцев，1928—2003年）为新任渔业部长。
	2月19日	日本首相大平正芳与苏联对外贸易部第一副部长伊万・费奥多罗维奇・谢米切托夫（Иван Фёдорович Семичастнов，1905—1994年）会谈。
	2月26日	日本驻苏大使鱼本藤吉郎向苏联传达了日方要求苏联撤走在国后、择捉两岛的军事设施，尽快解决“北方领土”问题的日本国会决议。
	3月19日	日苏渔业委员会第一次会议在苏联莫斯科举行。
	4月21日	日苏在莫斯科签署“1979年度捕捞鲑鱼・鳟鱼议定书”。
	5月14日	日苏外交部门第一次事务级磋商在日本东京举行（—5月15日）。
	5月19日	日苏外交部门事务级磋商结束后，苏联外交部副部长菲留宾与日本首相大平正芳、外相园田直举行会谈。
	5月21日	苏联最高苏维埃机关报《消息报（Известия）》评论员弗拉基米尔・列昂蒂耶维奇・库德里亚夫采夫（Владимир Леонтьевич Кудрявцев，1903—1985年）为参加日苏议员联盟全体大会访问日本，访日期间礼节性拜访日本首相大平正芳（—5月26日）。
	5月22日	苏联共产党中央委员会的机关报《真理报（Прáвда）》主编维克多・格里戈里耶维奇・阿法纳西耶夫（Ви́ктор Григóрьевич Афанáсьев，1922—1994年）应日本新闻人协会的邀请访问日本。访日期间礼节性拜访日本首相大平正芳（—5月30日）。

续表

年	月　日	大事记
1979年（昭和54年）	6月15日	苏联领导人——苏共中央总书记勃列日涅夫与美国总统吉米·卡特（Jimmy Carter，原名詹姆斯·厄尔·卡特（James Earl Carter，1924年—）在奥地利首都维也纳举行会谈，签署《美苏关于限制战略性进攻武器条约》（SALT）和一系列附件（—6月18日）。
	7月24日	日本大平内阁农林水产相渡边美智雄（わたなべ みちお，1923—1995年）访问苏联（—7月29日），与苏联渔业部长卡缅捷夫举行两轮会谈。
	7月27日	苏联世界级芭蕾舞大师普利谢茨卡娅赴日参加在日本东京举行的第二次世界芭蕾舞节。
	9月3日	日苏科学技术合作委员会第二次会议在莫斯科举行。
	9月8日	日本大平内阁外相园田直视察日苏有领土争议的“北方领土”（—9月9日）。
	9月24日	美国纽约举行联合国大会期间，日本大平内阁外相园田直与俄罗斯外长葛罗米柯在纽约举行日苏外相（长）会谈。
		日苏第八次日苏·苏日经济委员会联合会议在苏联莫斯科举行（—9月27日）。
	10月2日	日本发表关于苏联在“北方领土”加强军备问题的口头声明。
	10月16日	苏联发表关于领土问题的口头声明。
	10月23日	日苏在莫斯科进行两国年度贸易谈判（—10月25日）。
	11月9日	日本自民党成立第二次大平正芳内阁（—1980年6月12日）。
	11月12日	日苏举行日苏渔业委员会第二次会议。
	11月20日	日苏在莫斯科举行延长《日苏渔业临时协定》的谈判。
	12月1日	日本新泻县成立“日苏友好协会”。

续表

年	月　日	大事记
1979年（昭和54年）	12月14日	日苏在莫斯科签署延长《日苏临时渔业协定》的议定书。
	12月15日	日本共产党中央委员会委员长宫本显治（みやもと けんじ，1909—2007年）为团长的日本共产党代表团访问苏联。
	12月27日	苏联军队入侵阿富汗。
	12月28日	苏联发表关于阿富汗问题的口头声明。
	12月29日	针对苏联关于阿富汗问题的口头声明，日本政府发表口头声明谴责苏联入侵阿富汗。
1980年（昭和55年）	2月8日	日本就苏军在日苏有领土争议的“北方领土”——国后岛、择捉岛上强化军事设施及苏军入侵阿富汗，向苏联提出外交照会。
		日本防卫厅发生泄露机密事件。
	3月13日	日本众议院全体会议通过《关于促进解决北方领土问题的决议》以及《关于要求苏联军队从阿富汗撤退的决议》。
	3月19日	日本参议院全体会议也通过《关于促进解决北方领土问题的决议》以及《关于要求苏联军队从阿富汗撤退的决议》。
	4月2日	日苏在莫斯科开始1980年度鲑鱼、鳟鱼捕捞议定书的交涉。
	4月11日	日本驻苏大使鱼本藤吉郎向苏方转达日本众参两院通过的《关于促进解决北方领土问题的决议》及《关于要求苏联军队从阿富汗撤退的决议》。
	4月15日	日苏在莫斯科签署“1980年度鲑鱼、鳟鱼捕捞议定书”。
	7月17日	日本成立自民党铃木善幸（すずき ぜんこう，1911—2004年）内阁（—1982年11月26日）。

续表

年	月　日	大事记
1980年（昭和55年）	7月19日	第二十二届夏季奥林匹克运动会在苏联首都莫斯科举行（—8月3日），美国、日本等国家因苏军入侵阿富汗抵制莫斯科夏季奥运会。
	8月23日	苏联潜艇强行通过日本领海，对此日本外务省向苏联驻日临时代理大使提出抗议。
	9月12日	日本外务省就苏联的对日舆论向苏联驻日临时代理大使提出照会。
	9月23日	日本铃木内阁外相伊东正义（いとう まさよし，1913—1994年）在第三十五届联大一般性辩论中提出日苏"北方领土"争端的问题。
	9月24日	美国纽约举行联合国大会期间，日本铃木内阁外相伊东正义与苏联外长葛罗米柯在纽约举行会谈。
	10月3日	苏联方面就有关"安德米拉尔·纳希莫夫"号巡洋舰的打捞问题向日本提出照会。
	10月20日	日本方面反驳苏联方面的有关"安德米拉尔·纳希莫夫"号巡洋舰打捞问题的照会。此后围绕有关"安德米拉尔·纳希莫夫"号巡洋舰打捞相关的问题，日苏两国于同年10月31日、12月2日、12月19日进行了三次相互外交照会。
	10月23日	苏共中央全体会议上，根据苏联领导人——苏共中央总书记勃列日涅夫的提议，由部长会议第一副主席尼古拉·亚力山德罗维奇·吉洪诺夫（Николай Александрович Тихонов，1905—1997年）接替柯西金担任苏联部长会议主席。
	10月25日	日本铃本内阁外相伊东正义视察日苏有争议的"北方领土"（—10月26日）。
	11月17日	日苏渔业委员会第三次会议在日本东京举行。
	11月28日	日本众、参两院大会上通过关于促进解决"北方领土"问题等的决议。
	12月6日	日苏签署延长《日苏渔业临时协定》的议定书。
	12月18日	苏联原部长会议主席柯西金因心脏病去世。

续表

年	月　日	大事记
1981年（昭和56年）	1月6日	日本铃木善幸内阁在内阁会议上通过设定2月7日为“北方领土日”的决议。1855年（安政元年）缔结的《日俄通好条约》即《下田条约》的缔约日期换算成今天的阳历就是2月7日。
	1月12日	日苏在日本东京举行两国年度贸易谈判（—1月14日）。
	1月20日	苏联就日本设定“北方领土日”发表关于日本设定“北方领土日”等问题的口头声明。
	1月28日	日方对苏联发表的关于设定“北方领土日”等问题的口头声明进行了反驳。
	2月7日	日本的第一个“北方领土日”，北海道纳纱布岬根室地区居民举行集会，纪念设定“北方领土日”。
	2月16日	苏联两次发表关于日本设定“北方领土日”等问题的口头声明。
	2月23日	苏联领导人——苏共中央总书记勃列日涅夫在苏共第二十六次代表大会中央委员会总结报告中就对日关系问题称：“在日本的外交路线中负面因素在增强。”
	3月9日	日苏签订第三次开发远东森林资源项目的基础合同。
	3月15日	苏联驻日大使波利扬斯基向日本铃本内阁外相伊东正义转达了在远东地区提高苏日两国信赖措施方面的苏联领导层的立场。
	4月6日	日苏在莫斯科开始缔结1981年度鲑鱼、鳟鱼捕捞议定书的谈判。
	4月20日	日苏在莫斯科签署1981年度鲑鱼、鳟鱼捕捞议定书。
	4月27日	日本参议院议员前外相鸠山威一郎为团长的日本自民党日苏友好议员恳谈会代表团访问苏联（—5月3日）。

续表

年	月　日	大事记
1981 年（昭和 56 年）	4 月 27 日	日本驻苏大使鱼本藤吉郎向苏联外长葛罗米柯转交日本对 2 月 16 日苏联关于设定“北方领土日”等问题的口头声明及“关于远东地区信赖措施方面的照会”的反驳。
	5 月 6 日	日本社会党委员长佐佐木更三（ささき こうぞう，1900—1985 年）为团长的社会党代表团访问苏联。
	5 月 22 日	日苏在苏联莫斯科签署第四次五年贸易支付协定（1981—1985 年）。
	8 月 6 日	苏联对日本的有关“北方领土问题”的海外宣传活动发出抗议照会。
	8 月 25 日	日苏签订贝壳岛海域海带采收民间协定。
	8 月 31 日	日本对苏联关于“北方领土”问题的日本海外宣传活动的抗议照会进行反驳。
	9 月 9 日	日本首相铃木善幸从陆、空视察日苏有争议的“北方领土”，他是第一位从陆、空视察“北方领土”的现任首相（—9 月 10 日）。
	9 月 19 日	日本对外文化协会会长松前重义访问苏联，与苏联新上任的部长会议主席吉洪诺夫举行会谈。
	9 月 22 日	日本铃本内阁外相园田直在第三十六届联大一般性辩论演讲中提出日苏有争议的“北方领土”问题。
	9 月 23 日	美国纽约举行联合国大会期间，日本铃本内阁外相园田直与苏联外长葛罗米柯在纽约举行会谈。
	10 月 4 日	日本北海道根室市市长寺嶋伊弉雄（てらじまいさお，1914—1999 年）为团长的北海道使团为在联合国引起有关返还“北方领土”方面的国际舆论的关注而去美国。
	10 月 19 日	日苏邦交正常化二十五周年纪念日，日本铃本内阁外相园田直与苏联外长葛罗米柯互致电文祝贺。
	11 月 11 日	日苏渔业委员会第四次会议在苏联莫斯科举行（—11 月 18 日）。

续表

年	月　日	大事记
1981 年（昭和 56 年）	12 月 4 日	日本农林水产省水产厅长官松浦昭（まつうら あきら，1929—1996 年）访问苏联。
	12 月 13 日	波兰政府宣布戒严令。1980 年波兰发生经济危机，8 月开始波兰工人掀起罢工潮，11 月罢工工人组织团结工会，并继续以罢工和游行示威为手段向政府施加压力。波兰统一工人党中央委员会第一书记、国务委员会主席、武装力量总司令沃依切赫·雅鲁泽尔斯基（波兰语：Wojciech Jaruzelski，1923—2014 年）为首的波兰政府宣布全国戒严，取缔团结工会并逮捕其领导人莱赫·瓦文萨（波兰语：Lech Wa sa，1943 年—）等人。
	12 月 16 日	日苏在莫斯科签署延长《日苏渔业临时协定》的议定书。
1982 年（昭和 57 年）	1 月 10 日	苏联任命路德维格·亚历山大诺维奇·奇诺夫（Лю́двиг Алекса́ндрович Чижо́в，1936 年—）为驻日临时代理大使（—4 月 12 日）。
	1 月 20 日	日苏外交部门第二次事务级磋商在苏联莫斯科举行（—1 月 22 日）。
	2 月 23 日	日本铃木内阁以内阁官房长官宫泽喜一发表谈话的形式发表“有关波兰局势的对苏措施”，宣布日本政府对苏联和波兰采取四项制裁措施。
	3 月 26 日	日本任命小和田恒（おわだ ひさし，1932 年—）公使为日本驻苏临时代理大使。
	4 月 8 日	日本任命高岛益郎（たかしま ますお，1919—1988 年）为驻苏特命全权大使。
	4 月 13 日	苏联任命弗拉基米尔·雅科夫列维奇·巴甫洛夫（Владимир Яковлевич Павлов，1923—1998 年）为驻日特命全权大使。

续表

年	月　日	大事记
1982 年（昭和 57 年）	4 月 17 日	日本农林水产省水厅长官松浦昭（まつうら あきら，1929—1996 年）访问苏联。
	4 月 22 日	日本水产厅长官松浦昭访苏期间与苏联方面的古德缪佐夫（?）举行会谈，日方通过提供渔业合作费的方式，换取“北方四岛”海域鱼类捕捞权。
	4 月 23 日	日苏在莫斯科签署鲑鱼·鳟鱼捕捞议定书。
	5 月 21 日	日苏有关削减军备问题的事务级磋商在日本东京举行。
	6 月 9 日	美国纽约举行第二次联合国削减军备特别大会，会议期间日本铃木内阁的新外相樱内义雄（さくらうち よしお，1912—2003 年）与苏联外长葛罗米柯举行日苏外相（长）会谈。
	7 月 13 日	流亡美国的苏联克格勃（KGB）前少校斯坦尼斯拉夫·阿里克谢恩德洛维奇·列夫钦科（Станислав Алекса́ндрович Левченко，1941 年—），在美国众议院情报特别委员会上，就苏联在日本的情报活动作证。
		日苏就继续进行萨哈林石油开发项目达成一致意见。
	8 月 20 日	日本国会通过《关于促进解决北方领土等问题而采取的特别措施法》（—1983 年 4 月 1 日开始施行）。
	8 月 21 日	日本铃木内阁外相樱内义雄视察日苏有争议的“北方领土”（—8 月 23 日）。
	8 月 31 日	日本公布《关于促进解决北方领土问题而采取的特别措施法》（即“北方领土邻接地域振兴基金”）。
	10 月 1 日	日本铃木内阁外相樱内义雄在第三十七届联大一般性辩论演说中言及日苏“北方领土问题”。
	10 月 4 日	美国纽约举行联合国大会期间，日本铃木内阁外相樱内义雄与苏联外长葛罗米柯在纽约进行日苏外相（长）会谈。
	11 月 9 日	苏联发表关于在三泽基地配备 F—16 战机问题的口头声明。

续表

年	月　日	大事记
1982年（昭和57年）	11月10日	苏联领导人——苏共中央总书记勃列日涅夫去世，由苏共中央书记、苏联国家安全委员会主席尤里・弗拉基米罗维奇・安德罗波夫（Юрий Владимирович Андропов，1914—1984年）接替已故勃列日涅夫成为苏共中央总书记。
	11月11日	日本对苏联关于在三泽基地配备F—16战机问题的口头声明进行了反驳。
	11月14日	日本首相铃木善幸和外相樱内义雄为参加11月15日举行的苏联领导人——苏共中央总书记勃列日涅夫的葬礼赴苏（—11月16日）。
	11月15日	日本首相铃木善幸出席勃列日涅夫的葬礼，同行的日本外相樱内义雄与苏联外长葛罗米柯举行会谈。
		日苏渔业委员会第五次会议在日本东京举行（—11月19日）。
	11月27日	日本成立自民党中曾根康弘（なかそね やすひろ，1918—1919年）内阁（—1987年11月6日）。
	12月6日	日苏在日本东京签署延长《日苏渔业临时协定》的议定书。
1983年（昭和58年）	1月25日	日本对苏联在西伯利亚机动配备SS—20（即，机动式中程地对地战略弹道导弹）的问题及苏联媒体对日本外交活动的评论问题，向苏联提出了外交照会。
	2月4日	苏联发表“关于日本‘军国主义’等问题”的口头声明。
	2月16日	苏联渔业部长卡缅捷夫访问日本，与日方举行渔业会谈（—2月22日）。
	2月22日	日本商工会议所会长、实业家永野重雄（ながの しげお，1900—1984年）为团长的、被称为“永野使团”的日本民间经济使团访问苏联。

续表

年	月 日	大事记
1983年（昭和58年）	4月2日	日苏举办文学专题研讨会。
	4月11日	日苏在莫斯科开始1983年度日苏鲑鱼、鳟鱼捕捞议定书谈判。
	4月12日	日苏外交部门事务级磋商在日本东京举行（—13日）。
	4月17日	日本农林水产省水厅长官松浦昭访问苏联。
	4月22日	日苏在莫斯科签署1983年度日苏捕捞鲑鱼、鳟鱼议定书。
	6月17日	日本外务省向苏联驻日临时代理大使通告，要求苏联驻日大使馆一等秘书阿尔卡季·阿尔卡季耶维奇·维诺格拉多夫（Аркадий Аркадьевич Виноградов，?）限期离开日本。
	6月19日	苏联驻日大使馆一等秘书维诺格拉多夫离开日本。
	7月5日	日本政府决定实施《关于促进解决北方领土问题而采取的特别措施法》。
	8月20日	日本中曾根内阁外相安倍晋太郎（あべ しんたろう，1924—1991年）视察日苏有争议的“北方领土”（—8月22日）。
	9月1日	苏联空军的战斗机击落从美国纽约飞往韩国首尔的大韩航空公司KAL007号民用客机，机上乘客全部遇难。
	9月3日	日本中曾根内阁外相安倍晋太郎把苏联驻日大使巴甫洛夫招致日本外务省，谴责苏联军用飞机击落大韩航空客机，要求苏联澄清事实，协助被击落飞机的搜索活动。
	9月9日	苏联军机击落大韩航空公司客机事件发生以后，日本中曾根康弘内阁以内阁官房长官后藤田正晴（ごとうだ まさはる，1914—2005年）发表谈话的形式，发表了禁止日本国家公务员乘坐苏联航空公司飞机等第一轮对苏制裁措施，制裁持续到11月15日。
	9月13日	日本中曾根康弘内阁在内阁会议上决定，作为第二轮对苏制裁措施，宣布从9月15日至28日日苏民航航班停运。

续表

年	月　日	大事记
1983 年（昭和 58 年）	9 月 14 日	大韩航空公司 KAL007 号客机遇难者家属向苏联提出有关大韩航空公司客机击落事件相关的损害赔偿。
	9 月 28 日	日本中曾根内阁外相安倍晋太郎在第三十八届联大一般性辩论演说中提出日苏有争议的“北方领土”问题。
	10 月 13 日	日苏两国政府间经贸谈判在莫斯科举行（—10 月 14 日）。
	11 月 14 日	日苏渔业委员会第六次会议在莫斯科举行。
	11 月 28 日	日本针对苏联在择捉岛部署米格 23（MIG23）战机问题，外务省委托外务审议官中岛敏次郎（なかじま としじろう，1925—2011 年）向苏联驻日大使巴浦洛夫提出抗议。
	12 月 17 日	日本俄罗斯・苏维埃文学会在大阪外国语大学事务局内成立。
	12 月 24 日	日苏在莫斯科签署延长《日苏临时渔业协定》的议定书。
	12 月 26 日	日本自民党成立第二次中曾根康弘内阁（—1986 年 7 月 21 日）。
	—	这一年，日本北海道大学斯拉夫研究中心创刊欧文期刊《*ACTA SLAVCA IAPONICA*》。
1984 年（昭和 59 年）	2 月 9 日	苏共中央总书记安德罗波夫去世。
	2 月 12 日	日本中曾根内阁外相安倍晋太郎为参加苏共中央总书记安德罗波夫葬礼而赶赴苏联。
	2 月 13 日	苏共中央政治局委员、苏共中央书记康斯坦丁・乌斯季诺维奇・契尔年科（Константи́н Усти́нович Черне́нко，1911—1985 年）接替已故安德罗波夫，成为苏共中央总书记。
	2 月 14 日	日本中曾根内阁外相安倍晋太郎出席苏共中央总书记安德罗波夫的葬礼。

续表

年	月 日	大事记
1984年（昭和59年）	2月15日	日本中曾根内阁外相安倍晋太郎与苏联外长葛罗米柯在莫斯科举行会谈。
	3月12日	日苏第四次外交部门事务级磋商在莫斯科举行（—3月13日）。
	4月24日	日本农林水产省水产厅长官渡边文雄（わたなべ ふみお，1929年—）访问苏联。
	5月5日	日本水产厅长官渡边文雄同苏联渔业部副部长尤里·尼古拉耶维奇·贝斯特洛夫（Юрий Николаевич Быстров，1930年—）举行会谈，日方以提供渔业合作资金的方式，换取“北方四岛”海域渔业权益。
	5月7日	日苏在莫斯科签署1984年度鲑鱼·鳟鱼捕捞议定书。
	6月26日	苏联向日本通告终止《日苏渔业合作协定》。
	7月16日	日本任命丹波实（たんば みのる，1938—2016年）参事官为驻苏临时代理大使。
	7月28日	苏联抵制美国洛杉矶奥运会。
	8月2日	日本任命鹿取泰卫（かとりやすえ，1921年—）为日本国驻苏特命全权大使。
	8月28日	日本国会日苏友好议员联盟会长樱内义雄访问苏联（—8月31日）。
	9月16日	日本中曾根内阁农林水产大臣山村新治郎（やまむら しんじろう，1933—1992年）访问苏联（—9月22日）。
	9月17日	日本中曾根内阁农林水产大臣山村新治郎访苏期间与苏联渔业部长卡缅捷夫举行首次会谈。
	9月22日	日本中曾根内阁农林水产大臣山村新治郎访苏期间与苏联渔业部长卡缅捷夫举行第二次会谈。
	9月24日	苏联在各地举办日本电影节（—10月6日）。
	9月25日	美国纽约举行联合国大会期间，日本中曾根内阁外相安倍晋太郎与俄罗斯外长葛罗米柯在纽约举行日俄外相（长）会谈。

续表

年	月　日	大事记
1984年（昭和59年）	9月26日	日本中曾根内阁外相安倍晋太郎在第三十九届联大一般性辩论演说中提出日苏“北方领土”争议问题。
	10月10日	日苏第四次圆桌会议在苏联莫斯科举行。
	10月25日	苏共政治局委员、苏联最高苏维埃主席团委员金穆罕默德・艾哈迈多维奇・库纳耶夫（Динмухаммед Ахмедович Кунаев，1912—1993年）为团长的苏联最高苏维埃代表团访问日本（—11月1日）。
	11月4日	日本首相中曾根康弘在印度新德里参加“印度圣雄”莫罕达斯・卡拉姆昌德・甘地（Mohandas Karamchand Gandhi，1869—1948年）葬礼之际，与苏联部长会议主席吉洪诺夫进行会谈。
	12月7日	日苏签署《日本国政府与苏维埃社会主义共和国联邦政府之间的两国关于在近海渔业领域的关系协定》，即《日苏近海渔业协定》。
	12月12日	日苏两国的日苏・苏日经济委员会第九次联合会议在日本东京举行（—12月14日）。
	12月14日	《日苏近海渔业协定》生效。
	12月15日	日苏渔业委员会第一次会议在日本东京举行。
1985年（昭和60年）	1月15日	日苏渔业委员会临时会议在苏联莫斯科举行（—1月18日）。
	1月22日	日苏年度贸易谈判在日本东京举行（—1月24日）。
	1月27日	日苏渔业委员会临时会议在苏联莫斯科继续举行（—1月31日）。
	1月30日	日本中曾根内阁农林水产相佐藤守良（さとう もりよし，1922—1996年）访问苏联（—2月1日）。
	1月31日	访苏中的日本中曾根内阁农林水产相佐藤守良与苏联渔业部长卡缅捷夫举行会谈，日苏双方交换1985年度有关渔业捕捞作业条件及渔业捕捞量的文件。

续表

年	月　日	大事记
1985 年（昭和 60 年）	2 月 26 日	苏联任命的帕维罗夫（Павлов,?）驻日临时代理大使到任。
	3 月 10 日	苏共中央总书记康斯坦丁·乌斯季诺维奇·契尔年科去世。
	3 月 11 日	苏共中央政治局委员、苏共书记米哈伊尔·谢尔盖耶维奇·戈尔巴乔夫（Михаил Сергеевич Горбачёв，1931 年—）接替已故苏共中央总书记契尔年科成为苏共中央总书记。戈尔巴乔夫上台以后提出“改革新思维”，主张“民主化”“公开化”，强调“人类的利益高于一切”，采取积极措施和行动缓和与西方国家的关系。
	3 月 12 日	日本首相中曾根康弘为参加苏共总书记契尔年科的葬礼赶赴苏联（—3 月 14 日）。
	3 月 14 日	日本首相中曾根康弘访苏期间与新任苏共中央总书记戈尔巴乔夫举行会谈。
	3 月 29 日	苏联新任命彼得·安德列维奇·阿布拉西莫夫（Петр Андреевич Абрасимов，1912—2009 年）为驻日特命全权大使。
	4 月 5 日	苏联海运部长、苏日协会会长戈金科访问日本，与日本的日苏友好团体进行交流（—4 月 12 日）。
	4 月中旬	日本东京等地举办苏联电影节。
	4 月 21 日	日本北海道知事横路孝弘（よこみちたかひろ，1941 年—）访问苏联。
	4 月 23 日	苏联在苏共中央全会上提出加速苏联社会经济发展的方针。
	5 月 12 日	苏联部长会议副主席阿列克谢·康斯坦丁维奇·安东诺夫（Алексей Константнвич Антонов，1912—2010 年）赴日参加筑波科学技术博览会苏联科学技术展（—5 月 16 日）。
		日苏签署第六次渔业合作协定。

续表

年	月　日	大事记
1985年（昭和60年）	5月13日	日苏举行日苏渔业联合委员会第一次会议（—6月4日）。
	5月16日	日本参议院议员鸠山威一郎为了日本的北太平洋渔业对策问题访问苏联。
	5月19日	苏联莫斯科市执行委员会主席弗拉基米尔·费奥多洛维奇·普洛梅斯洛夫（Владимир Фёдорович Промыслов，1908—1993年）赴日参加在日本举行的世界大都市领导人（市长）会议（—5月26日）。
	7月2日	苏联外长葛罗米柯卸任外长职务，出任苏联最高苏维埃主席团主席（—1988年），爱德华·阿姆弗罗西耶维奇·谢瓦尔德纳泽（Эдуард Амвросьевич Шеварднадзе，1928—2014年）继任苏联外长。
	9月5日	日苏第五次外交部门事务级磋商在日本东京举行（—9月6日）。
	9月13日	苏联文化部长彼得·尼洛维奇·德米切夫（Пётр Нилович Демичев，1918—2010年）携带苏共中央总书记戈尔巴乔夫的亲笔信访问日本。
	9月14日	日本社会党委员长石桥政嗣（いしばし まさし，1924年至2019年12月9日）访问苏联。
	9月23日	日本众议院议长坂田道太（さかた みちた，1916—2004年）访问苏联。
	9月24日	日本中曾根内阁外相安倍晋太郎在第四十届联大一般性辩论演说中提出日苏有争议的“北方领土”问题。
		美国纽约举行联合国大会期间，日本中曾根内阁外相安倍晋太郎与苏联外长谢瓦尔德纳泽在纽约举行日苏外相（长）会谈。
	9月27日	苏联部长会议主席吉洪诺夫卸任，由苏共中央书记兼任共中央经济部部长、苏共中央政治局委员尼古拉·伊万诺维奇·雷日科夫（Николай Иванович Рыжков，1929年—）继任苏联部长会议主席的职务。

续表

年	月 日	大事记
1985年（昭和60年）	10月8日	日本首相中曾根康弘回复苏联文化部长德米切夫携带而来的苏共中央总书记戈尔巴乔夫的信函。
	10月14日	苏联莫斯科等地举办日本电影节（—10月17日）。
	11月13日	苏联渔业部长卡缅捷夫访问日本（—11月19日）。
	11月14日	苏联渔业部长卡缅捷夫与日本中曾根内阁农林水产相佐藤守良（さとう もりよし，1922—1996年）举行首轮会谈。
	11月17日	苏联渔业部长卡缅捷夫与日本中曾根内阁农林水产相佐藤守良举行第二轮会谈。
	11月19日	苏联领导人——苏共中央总书记戈尔巴乔夫与美国总统罗纳德·威尔逊·里根（Ronald Wilson Reagan，1911—2004年）在瑞士的日内瓦举行美苏首脑会晤（—11月20日）。
	12月5日	日苏签署第二次纸浆·木屑开发基础合同。
	12月23日	日苏渔业委员会第二次会议在苏联莫斯科举行，会议中间中断两次，1986年4月26日才结束。
1986年（昭和61年）	1月8日	法国巴黎举行有关禁止化学武器的国际会议期间，日本中曾根内阁外相安倍晋太郎与苏联外长谢瓦尔德纳泽举行会谈。
	1月15日	苏联外长谢瓦尔德纳泽携带苏共中央总书记戈尔巴乔夫致日本首相中曾根康弘的亲笔信访问日本。谢瓦尔德纳泽向日方转交了戈尔巴乔夫致日本首相中曾根康弘的亲笔信，并与日本中曾根内阁外相安倍晋太郎举行第六次日苏外相（长）定期协商和第五次日苏和平条约谈判，并签署了“日苏租税条约”和“日苏贸易支付协定”（—1月19日）。
	2月1日	日本首相中曾根康弘回复苏联文化部长德米切夫携带而来的苏共中央总书记戈尔巴乔夫的信函。
	2月25日	苏联共产党在莫斯科召开第二十七次代表大会，苏共国内政策从“加速苏联社会经济发展的方针”进一步向“改革”转变，提出改革必须首先解放思想，树立新思想的意识（—3月6日）。

续表

年	月　日	大事记
1986年（昭和61年）	3月11日	日苏第一次经济贸易谈判在莫斯科举行。
	4月7日	日本东京等地举办苏联电影节（—4月15日）。
	4月8日	日本中曾根内阁农林水产相羽田孜（はたつとむ，1935—2017年）访问苏联（—4月11日）。
	4月15日	日苏两国日苏·苏日经济委员会第十次联合会议在苏联莫斯科举行（—4月17日）。
	4月26日	苏联切尔诺贝利核电站核反应堆发生爆炸，引发震惊世界的重大核泄漏事故。
	5月4日	苏联任命齐诺夫为驻日临时代理大使。
	5月12日	日苏渔业联合委员会第二次会议在莫斯科举行（—5月24日）。
	5月26日	日本中曾根内阁外相安倍晋太郎访问苏联（—5月31日），与苏联外长谢瓦尔德纳泽举行第七次日苏外相（长）定期协商，并举行第六次日苏和平条约谈判，两国签署《日苏文化协定》。
	7月2日	日苏相互交换日本的"北方领土"上的原居民到俄控"北方领土"上的原居住地扫墓参拜有关的未署名备忘录。
	7月8日	苏联新任命尼古拉·尼古拉耶维奇·索洛维耶夫（Николай Николаевич Соловьёв，1941—2015年）为驻日特命全权大使。
	7月28日	苏联领导人——苏共中央总书记戈尔巴乔夫在符拉迪沃斯托克发表演讲，提出缓和亚洲·太平洋地区紧张局势的主张。
	8月19日	苏联重新评估国家对对外贸易的垄断。
	8月21日	俄控"北方领土"的水晶岛、色丹岛上的日本原居民到二战前原居住地进行扫墓参拜活动。这是苏联叫停日本人扫墓参拜十一年之后又重新，批准日本人的扫墓参拜要求（—8月24日）。

续表

年	月 日	大事记
1986年（昭和61年）	8月26日	日本众议院外务委员会委员长山口敏夫（やまぐち としお，1940年—）访问苏联（—8月29日）。
	8月27日	苏联外交部副部长米哈伊尔·斯捷潘诺维奇·卡彼扎（Михаил Степанович Капица，1921—1995年）访问日本（—8月29日）。
	9月3日	日本国会日苏友好议员联盟会长樱内义雄访问苏联（—9月6日）。
	9月7日	苏联科学技术委员会主席兼部长会议副主席尤里·马尔丘克（Гурий Иванович Марчук，1925—2013年）访问日本（—9月13日）。
	9月16日	日苏第三次科学技术合作委员会会议在日本东京举行（—9月20日）。
	9月23日	日本中曾根内阁新任外相仓成正（くらなり ただし，1918—1996年）在联合国大会一般性辩论演说中提出日苏有争议的“北方领土”问题。
	9月24日	美国纽约举行联合国大会期间，日本中曾根内阁外相仓成正与苏联外长谢瓦尔德纳泽在纽约举行外相（长）会谈。
	秋	日本俄罗斯文学会、俄罗斯史研究会的研究生为核心，发起了要求建立日苏之间交换留学生制度的签名运动。
	10月11日	苏联领导人——苏共中央总书记戈尔巴乔夫与美国总统里根在冰岛首都雷克雅未克举行美苏首脑会晤（—10月12日）。
	10月15日	日本在苏联首都莫斯科举办“日本产业综合展”（—10月24日）。
	10月17日	日本国会通过“要求归还北方领土决议案”。
	10月19日	苏联外交部副部长米哈伊尔·斯捷潘诺维奇·卡彼扎访问日本（—10月22日）。

续表

年	月 日	大事记
1986 年（昭和 61 年）	11 月 13 日	日苏第六次外交部门事务级磋商在苏联莫斯科举行（—11 月 14 日）。
	11 月 25 日	日苏渔业委员会第三次会议在日本东京举行（—12 月 10 日）。
	11 月 27 日	苏联特使弗拉基米尔·马戈麦多维奇·谢苗诺夫（Владимир Магомедович Семёнов，1940 年—）访问日本（—12 月 3 日）。
	12 月 1 日	日苏第五次圆桌会议在日本东京举行。
	12 月 21 日	苏联扫墓参拜团访日，前往日本长崎、松山、泉大津等地扫墓参拜（—12 月 26 日）。
1987 年（昭和 62 年）	1 月	苏联政府任命尼古拉·伊萨科维奇·科特里亚尔（Николай Исаакович Котляр，1935—2003 年）为苏联渔业部长。
	1 月 13 日	苏联制定合资企业法。
	2 月 2 日	日苏渔业联合委员会第三次会议在莫斯科举行（—2 月 25 日）。
	5 月 17 日	樱内义雄会长为团长的日本日苏友好议员联盟代表团访问苏联（—5 月 23 日）。
	5 月 26 日	日本参加在苏联举办的“符拉迪沃斯托克展销会”（—5 月 30 日）。
	5 月 27 日	日本东芝机械因违反巴黎统筹委员会（COCOM）对社会主义国家产品出口限制，有关人员遭到逮捕。
	5 月 29 日	日本传统歌舞伎在苏联公演（—6 月 28 日）。
	6 月 3 日	日本东京等地举办苏联电影节（—6 月 12 日）。
	6 月 11 日	日苏成立第一家合资企业。
	6 月 18 日	日本中曾根内阁农林水产相加藤六月（かとう むつき，1926—2006 年）访问苏联（—6 月 23 日）。

续表

年	月 日	大事记
1987年（昭和62年）	6月19日	日本中曾根内阁农林水产相加藤六月访苏期间与苏联渔业部长科特里雅尔举行首轮会谈。
	6月22日	日本中曾根内阁农林水产相加藤六月访苏期间与苏联渔业部长科特里雅尔举行第二轮会谈。
	6月24日	日苏第二次经济贸易谈判在日本东京进行（—6月25日）。
	6月29日	日本社会民主联合（简称“社民联”）代表江田五月（えだ さつき，1941年—）访问苏联（—7月5日）。
	6月30日	苏联制定国有企业法。
	7月26日	日本民主社会党委员长塚本三郎（つかもと さぶろう，1927年—）访问苏联（—7月30日）。
	8月5日	日苏举行政府间专家会议，讨论有关建立“鲑鳟鱼再生产的联合实验生产企业”的事宜，并考察萨哈林岛的特米河（—8月10日）。
	8月12日	日苏在莫斯协商解决联合国财政危机问题及改革问题。
	8月25日	苏联重启日本的俄控“北方领土”上的原住民，返回原住地扫墓参拜以来，日本的“北方领土”原住民实现了第二次到原居住地扫墓参拜（—8月28日）。
	9月11日	日本任命都甲岳洋（とごう たけひろ，1934—2014年）为驻苏临时代理大使。
	9月22日	日本首相中曾根康弘在第四十二届联大一般性辩论演说中提出日苏有争议的“北方领土”问题。
	9月25日	美国纽约举行联合国大会期间，日本中曾根内阁外相仓成正与苏联外长谢瓦尔德纳泽在纽约举行日苏外相（长）会谈。
	9月26日	日本在日苏协会内设立苏维埃研究所。
	10月1日	日本任命武藤利昭（むとうとしあき,?）为日本驻苏特命全权大使。

续表

年	月　日	大事记
1987年（昭和62年）	11月6日	日本成立自民党竹下登（たけした のぼる，1924—2000年）内阁（—1989年6月1日）。
	11月16日	日苏第七次外交部门事务级磋商在日本东京举行（—11月17日）。
	11月21日	日苏民间就有关贝壳岛附近海胆捕捞问题达成妥协并签署了《日苏民间海胆捕捞协定》。
	11月24日	日苏渔业委员会第四次会议在苏联莫斯科举行（—11月24日）。
	12月1日	日本在莫斯科日本大使馆设立宣传部。
	12月8日	苏联领导人——苏共中央总书记戈尔巴乔夫与美国总统里根在美国首都华盛顿举行美苏首脑会会晤（—12月10日）。
	12月16日	日苏第四次科学技术合作委员会会议在苏联莫斯科举行（—12月17日）。
1988年（昭和63年）	1月9日	日、中、苏缔结修理苏联渔船的民间协定。
	1月27日	日苏两国日苏·苏日经济委员会第十一次联合会议在日本东京举行（—2月2日）。
	2月26日	纳戈尔诺·卡巴拉赫自治州位于阿塞拜疆共和国境内，90%居民为亚美尼亚人，围绕纳戈尔诺·卡巴拉赫自治州的归属问题，阿塞拜疆共和国与亚美尼亚共和国产生对立，几乎处于内战状态。
	2月29日	日苏渔业联合委员会第四次会议在日本东京举行（—3月4日）。
	3月4日	苏联莫斯科剧院访日代表团赴日，在东京日比谷的日生剧场公演（—3月28日）。
	4月14日	美苏等四国在阿富汗问题上达成妥协并签署文件，规定截止到1989年2月，苏联从阿富汗全部撤军。

续表

年	月　日	大事记
1988年（昭和63年）	4月14日	日本竹下内阁外相宇野宗佑（うの そうすけ，1922—1998年）视察日苏有争议的“北方领土”（—4月18日）。
	4月25日	日苏渔业联合委员会第四次会议的第一次追加会议在莫斯科举行（—4月30日）。
	5月4日	日本社会党委员长土井多贺子（どい たかこ，1928—2014年）访问苏联（—5月11日）。
	5月5日	日本众议院外务委员会委员长系山英太郎（いとやま えいたろう，1942年—）访问苏联（—5月8日）。
	5月12日	日本前首相福田赳夫赴苏出席在莫斯科举行的“前政府首脑国际行动理事会”（Inter Action Council）会议（—5月21日）。
	5月18日	日本大阪湾停泊的苏联客轮“普利阿莫利耶”号发生火灾，造成十一人死亡。
	5月25日	日苏渔业联合委员会第四次会议的第二次追加会议在苏联莫斯科举行（—5月27日）。
	6月1日	日本首相竹下登在联合国裁军特别大会一般性辩论演说中提出日苏有争议的“北方领土”问题。
	6月23日	日苏第八次外交部门事务级磋商在苏联莫斯科举行（—6月27日）。
	6月28日	苏联共产党第十九次代表会议召开，通过《关于苏联社会民主化和政治体制改革》的决议，提出改革最高国家权力机构，成立苏联人民代表大会，以便扩大权力机关的代表性（—7月1日）。
	7月20日	日本众议院成员、前首相中曾根康弘访问苏联（—7月25日）。
	7月22日	日本众议院成员、前首相中曾根康弘访苏期间与苏联领导人——苏共中央总书记戈尔巴乔夫举行会谈。

续表

年	月　日	大事记
1988年（昭和63年）	7月30日	日本北海道标津町阿伊努人创办的乌塔利共同株式会社，不顾日本社会各种反对和阻拦，作为日苏合作项目在国后岛附近海域放流鱼苗。
	8月23日	日本的俄控“北方四岛”原住民实现到原住地色丹岛、齿舞群岛（多乐岛、志发岛）扫墓参拜的愿望（—8月26日）。
	9月16日	苏联领导人——苏共中央总书记戈尔巴乔夫在符拉迪沃斯托克的演说中提出有关亚洲太平洋地区安全保障的新方针。
	9月26日	美国纽约举行联大期间，日本外务省外务审议官栗山尚一（くりやま たかかず，1931—2015年）与苏联外长谢瓦尔德纳泽在纽约联合国总部举行会谈。
	9月28日	日本驻联合国大使加贺美秀夫（かがみひでお，1924—2008年）在第四十三届联大一般性辩论中提出日苏有争议的“北方领土”问题。
	10月1日	苏联最高苏维埃主席团主席葛罗米柯引退，苏共中央总书记戈尔巴乔夫兼任最高苏维埃主席团主席一职。
	10月25日	日苏第三次经济贸易谈判在苏联莫斯科举行（—10月26日）。
	10月	计划11月在北海道的根室、罗臼、留萌公演的苏联舞蹈团的莫斯科协奏曲公演被取消。
	11月25日	日本“特殊法人·北方领土问题对策协会”在熊本市举办主题为“处于转折时期的国际形势与日苏关系展望”的国际学术研讨会。
	11月28日	日苏渔业委员会第五次会议在日本东京举行（—12月11日）。
	12月5日	日苏科学技术合作委员会第五次会议在日本东京举行（—12月7日）。

续表

年	月　日	大事记
1988 年（昭和 63 年）	12 月 11 日	日苏年度渔业谈判达成妥协。
	12 月 15 日	日苏文化交流委员会第一次会议在日本东京举行（—12 月 16 日）。
	12 月 18 日	苏联外长谢瓦尔德纳泽访问日本，与日本竹内阁外相宇野宗佑举行第八次日苏外相（长）之间的定期协商（—12 月 21 日）。
	12 月 20 日	苏联外长谢瓦尔德纳泽访日期间与日本首相竹下登举行会谈。
		日苏文化交流实施计划正式生效。
		日苏交换候鸟条约批准书，《日苏候鸟条约》生效。
	12 月 21 日	作为苏联外长谢瓦尔德纳泽的访日成果，日苏发表两国共同声明，在共同声明中首次明确表明日苏两国“存在北方领土问题”。日苏两国还达成“为进行和平条约谈判，设立常设工作小组”的一致意见。
	12 月 25 日	日苏文化协定生效，日苏开始实施交换留学生制度。
	12 月	苏联第十一届最高苏维埃第十二次非常会议通过宪法修正案，设立苏联人民代表大会作为苏联最高权力机关和立法机关，将原来国家的最高权力机关——苏联最高苏维埃改为国家权力的常设立法、发布命令和监督的机关。
1989 年（平成元年 1 月 8 日开始）	1 月 7 日	日本昭和天皇裕仁（しょうわてんのうひろひと，1901—1989 年）驾崩。
	1 月 8 日	法国巴黎举行禁止化学武器国际会议期间，日本竹下内阁外相宇野宗佑与苏联外长谢瓦尔德纳泽举行日苏外相（长）会谈。
	1 月 15 日	日本众议院成员、前首相中曾根康弘访问苏联，参加日美欧三极委员会会议（—1 月 19 日）。

续表

年	月　日	大事记
1989 年（平成元年 1 月 8 日开始）	2 月 22 日	苏联最高苏维埃主席团第一副主席阿纳托利·伊万诺维奇·卢基扬诺夫（Анатóлий Ивáнович Лукья́нов，1930—2019 年）赴日参加昭和天皇裕仁的葬礼（—2 月 26 日）。
	2 月 24 日	苏联最高苏维埃主席团第一副主卢基扬诺夫出席昭和天皇裕仁的葬礼。
	3 月 1 日	苏联《消息报》刊载对日本首相竹下登的采访录。
	3 月 14 日	日苏渔业联合委员会第五次会议在莫斯科举行（—3 月 24 日）。
	3 月 19 日	日苏第九次外交部门事务级磋商及第二次和平条约工作组会议在日本东京举行（—3 月 21 日）。
	3 月 26 日	苏联举行新设立的全国人民代表大会代表选举。
	4 月 20 日	日苏渔业联合委员会第五次会议在苏联莫斯科继续举行（—4 月 29 日）。
	4 月 29 日	日苏第三次和平条约工作小组会议在苏联莫斯科举行。
	4 月 30 日	日本竹下内阁外相宇野宗佑访问苏联，在莫斯科与苏联外长谢瓦尔德纳泽举行第九次日苏外相（长）定期协商，并参加第八次日苏和平条约谈判。宇野宗佑访苏期间向苏联提出“均衡扩大”日苏政治、经济关系的“均衡扩大方案”，日本将“政治经济不可分”的原则修订为政治、经济“均衡扩大”的原则（—5 月 5 日）。
	4 —7 月	鉴于日本《北海道新闻》《日本电波新闻》《朝日新闻》等新闻媒体持苏联签证进入俄控“北方领土”进行现场报道的现状，日本政府向日本媒体发出“自肃”劝告（—4 月 7 日）。
	4 月	日本的苏联东欧贸易会设立苏联东欧经济研究所。
		苏联以世界经济与国际关系研究所为总部，设立“现代日本问题调查会”。

续表

年	月 日	大事记
1989年（平成元年1月8日开始）	5月4日	日本自民党副干事长桥本龙太郎（はしもとりゅうたろう，1937—2006年）访问苏联，出席日苏协商会议（—5月6日）。
	5月15日	应中华人民共和国国家主席杨尚昆（1907—1998年）的邀请，苏联领导人——苏联最高苏维埃主席团主席、苏共中央总书记戈尔巴乔夫访问中国。这是自1959年以来时隔30年之后的苏联最高领导人对中国的正式访问（—5月18日）。
	5月25日	苏联召开第一次苏联人民代表大会，苏共中央总书记戈尔巴乔夫当选为首任苏联最高苏维埃主席。
	6月2日	日本自民党成立宇野宗佑（うの そうすけ，1922—1998年）内阁（—8月8日）。
	7月24日	苏联渔业部长科特里雅尔访问日本（—7月29日）。
	7月30日	在法国巴黎举行柬埔寨问题国际会议期间，日本宇野内阁外相三塚博（みつづか ひろし，1927—2004年）与苏联外长谢瓦尔德纳泽举行会谈。
	8月2日	苏联举办“日本周”活动（—10月19日）。
	8月9日	日本自民党成立海部俊树（かいふ としき，1931年—）内阁（—1991年11月4日）。
	8月22日	日本的俄控“北方四岛”原住民实现返回原住地国后岛（国后岛时隔19年之后）、色丹岛、齿舞群岛（在该群岛的多乐群岛、志发岛）的扫墓参拜（—8月27日）。
	8月23日	日苏第十二次经济联合委员会会议在莫斯科举行（—8月26日）。
	9月7日	日本北海道根室市的地方民间组织“日苏友好亲善协会”停摆近10年活动之后重新开展活动。
	9月13日	日苏在苏联莫斯科举行外交部副部长级磋商。

续表

年	月　日	大事记
1989 年（平成元年 1 月 8 日开始）	9 月 14 日	日苏在苏联莫斯科举行两国海运部门磋商。
	9 月 19 日	日本海部内阁在内阁会议通过“关于我国国民进入北方领土区域问题”的决议。
	9 月 26 日	日本海部内阁外相中山太郎（なかやま いちろう，1924 年—）在第四十四届联合国大会一般性辩论演说中提出日苏有争议的“北方领土”问题。
	9 月 27 日	第四十四届联合国大会开会期间，苏联外长谢瓦尔德纳泽与日本海部内阁外相中山一郎在纽约举行日苏外相（长）会谈，商讨 1991 年苏联领导人戈尔巴乔夫访日事宜。
	9 月 28 日	日苏在莫斯科举行日苏候鸟问题磋商（—9 月 29 日）。
	9 月	日苏交换留学生制度实施后，第一批赴苏留学生踏上留学之途。
	10 月 25 日	日苏在莫斯科举行日苏海上安保协商（—10 月 26 日）。
	10 月	日本外务省暂缓日本北海道根室市与苏联萨哈林岛科尔萨科夫（Корсаков）市（以前称“大泊”）结为姐妹（友好）城市，同时根据“相互主义原则”不准日本国民进入萨哈林岛。
		这个月，苏联原子物理学家、氢弹之父安德烈・德米特里耶维奇・萨哈罗夫（Андре́й Дми́триевич Са́харов，1921 年至 1989 年 12 月 14 日），苏联人民代表加夫里尔・哈里托诺维奇・波波夫（Гавриил Харитонович Попов，1936 年—），苏联学者尤里・尼古拉耶维奇・阿法纳西耶夫（Юрий Николаевич Афанасьев，1934—2015 年）等苏联学者、名流访问日本。
	11 月 5 日	苏联经济改革调查团访问日本（—11 月 14 日）。
	11 月 8 日	东京和北海道札幌市联合举办“处于转折时期的国际形势与日苏关系展望”的国际学术研讨会，11 月 8—9 日在东京会场、11 日在札幌会场（—11 月 11 日）。

续表

年	月 日	大事记
1989 年（平成元年 1 月 8 日开始）	11 月 9 日	象征欧洲冷战的德国柏林墙倒塌。
	11 月 12 日	苏共中央宣传部长、政治局委员亚历山大·尼古拉耶维奇·雅科夫列夫（Алекса́ндр Никола́евич Я́ковлев，1923—2005 年）为团长的苏联最高苏维埃代表团访问日本，向日本自民党干事长小泽一郎（おざわ いちろう，1942 年—）提出以政经分离为原则的发展苏日关系的“第三条道路”（—11 月 18 日）。
	11 月 27 日	第二批到日本扫墓参拜的苏联方面的扫墓参拜团，先后前往日本北海道函馆、习志野墓地、金泽、户田村等地扫墓参拜（—12 月 5 日）。
	11 月 28 日	日苏第四次政府间经济贸易谈判在日本东京举行（—11 月 29 日）。
		日苏渔业委员会第六次会议在苏联莫斯科举行（—12 月 6 日）。
	12 月 1 日	美国总统乔治·赫伯特·沃克·布什（George Herbert Walker Bush，1924—2018 年）与苏联领导人——苏联最高苏维埃主席、苏共中央总书记戈尔巴乔夫在马耳他举行会晤（—12 月 3 日）。
	12 月 2 日	马耳他举行的美苏首脑会晤中，美国总统布什和苏共中央总书记戈尔巴乔夫正式确认“冷战结束”。
	12 月 4 日	日苏科学技术合作委员会第六次会议在苏联莫斯科举行（—12 月 6 日）。
	12 月 18 日	日苏第四次和平条约工作小组会议在日本东京进行。
	8—12 月	东欧剧变，各国政权相继发生更迭，东欧各国共产党相继丧失政权。
	1—12 月	这一年，日苏贸易打破 60 亿美元的过去最高记录。
1990 年（平成 2 年）	1 月 13 日	日本众议院议员、自民党前干事长安倍晋太郎为团长的自民党代表团访问苏联（—1 月 16 日）。

续表

年	月　日	大事记
1990 年（平成 2 年）	1 月 15 日	日本众议院议员、自民党前干事长安倍晋太郎访问苏联期间与苏联领导人——苏联最高苏维埃主席、苏共中央总书记戈尔巴乔夫举行会谈。
	1 月	苏联人民代表大会代表鲍里斯·尼古拉耶维奇·叶利钦（Борис Николаевич Ельцин，1931 —2007 年）访问日本，提出分五个阶段解决“北方领土”问题的设想。
	2 月 5 日	苏联在苏共中央扩大会上决定放弃共产党的绝对领导地位（—2 月 6 日）。
	3 月 11 日	苏联波罗的海三国中的立陶宛共和国率先宣布独立，紧接着爱沙尼亚共和国、拉脱维亚共和国也宣布独立。
	3 月 13 日	苏联修改宪法实行总统制，并宣布放弃共产党的绝对领导。
	3 月 15 日	苏共中央总书记戈尔巴乔夫就任苏联总统，卢基扬诺夫当选为最高苏维埃主席。
	3 月	日苏渔业联合委员会第六次会议在日本东京举行（—4 月）。
	4 月 3 日	苏联通过《联邦脱离法》，限制各加盟共和国独立。
	4 月 16 日	苏联的经济调查团访问日本。
	5 月 18 日	日本任命特命全权公使川上隆朗（かわかみ たかお，1938 年—）为驻苏临时代理大使。
	5 月 28 日	这一段时期，苏联萨哈林岛的日本人集体回国。
		苏联共产党政治局候补委员亚历山德拉·巴甫洛夫娜·比留科娃（Александра Павловна Бирюкова，1929—2008 年）赴日出席在日本举办的花卉博览会（—6 月 3 日）。
	5 月	苏联莫斯科马鲁伊剧院（Малый Театр）到日本大阪、东京公演。
	6 月 8 日	日本北海道大学斯拉夫研究中心成为全日本共同利用的研究设施——斯拉夫研究中心。

续表

年	月 日	大事记
1990 年（平成 2 年）	6 月 8 日	日本任命枝村纯郎（えだむらすみお，1932 年—）为日本驻苏特命全权大使。
	6 月 9 日	苏联外交部副部长伊戈尔·阿列克谢耶维奇·罗加乔夫（Игорь Алексеевич Рогачёв，1932—2012 年）访问日本，通报美苏首脑会谈概要。
	6 月 12 日	苏联俄罗斯联邦共和国宣布独立。
	6 月 16 日	正在苏联访问的日本北海道知事横路孝弘（よこみち たかひろ，1941 年—）与苏联科学院远东研究所所长米哈伊尔·列昂季耶维奇·季塔连科（Михаил Леонтьевич Титаренко，1934—2016 年）进行会谈。季塔连科在苏日“北方领土问题”上提出“第三条道路”。
	6 月 25 日	日本政府派遣的“未归还邦人调查团（没有回国的日本人调查团）”访问苏联萨哈林岛（—7 月 6 日）。
	6 月	日苏在东京共同举行以“重新审视被扣留西伯利亚问题”为题的学术研讨会。
	7 月 9 日	美国休斯顿举行西方七国首脑会议（G7），日本首相海部俊树出席休斯敦峰会。此次峰会着重讨论援助苏联、东欧经济转型的问题。
	7 月 24 日	日本众议院议长樱内义雄访问苏联，同苏联总统戈尔巴乔夫举行会谈（—7 月 27 日）。
	7 月 30 日	日苏第十次外交部门事务级磋商及日苏第五次和平条约工作小组会议在苏联莫斯科举行（—8 月 1 日）。
	8 月 20 日	苏联任命尤里·伊万诺维奇·库兹涅佐夫（Юрий Иванович Кузнецов，1928 年—）为驻日临时代理大使。
	8 月 24 日	日本原俄控“北方四岛”中的国后岛、志发岛、择捉岛（该岛二战后首次）、色丹岛、齿舞群岛上的原住民，实现返回原住地扫墓参拜（—9 月 2 日）。

续表

年	月　日	大事记
1990年（平成2年）	8月27日	萨哈林州严重烧伤的苏联三岁幼儿康斯坦丁·斯科罗佩什内（科斯恰）（Константин Скоропышный，1988—1992年）家人向日本寻求医疗救助，被日方接受。
	8月29日	第二次世界大战后滞留在苏联萨哈林岛的韩国、朝鲜人提起要求日本政府给予生活保障的司法诉讼。
	9月	日苏合资的第一家赤眼鲻孵化场竣工。
	9月4日	苏联外长谢瓦尔德纳泽作为戈尔巴乔夫特使访问日本，在东京与日本海部内阁外相中山太郎举行第十次日苏外相（长）定期协商，并参加日苏第九次和平条约谈判，还与日方协商确定苏联总统戈尔巴乔夫的访日日程安排（—9月7日）。
	9月11日	日本驻苏大使都甲岳洋（とごうたけひろ，1934—2014年）在北海道根室市政厅同根室市市长大矢快治（おおやかいじ，1928—2002年）会面，就“北方领土”问题交换意见。都甲岳洋称：即便苏联归还“北方领土”，日本也不会像“战后苏联把日本人全部驱赶那样，全部驱赶苏联人”。
	9月14日	日本北海道的根室市时隔十一年举办苏联友好展。苏联驻札幌总领事伊申巴·阿卜杜拉扎维奇·阿卜杜拉扎科夫（Ишенбай Абдуразакович Абдуразаков，1937—2014年）参加该活动。苏联总领事上一次参加这项活动已是20年前的事情。
	9月17日	日本自民党前干事长安倍晋太郎因身体不适取消准备赴苏出席在苏联莫斯科举办的“日本文化周”的计划。
		日本准备赴苏联萨哈林岛收集日本人遗骨的“遗骨收集团”访问苏联（—9月24日）。

续表

年	月　日	大事记
1990年（平成2年）	9月20日	日本众议院议员、前竹下登内阁官房长官小渊惠三（おぶち けいぞう，1937—2000年）为团长的、由六十名团员组成的日本自民党代表团访问苏联（—9月25日）。
	9月21日	访苏期间，自民党代表团团长小渊惠三等与苏联总统会议成员亚历山大·尼古拉耶维奇·雅科夫列夫（Александр Николаевич Яковлев，1923—2005年）举行会谈。
	9月25日	日本海部内阁外相中山太郎在第四十五届联合国大会一般性辩论中提出日苏“北方领土”问题。
	9月28日	美国纽约举行联合国大会期间，日本海部内阁外相中山太郎与苏联外长谢瓦尔德纳泽在纽约举行外相（长）会谈。
	9月30日	韩国与苏联建立邦交。
	10月4日	苏联《新时代（Новое Время）》杂志发行特集“西伯利亚扣留问题”，称“埋葬日本兵的场所超过700处。”
	10月8日	日苏两国航空部门间的磋商在苏联莫斯科进行（—10月11日）。
	10月15日	苏联总统戈尔巴乔夫获得诺贝尔和平奖。
	10月19日	苏联最高苏维埃通过折中的向市场经济过渡的方案。
	10月30日	日苏第五次政府间经济贸易谈判在苏联莫斯科举行（—10月31日）。
	9—10月	苏联的莫斯科、列宁格勒（现在的圣彼得堡）举办“日本文化周”。
	11月	苏联渔业部副部长维亚切斯拉夫·康斯坦丁诺维奇·济拉诺夫（Вячеслав Константинович Зиланов，1938年—）访问日本，在东京与日本水产厅长官京谷昭夫（きょうや あきお，1936—1996年）举行会谈。
	11月4日	日本东京举行列夫·达维多维奇·托洛茨基（布隆施泰因）（Лев Давидович Троцкий，1879—1940年）逝世50周年国际学术研讨会。

续表

年	月　日	大事记
1990 年（平成 2 年）	11 月 11 日	苏联最高苏维埃主席卢基扬诺夫赴日参加日本新天皇——平成天皇明仁（あきひと，1933 年—）的即位典礼（—11 月 15 日）。
	11 月 15 日	日苏第二次和平条约工作小组会议在日本东京举行。
	11 月 19 日	日苏第七次科学技术合作委员会会议在日本东京举行（—11 月 21 日）。
	11 月 21 日	日苏第二次环境谈判在日本东京举行（—11 月 22 日）。
1991 年（平成 3 年）	1 月 6 日	日本参议院议长土屋义彦（つちや よしひこ，1926—2008 年）访问苏联（—1 月 13 日）。
	1 月 12 日	日本海部内阁外相中山太郎访问苏联。
	1 月 13 日	苏军进攻立陶宛维尔纽斯的广播电台。
	1 月 14 日	瓦伦丁·谢尔盖耶维奇·帕夫洛夫（Валентин Сергеевич Павлов，1937—2003 年）就任苏联内阁总理。
	1 月 17 日	美国为首的多国部队对伊拉克展开“沙漠风暴行动”，打响海湾战争（Gulf War）。
	1 月 20 日	苏军突然袭击拉脱维亚首都里加。
	1 月 21 日	日苏两国航空部门在日本东京进行事务性磋商（—1 月 25 日）。
	1 月 22 日	日本海部内阁外相中山太郎访问苏联，与苏联外长谢瓦尔德纳泽举行第十一次日苏外相（长）定期协商，并参加第十次日苏和平条约谈判（—1 月 23 日）。
	1 月 30 日	日苏两国日苏·苏日经济委员会第十三次联合会议在日本东京举行（—2 月 1 日）。
	2 月 1 日	日本外务省通告北海道根室市长大矢快治（?），彻底废除实际限制苏联人进入根室市的各种措施。
	2 月 6 日	日苏两国海运部门磋商在日本东京进行（—2 月 7 日）。

续表

年	月 日	大事记
1991 年（平成 3 年）	2 月 18 日	日苏第七次和平条约工作小组会议在苏联莫斯科举行。
	2 月 25 日	应日本外务省的邀请，白俄罗斯共和国总理斯坦尼斯拉夫·斯坦尼斯拉沃维奇·舒施科维奇（Станислав Станиславович Шушкевич，1934 年—）访问日本（—3 月 3 日）。
		日苏渔业联合委员会第七次会议在苏联莫斯科举行（—3 月 8 日）。
	2 月 27 日	苏联文化部长尼古拉·尼古拉耶维奇·古宾科（Николай Николаевич Губенко，1941 年—）访问日本（—2 月 28 日）。
	3 月	日本水产厅长官京谷昭夫（きょうや あきお，1936—1996 年）访问苏联，在莫斯科与苏联渔业部副部长齐拉诺夫举行会谈。
	3 月 3 日	苏联科学产业协会会长阿尔卡迪·伊万诺维奇·沃里斯基（Аркадий Иванович Вольский，1932—2006 年）访问日本（—3 月 7 日）。
	3 月 4 日	第二次切尔诺贝利核事故专家会议在苏联莫斯科举行（—3 月 7 日）。
	3 月 5 日	第二次日苏文化交流委员会第二场会议在日本东京举行（—3 月 7 日）。
	3 月 10 日	苏联国家科学技术委员会主席尼古拉·巴甫洛维奇·拉韦罗夫（Николай Павлович Лаверов，1930—2016 年）赴日，出席在日本举办的“苏联科学技术展”（—3 月 16 日）。
	3 月 14 日	苏共中央国际政策问题委员长瓦伦丁·米哈伊洛维奇·法林（Валентин Михайлович фарин，1926—2018 年）访问日本（—3 月 16 日）。

续表

年	月　日	大事记
1991年（平成3年）	3月16日	日本上智大学举办“改革（перестройка）的轨迹与展望”为题的苏联改革问题学术研讨会。
	3月20日	苏联萨哈林州长面对国后、齿舞、色丹居民的两成以上赞成把“北方领土”返还给日本的投票结果，他认为这“超出预料”，是经济困难导致的结果，如果经济得到回复，数据将会下降。
	3月24日	日本自民党干事长小泽一郎（おざわいちろう，1942年—）访问苏联（—3月26日）。
	3月25日	日本自民党干事长小泽一郎访问苏联期间与苏联总统戈尔巴乔夫举行会谈，在会谈中小泽一郎认为日本对“北方四岛”拥有主权。
	3月29日	苏联新任外长亚历山大·亚历山大洛维奇·别斯梅尔特内赫（Алекса́ндр Алекса́ндрович Бессме́ртных，1933年—）访问日本，与日本海部内阁外相中山太郎举行第十二次日苏外相（长）定期协商，并参加日苏第十一次和平条约谈判（—3月30日）。
	3月30日	访日期间，苏联新任外长别斯梅尔特内赫与日本首相海部俊树举行会谈，双方达成“北方领土问题”已经到了两国政府“必须做出政治决断阶段”的共识。
	4月11日	日本北海道根室市“北方领土四岛开发计划研究委员会”，完成“北方四岛开发计划”的拟定，该计划中包括设立非武装地带、日苏居民杂居等提案。
	4月13日	日本举行南部俄罗斯骑马民族传统宝物展览。
	4月16日	日本三越举办以“弥撒们的素颜”为题的苏联摄影展。
		苏联总统戈尔巴乔夫正式访问日本，与日本首相海部俊树进行日苏首脑会谈（—4月19日）。

续表

年	月　日	大事记
1991年（平成3年）	4月17日	日本社会党委员长土井多贺子与来访的苏联总统戈尔巴乔夫举行会谈。
	4月18日	日苏作为苏联总统戈尔巴乔夫正式访问日本的成果，发表《日苏共同声明》。该声明中首次明确列举了“北方四岛”的岛名，并称“双方讨论了包括领土划定问题在内的与日苏和平条约的起草、缔结有关的各种问题”。第一次确认日苏两国存在领土问题。苏联向日本转交了二战后被苏联扣留在西伯利亚的日本人死亡名簿。
	4月19日	苏联总统戈尔巴乔夫参拜长崎俄罗斯人墓地，并敬献祈愿和平的鲜花之后踏上回国之途。
		国立格鲁吉亚剧院访日演出，上演《心中天的纲岛》等。
	4月23日	苏联总统戈尔巴乔夫与叶利钦等苏联九个加盟共和国首脑协商，就缔结新的《联邦条约》达成了一致意见。
	5月22日	诺门坎·哈尔哈河战争（亦称“诺门坎事件”）国际学术研讨会在日本东京举行。
	5月27日	日本北海道札幌市的“北方圈中心”举行日本、美国、苏联学者共同举办的“国际会议：日俄文化交流（1868—1926年）”（—5月29日）。
	6月4日	日本众议院议长樱内义雄为团长的日苏友好议员联盟代表团访问苏联（—6月11日）。
	6月10日	日本海部内阁农林水产相近藤元次（こんどう もとじ，1930—1994年）访问苏联（—6月15日）。
	6月12日	日苏开通新泻—伊尔库茨克定期国际航班。
		俄罗斯联邦共和国举行总统选举，叶利钦作为总统候选人参加选举，并当选总统。
	6月27日	日苏第八次和平条约工作小组会议在日本东京举行。

续表

年	月　日	大事记
1991年（平成3年）	6月28日	参加经互会委员会的各国签订“关于解散经济互助委员会（经互会，COMECON）的议定书”，“经互会”宣布解散。
	7月1日	参加华沙条约组织的各国签订《关于解散华沙条与组织的议定书》，宣布解散“华约组织”
		叶利钦正式就任俄罗斯联邦共和国总统。
	7月4日	苏联安全保障委员会成员叶甫根尼·马克西莫维奇·普里马科夫（Евгений Максимович Примакова，1929—2015年）访问日本（—7月7日）。
	7月15日	西方七国首脑会议（G7）在英国伦敦举行，日本首相海部俊树出席西方七国首脑会议（—7月17日）。
	7月16日	英国伦敦西方七国首脑会议（G7）上，西方七国首脑与苏联总统戈尔巴乔夫会谈，在支援苏联改革方面达成一致意见。
		英国伦敦西方七国首脑会议（G7）期间，日本海部内阁外相中山太郎与苏联外长别斯梅尔特内赫举行会谈。
	7月17日	出席英国伦敦西方七国首脑会议（G7）的日本首相海部俊树在伦敦苏联大使官邸与苏联总统戈尔巴乔夫举行日苏首脑会谈。
		日本调查苏联军转民产业情况的赴苏调查团访问苏联（—7月26日）。
	7月30日	美国总统布什（老布什）与苏联总统戈尔巴乔夫在苏联莫斯科举行美苏首脑会晤，签订美苏《削减进攻性战略武器条约（STARTI）》（—7月31日）。
	8月19日	苏联发生保守派政变，苏联总统戈尔巴乔夫被监禁，苏联第一副总统根纳季·伊万诺维奇·亚纳耶夫（Геннадий Иванович Янаев，1937—2010年）等成立“国家紧急状态委员会”。由于俄罗斯总统叶利钦以及莫斯科市民的抵制，政变仅持续三天就宣告失败（—8月21日）。

续表

年	月　日	大事记
1991 年（平成 3 年）	8 月 19 日	日本的俄控“北方四岛”原住民返回色丹岛、择捉岛、国后岛、齿舞群岛原居住地进行扫墓参拜（—8 月 29 日）。
	8 月 20 日	苏联发生政变以后，美国、日本等西方国家齐声冻结对苏联的支援。
		日本首相海部俊树谴责莫斯科政变，并宣布全面冻结对苏援助。
	8 月 21 日	苏联政变失败，“国家紧急状态委员会”被解散。
		日本调查二战后被苏联扣留西伯利亚期间死亡日本人遗骨的“遗骨调查团”访问苏联（—8 月 31 日）。
	8 月 22 日	日本首相海部俊树与俄罗斯联邦总统叶利钦进行电话会谈。
	8 月 24 日	苏联总统戈尔巴乔夫劝告解散苏联共产党，并辞去苏共中央总书记职务。苏联最高苏维埃决定停止苏联共产党的活动。
	8 月 27 日	日本外务省审议官斋藤邦彦（さいとう くにひこ，1937 年—）访问苏联（—8 月 29 日）。
	8 月 31 日	日本驻东德大使新井弘一（あらい ひろかず，1929 年—）率领的使团访问波罗的海三国（—9 月 9 日）。
	9 月 2 日	苏联人民代表大会决定过渡到松散的国家联合体，设立作为国家最高权力机关的“国家委员会”和相当于政府的“共和国经济委员会”（—9 月 5 日）。
	9 月 6 日	苏联“国家委员会”承认波罗的海三国的独立。日本承认波罗的海三国独立，10 月 10 日与波罗的海三国正式建立外交关系。
	9 月 9 日	俄罗斯联邦共和国最高苏维埃代理主席鲁斯兰·伊姆拉诺维奇·哈斯布拉托夫（Руслан Имранович Хасбулатов，1942 年—）访问日本，与日本首相海部俊树进行会谈（—9 月 13 日）。

续表

年	月　日	大事记
1991年（平成3年）	9月20日	日本的苏联远东粮食、医疗现状调查团访问苏联（—9月30日）。
	9月23日	美国纽约举行的联合国大会期间，日本海部内阁外相中山太郎与苏联外长鲍里斯·德米特里耶维奇·潘金（Борис Дмитриевич Панкин，1931年—）在纽约举行日苏外相（长）会谈。
	9月24日	日本海部内阁外相中山太郎在第四十六届联大一般性辩论中阐述了日本的“对苏政策五原则”。
	9月28日	日本的“调查、收集被扣留西伯利亚期间死亡日本人遗骨”的访苏团，前往苏联赤塔州的德拉维纳亚（—10月21日）。
	9月—12月	苏联莫斯科举办“日本周”活动。
	10月7日	日本政府派遣“收集被扣留西伯利亚期间死亡的原日本兵遗骨”的访苏团，前往苏联东西伯利亚。
	10月8日	日本内阁官房长官坂本十三次（さかもと みそじ，1923—2006年）就对苏支援问题发表官房长官谈话。
	10月12日	俄罗斯联邦共和国总统叶利钦任命反对归还“北方领土”的急先锋、萨哈林州执行委员会主席瓦伦丁·彼得罗维奇·费奥多罗（Валентин Петрович Фёдоров，1939年—）为萨哈林州州长。
		日本海部内阁外相中山太郎访问苏联，与苏联外长潘金进行第十三次日苏外相（长）定期协商并参加第十二次日苏和平条约谈判（—10月17日）。
	10月14日	日本海部内阁外相中山太郎与苏联外长潘金相互交换有关日本与俄控“北方四岛”交流相关的两国外相之间的往返书简。
	10月16日	苏联工会系统赴日研修团来日，接受日本对苏工会领域的技术支援（—10月29日）。

续表

年	月　日	大事记
1991年（平成3年）	10月18日	苏联总统戈尔巴乔夫与俄罗斯等八个原苏联加盟共和国签署《主权共和国经济合作条约》。
	10月20日	日本海部内阁通产相中尾荣一（なかお えいいち，1930—2018年）访问苏联（—10月22日）。
	10月29日	日本内阁会议通过《关于我国国民访问北方领土问题》的决议。
	10月30日	“切尔诺贝利专家”代表会议在日本东京举行（—10月31日）。
	11月5日	日本自民党成立宫泽喜一（みやざわ きいち，1919—2007年）内阁（—1993年8月5日）。
	11月13日	苏联经济计划领域的赴日研修团来日，接受日本对苏经济计划领域的技术支援（—11月27日）。
	11月17日	俄罗斯联邦共和国最高苏维埃外交委员会委员长弗拉基米尔·彼得罗维奇·卢金（Владимир Петрович Лукин，1937年—）以俄罗斯联邦总统叶利钦特使的身份访问日本（—11月20日）。
	11月22日	俄罗斯联邦共和国萨哈林州州长费德罗夫访问日本（—12月3日）。
	12月2日	苏联最高苏维埃代表团访问日本（—12月9日）。
	12月4日	苏联流通领域的赴日研修团来日，接受日本对苏流通领域的技术支援（—12月27日）。
	12月6日	俄罗斯联邦共和国萨哈林州议会议长阿纳托利·阿克谢诺夫（Анатолий Аксёнов，?）访问日本（—12月13日）。
	12月8日	俄罗斯、乌克兰、白俄罗斯三国签订《明斯克协定》，宣布组成“独立国家联合体”（CIS）。
	12月10日	苏联“共和国经济运营委员会”副主席格里戈里·阿列克塞维奇·亚夫林斯基（Григорий Алексеевич Явлинский，1952年—）访问日本（—12月18日）。

续表

年	月　日	大事记
1991年（平成3年）	12月16日	日苏渔业委员会第八次会议在苏联斯莫斯科举行（—12月27日）。
	12月21日	苏联事实上解体，除格鲁吉亚、波罗的海三国以外的其他原苏联十一个加盟共和国组成“独立国家联合体”取代苏联。
	12月25日	苏联总统戈尔巴乔夫发表辞职演说，辞去苏联总统职务，苏联宣告正式解体。
		由俄罗斯主要继承原苏联的国际地位和政治遗产，正式更名为“俄罗斯联邦共和国”。
	12月27日	日本承认俄罗斯联邦共和国，同时也承认除格鲁吉亚以外的其他从苏联分离出去的原加盟共和国的独立地位。

第三编

日本与俄罗斯政治·经济·社会文化关系年表（1992年至2019年11月）

—— 第一章 ——

冷战后日本与俄罗斯政治·经济·社会文化关系年表（1992—2000 年）

年	月　日	大事记
1992 年（平成 4 年）	1 月 2 日	俄罗斯总统叶利钦对俄罗斯经济实行“休克疗法”（shock therapy），推行价格自由化。
	1 月 13 日	日本向俄控“北方四岛”居民提供紧急人道主义援助物资。
	1 月 17 日	日本宣布作为对原苏维埃联邦国家的紧急人道主义援助政策，将提供 65 亿日元的援助。
	1 月 20 日	土库曼斯坦设立驻日代表部。
	1 月 21 日	日本外务省把“苏联课”改称“俄罗斯课”。
	1 月 25 日	日本俄罗斯历史研究会在上智大学举行“苏联解体与我们”为题的特别例行研讨会。超出主办者预期，有 200 余名旁听者参加了此次研讨会。
		日本客泽内阁外相渡边美智雄（わたなべみちお，1923—1995 年）访问俄罗斯，出席中东和平会议（—1 月 29 日）。
	1 月 26 日	俄罗斯圣彼得堡芭蕾舞团赴日本公演（—2 月 8 日）。
	1 月 27 日	为落实对俄紧急人道主义援助，日本向俄罗斯哈巴罗夫斯克派遣调查团（—1 月 31 日）。

续表

年	月　日	大事记
1992年（平成4年）	1月29日	日俄两国成立日俄医学、医疗财团。
	1月31日	美国纽约举行的联合国安全保障理事会首脑会议期间，日本首相宫泽喜一与俄罗斯总统叶利钦在纽约举行两国首脑会谈。
	2月3日	俄罗斯宣布商业活动自由化。
	2月7日	日本举办环日本海交流圈新泻国际论坛。
	2月10日	日俄第一次和平条约工作小组会议在俄国莫斯科举行（—2月11日）。
		俄罗斯产业政策研修团赴日，接受日本对俄产业政策领域的技术支援（—2月24日）。
	2月11日	“促进环日本海文化圈交流”为题的专题讨论会在日本金泽市举行。
	2月14日	俄罗斯财政金融研修团赴日，接受日本财政金融领域的技术支援（—2月28日）。
	2月27日	俄罗斯驻日大使齐诺夫访问日本外务省，转交俄罗斯总统叶利钦致日本首相宫泽喜一的亲笔信，叶利钦在信中称日本为“潜在的同盟国”。
	3月2日	日俄渔业联合委员会第八次会议在日本东京举行（—3月16日）。
	3月4日	原苏联加盟共和国立陶宛最高苏维埃主席维陶塔斯·兰茨贝吉斯（Vytautas Landsbergis，1932—2010年）访问日本。
	3月6日	日本派遣的促进文化交流使团访问俄罗斯哈巴罗夫斯克、符拉迪沃斯托克、南萨哈林斯克、伊尔库茨克及莫斯科（—3月20日）。
	3月7日	“与新的俄罗斯打交道”为题的专题学术研讨会在日本东京的上智大学举行。

续表

年	月　日	大事记
1992 年（平成 4 年）	3 月 19 日	俄罗斯外交部长安德烈·弗拉基米罗维奇·科济列夫（Андрей Владимирович Козырев，1951 年—）访问日本，与日本宫泽内阁外相渡边美智雄举行第一次日俄外相（长）定期协商（—3 月 22 日）。
	3 月 21 日	俄罗斯外交部长科济列夫在与日本宫泽内阁外相渡边美智雄的会谈中表示俄罗斯接受“日美安保条约”的存在。
	3 月 24 日	“独联体国家（Commonwealth of Independent States，CIS）的走向与日俄关系”为题的国际专题学术讨论会在日本东京举行。
		俄罗斯联邦最高苏维埃委员谢尔盖·尼古拉耶维奇·巴布林（Сергéй Николаевич Бабурин，1959 年—）等访问日本（—3 月 31 日）。
	3 月 27 日	俄罗斯宣布实行土地私有化。
	3 月 31 日	俄罗斯的各联邦签署新的《俄罗斯联邦条约》。
	4 月 4 日	俄罗斯联邦驻日大使馆作为埃尔米塔什美术馆复制画展的会场，第一次向日本一般民众开放。
		“在世界历史中的苏联——其七十四年历史意味着什么?”为题的专题学术研讨会在日本大阪举行。
	4 月 7 日	日本派遣政府特使村田敬次郎（むらたけいじろ，1924—2003 年）参加在俄罗斯莫斯科举行的日本工业、贸易展销会（—4 月 17 日）。
	4 月 11 日	原苏联总统戈尔巴乔夫访问日本。
	4 月 21 日	日本山形县村山市与俄罗斯雅库茨克市结为姐妹（友好）城市。
	4 月 22 日	俄罗斯的俄控“北方四岛”上的第一批免签证的俄罗斯岛民访日交流团访问日本北海道，截止到 9 月 2 日，日方共接待四批次俄方访问团。

续表

年	月　日	大事记
1992年（平成4年）	4月27日	日本向俄控“北方四岛”上的俄罗斯居民提供紧急人道主义物资援助。
	4月28日	日本在东京设立“俄罗斯远东交流协会”。
	5月2日	日本宫泽内阁外相渡边美智雄访俄，与俄罗斯外长科济列夫举行第二次日俄外相（长）定期协商（—5月6日）。
	5月11日	日本向俄控“北方四岛”上的俄罗斯居民提供紧急人道主义援助物资。
		日本的第一批免签证的俄控“北方四岛”访问交流团访问俄控“北方四岛”，截止到10月12日，日方的三批访问团访问俄控“北方四岛”。
	5月18日	俄罗斯最高苏维埃代表团访问日本（—5月23日）。
	5月19日	日本向俄控“北方四岛”上的俄罗斯居民提供紧急人道主义援助物资。
	5月20日	俄罗斯经济部长安德烈·阿列克谢耶维奇·涅恰耶夫（Андрей Алексеевич Нечаев，1953年—）访日。
	5月24日	美国、日本、欧共体（European Community，EC）、俄罗斯草签以防止原苏联核技术人员流失为目的的“关于国际科学家中心”条约。
	5月26日	日本向俄控“北方四岛”上的俄罗斯居民提供紧急人道主义援助物资。
	5月31日	日本成立以井上道义（いのうえ みちよし，1946年—）为会长的日本肖斯塔科维奇协会。德米特里·德米特里耶维奇·肖斯塔科维奇（Дмитрий Дмитриевич Шостакович，1906—1975年）是苏联最重要的作曲家之一，也是20世纪世界著名作曲家之一。
	6月	俄罗斯成功加入国际货币基金组织（IMF）和世界银行（WB）。
	6月4日	俄罗斯设立经济特区。

续表

年	月　日	大事记
1992年（平成4年）	6月15日	俄罗斯第一副总理叶戈尔·盖达尔（Егóр Тимýрович Гайдáр，1956—2009年）代行总理职权。
	6月18日	为治疗烫伤从俄罗斯哈巴罗夫斯克转院到日本长岗红十字医院接受治疗的男孩儿科斯恰因心功能不全而死亡。
	6月23日	原苏联籍的日裔运动员勇利·海老原（勇利·阿尔巴恰科夫，ゆうり えびはら，1966年—）成为WBC轻量级世界冠军。
	6月27日	日俄合作拍摄的电影《批发商国粹梦谭》开拍。
	7月1日	俄罗斯对外汇交易全部实行浮动汇率制。
	7月4日	日本东京的原“日苏学院”改称“东京日俄学院”。
	7月6日	日本首相宫泽喜一出席在德国慕尼黑举行的西方七国首脑会议（G7），在西方七国首脑会议（G7）上日本表示阶段性地对俄罗斯进行240亿美元的金融援助。日俄领土问题写进此次西方七国首脑会议政治宣言（—7月8日）。
	7月8日	德国慕尼黑举行的西方七国首脑会议期间，与会的日本首相宫泽喜一与俄罗斯总统叶利钦在慕尼黑举行日俄首脑会谈。
	7月12日	俄罗斯联邦最高苏维埃委员维克托·列奥尼多维奇·谢尼斯（Виктор Леонидович Шейнис，1931年—）访问日本（—7月18日）。
	7月14日	日本以收集二战后被苏联扣押在西伯利亚期间死亡的日本人遗骨为目的的访俄团，前往俄罗斯马加丹州、赤塔州、伊尔库茨克州、哈巴罗夫斯克地区和沿海地区进行日本人遗骨的调查收集（—10月26日）。
	7月15日	日俄第二次和平条约工作小组会议在日本东京举行（—7月16日）。

续表

年	月　日	大事记
1992 年（平成 4 年）	8—11 月	俄罗斯莫斯科举办“日本周”活动。
	8 月 2 日	日本向俄控“北方四岛”的俄罗斯居民提供人道主义的紧急物资援助。
	8 月 3 日	俄罗斯联邦副总理兼出版、无线电广播和大众传播媒体事务部部长米哈伊尔·尼基弗罗维奇·波尔托拉宁（Михаил Никифорович Полторанин，1939 年—）访问日本（—8 月 8 日）。
	8 月 11 日	日本政府正式决定邀请俄罗斯联邦共和国总统叶利钦访问日本，具体日期定为 9 月 13—16 日。
	8 月 19 日	俄罗斯萨哈林岛和符拉迪沃斯托克举办“日本文化周”活动（—9 月 6 日）。
	8 月 21 日	日本国会众议院远东政治、经济情况调查团访俄（—8 月 28 日）。
	8 月 22 日	俄罗斯总统办公厅主任尤里·弗拉基米罗维奇·彼得罗夫（Юрий Владимирович Петров，1939 年—）访问日本（—8 月 26 日）。
		日本的俄控“北方四岛”原住民返回原住地择捉、色丹、齿舞群岛进行扫墓参拜，即所谓“北方扫墓参拜活动”（—8 月 25 日）。
	8 月 24 日	日俄在日本东京举行有关两国领事问题的谈判。
	8 月 29 日	日本宫泽内阁外相渡边美智雄访问俄罗斯，与俄罗斯外长科济列夫举行第三次日俄外相（长）定期协商（—9 月 4 日）。
	8 月 31 日	白俄罗斯在切尔诺贝利核电站爆炸事故中遭受核辐射的儿童在日本生活治疗一个月以后踏上回国之途。
	9 月 6 日	俄罗斯总统叶利钦通过卫星转播，出镜日本 NHK 电视台的“对话节目”。
	9 月 9 日	日本的俄控“北方四岛”上的原住民到原住地国后岛进行扫墓参拜活动（—9 月 14 日）。

续表

年	月　日	大事记
1992 年（平成 4 年）	9 月 9 日	俄罗斯总统叶利钦单方面宣布延期预定从 9 月 13 日开始的访问日本的日程。
	9 月 22 日	日俄有关被“扣留西伯利亚（日本人）问题”的专题学术研讨会在俄罗斯哈巴罗夫斯克举行。
	9 月 23 日	美国纽约举行联合国大会期间，日本宫泽内阁外相渡边美智雄与俄罗斯外长科济列夫在纽约举行日俄外相（长）会谈。
	9 月 25 日	俄罗斯萨哈林州日本农业状况调查团访问日本（—10 月 2 日）。
	9 月 29 日	日俄发表共同编辑的资料集《在历史上的日俄领土问题》。
	10 月 1 日	俄罗斯开始实行国营企业民营化，并把民营化的现金支票免费赠送给俄公民。
	10 月 2 日	日俄在日本东京举行第一次日俄联合协商远东地区交流会议。
	10 月 11 日	日本“切尔诺贝利专家代表团”访问俄罗斯首都莫斯科和俄罗斯科技城奥布宁斯克（Óбнинск）（—10 月 21 日）。
	10 月 12 日	俄罗斯农业部门赴日研修团抵达日本，接受日本方面的技术支援（—11 月 13 日）。
	10 月 17 日	《俄罗斯的心灵·肖像画展》在日本东京举办（—12 月 6 日），而后在日本各地巡回展出。
	10 月 20 日	日本北海道根室市举行第一个沙俄使节亚当·基里洛维奇·拉克斯曼（Адам Кириллович Лаксман，1766—1806 年）抵达日本 200 周年纪念仪式。
	10 月 23 日	受到日本《产经新闻》“明美基金”资助而到东京女子医科大学接受心脏手术的俄罗斯婴儿康复回国。

续表

年	月　日	大事记
1992年（平成4年）	10月24日	日本的俄国史研究者发表题为《日俄交涉二百年来临之际的思考》的声明。
	10月29日	俄罗斯副总理亚历山大·尼古拉耶维奇·肖金（Алекса́ндр Никола́евич Шо́хин，1951年—）赴日参加在日本东京举行的援助独联体国家（CIS）的会议（—10月30日）。
	11月4日	美国总统大选结果揭晓，威廉·杰斐逊·克林顿（William Jefferson Clinton，1946年—）击败现总统乔治·沃克·布什当先美国第四十二任总统。
	11月9日	俄罗斯铁路部门赴日研修团抵达日本，接受日本方面的技术支援（—11月30日）。
	11月18日	俄罗斯物流部门的赴日研修团抵达日本，接受日本方面的技术支援（—12月15日）。
		日本贸易振兴机构（JETRO）在俄罗斯首都莫斯科设立派出机构。
	11月24日	日俄航空部门在日本东京进行磋商（—11月27日）。
	11月25日	日方与“北方四岛”俄方负责人进行磋商（—11月29日）。
	12月2日	日本俄罗斯历史研究会在日本朝日新闻社的资助下，在早稻田大学举行“思考日俄交涉二百年”为题的演讲会。
	12月7日	日俄渔业联合委员会第九次会议在日本东京举行（—12月19日）。
	12月14日	维克托·斯捷潘诺维奇·切尔诺梅尔金（Виктор Степанович Черномырдин，1938—2010年）当选为俄罗斯新总理。

续表

年	月　日	大事记
1992年（平成4年）	12月15日	俄罗斯工业家和企业家联合会主席阿卡迪·伊万诺维奇·沃利斯基（Аркадий Иванович Вольский，1932—2006年）访日（—12月20日）。
	12月16日	日俄第一次外交部门事务级别磋商在莫斯科举行。
	12月25日	日本向“北方四岛”俄罗斯居民提供紧急人道主义援助物资。
1993年（平成5年）	1月3日	俄罗斯总统叶利钦与美国总统布什签署《削减战略武器条约（Strategic Arms Reduction Treaty，START）》。
	1月5日	日本三重县铃鹿市举办“大黑屋光太夫（だいこくやこうだゆう，1751—1828年）回国二百年展”（—1月17日）。
	1月15日	日本众议院议长樱内义雄访问俄罗斯，与俄罗斯最高苏维埃主席鲁斯兰·伊姆拉诺维奇·哈斯布拉托夫（Руслан Имранович Хасбулатов，1945年—）举行会谈（—1月18日）。
	1月17日	日本首相府公布“有关外国的舆论调查”结果表明，日本人对俄罗斯的感情急剧恶化，日本国民中约80%的人对俄罗斯抱有负面印象。
	1月19日	日俄第一次政府间经济贸易磋商在日本东京举行（—1月20日）。
	1月20日	美国新总统克林顿正式宣誓就职。
	1月23日	日俄合作拍摄的电影《肖像画传说》上映。该电影本来计划于1992年11月在俄罗斯大使馆上映，但因日本外务省对在俄大使馆内收费上映电影表示为难，故改为在剧院上映。
	2月	俄罗斯马利剧院赴日公演。
		俄罗斯切尔诺贝利核电站派专家考察日本福岛原子能发电站。
	2月3日	日本成立“日本—萨哈林协会”。

续表

年	月　日	大事记
1993 年（平成 5 年）	2 月 22 日	日俄科学技术合作委员会第一次会议在俄罗斯首都莫斯科举行（—2 月 24 日）。
		日俄第一次防卫研究领域的交流活动在日本东京进行（—2 月 27 日）。
		俄罗斯圣彼得堡市长阿纳托利·亚历山德洛维奇·索布恰克（Анатолий Александрович Собчак，1937—2000 年）访日（—2 月 28 日）。
	3 月 1 日	日俄渔业联合委员会第九次会议在俄罗斯首都莫斯科举行（—3 月 20 日）。
	3 月 9 日	俄罗斯最高苏维埃科学教育委员会主席弗拉基米尔·巴甫洛维奇·绍林（Владимир Павлович Шорин，1939 年—）访日（—3 月 11 日）。
	3 月 13 日	日本上智大学举办“日俄·日苏关系 200 年”为题的专题研讨会。
	3 月 19 日	日本举行对俄进行人道主义援助的一线工作人员会议。
	4 月 1 日	日俄开通日本新泻至俄罗斯符拉迪沃斯托克的定期空中航班。
	4 月 2 日	日本驻俄罗斯大使枝村纯郎会见俄外长科济列夫，对俄罗斯（原苏联）向日本海倾倒核废料表示抗议，并邀请科济列夫外长参加在日本东京举行的西方七国（G7）外交部长、财政部长会议。
	4 月 10 日	俄罗斯著名画家帕维尔·米哈伊洛维奇·特列季亚科夫（Павел Михайлович Третьяков，1832—1898 年）名字命名的莫斯科特列季亚科夫美术博物馆开馆。
	4 月 13 日	日本宫泽内阁外相武藤嘉文（むとうかぶん，1926—2009 年）在接见记者时就有关援助俄罗斯的问题表示：“应当超越所有问题进行援助。”

续表

年	月　日	大事记
1993 年（平成 5 年）	4 月 14 日	日本东京举行有关援助俄罗斯问题的西方七国（G7）部长级联合会议，为促进俄罗斯民主化和市场经济体制的尽快建立，西方发达国家决定对俄提供 434 亿美元的多边援助，日本表示对俄追加 18.2 亿美元援助（—4 月 15 日）。
		俄罗斯外长科济列夫赴日参加西方七国（G7）对俄援助部长级联合会议（—4 月 15 日）。
	4 月 15 日	日本宫泽内阁外相武藤嘉文与俄罗斯外长科济列夫举行会谈，会谈中日本外相指出：日本国民对俄罗斯普遍怀有厌恶之情感，日本政府将继续坚持“均衡扩大”对俄关系的方针。俄方则明确表态：包括领土问题在内，为实现两国关系正常化而努力。
		乌克兰总统列昂尼德·马卡罗维奇·克拉夫丘克（Leonid Makarovych Kravchuk，1934 年—）谴责 G7 援助俄罗斯是无视乌克兰的行为。
	4 月 16 日	日本宫泽内阁外相武藤嘉文在众议院外务委员会上修正了 4 月 13 日记者招待会上的讲话称：“政经不可分是旧苏联时期使用过的语言，政府将对俄采取更为积极的‘均衡扩大’的方针”。
	4 月 17 日	原苏联总统戈尔巴乔夫访日（—4 月 25 日）。
	4 月 20 日	吉尔吉斯斯坦总统阿斯卡尔·阿卡那维奇·阿卡耶夫（Askar Akayev，1944 年—）访日，并看望住院治疗中的前外相渡边美智雄。
	4 月 22 日	俄控“北方四岛”上的俄罗斯岛民第一次赴日访问团访日（截止到当年 12 月 21 日共访问七批次）。
		吉尔吉斯斯坦总统阿卡耶夫与日本首相宫泽喜一举行会谈，宫泽喜一同意提供 6000 万美元的援助。
	4 月 24 日	日本东京举行有关援助原苏联·东欧国家问题的东西方经济·贸易部长级会议（—4 月 25 日）。

续表

年	月　日	大事记
1993年（平成5年）	4月25日	俄罗斯国内进行对叶利钦总统的信任与否投票，叶利钦总统获得58%的支持率。
	4月26日	日本向俄控“北方四岛”上的俄罗斯居民提供紧急人道主义物质援助。
		在日本东京日本歌手加藤登纪子（かとときこ，1943年—）与前南斯拉夫克罗地亚记者贾德兰卡（Jadranka Vlaisavljevi Kosor，1953年—）、美国的拉特斯内克·安妮（Rattltsneke Annie，1941年—）一起举办“切尔诺贝利·音乐会”。
	5月5日	预定4月25日访日的俄罗斯总统叶利钦再一次单方面宣布延期访日。
	5月6日	俄罗斯总统叶利钦，把访日日期推迟到5月底。
	5月13日	俄罗斯国营企业推行股份制改造，将全部资产的29%进行私有化，出售给俄罗斯公民。
	5月14日	日本与俄控“北方四岛”上的俄罗斯居民进行人员交流，第一批日本的俄控“北方四岛”访问团赴俄（截止到10月20日，日方共有九批次访问团到俄控“北方四岛”访问）。
	5月22日	俄罗斯前代总理叶戈尔·蒂穆罗维奇·盖达尔（Егóр Тиму́рович Гайдáр，1956—2009年）访日（—5月29日）。
	5月23日	日本向俄控“北方四岛”上的俄罗斯居民提供紧急人道主义物资援助。
	5月28日	日俄第二次联合协商远东地区交流会议在俄罗斯符拉迪沃斯托克举行。
	5月29日	日本向俄控“北方四岛”上的俄罗斯居民提供紧急人道主义物资援助。
	5—6月	俄罗斯莫斯科举办“日本周”活动。

续表

年	月　日	大事记
1993 年（平成 5 年）	6 月 2 日	日俄两国的日俄・俄日经济委员会第一次联合会议在俄罗斯首都莫斯科举行（—6 月 4 日）。
	6 月 16 日	俄罗斯最高苏维埃大众传媒委员会副主席尼古拉・德米特里耶维奇・奥格罗德尼科夫（Николай Дмитриевич Огородников，1950 年—）及其随行人员访日。
	6 月 18 日	日本向俄控“北方四岛”上的俄罗斯居民提供紧急人道主义物资援助（—6 月 20 日）。
	7 月 7 日	西方七国首脑会议（G7）在日本东京举行（—7 月 9 日）。
	7 月 9 日	俄罗斯总统叶利钦、外长科济列夫赴日，参加西方七国（G7）+1（俄罗斯）会议，商讨西方国家对俄经济援助问题。
	7 月 16 日	日本向俄控“北方四岛”上的俄罗斯居民提供紧急人道主义物资援助（—7 月 20 日）。
	7 月 22 日	有关对俄技术援助的日俄相关部（省）局（厅）对接会议在俄罗斯莫斯科举行。
	8 月 9 日	日本成立非自民党・非共产党联合内阁——细川护熙（ほそかわ もりひろろ，1938 年—）内阁（—1994 年 4 月 28 日）。
	8 月 22 日	日本的俄控“北方四岛”的国后、齿舞群岛上的日本原住民前往原住地进行扫墓参拜活动（—8 月 25 日）。
	8 月 27 日	日俄两国第二次外交部门事务级磋商在日本东京举行（—8 月 28 日）。
	9 月 2 日	日本的俄控“北方四岛”——色丹岛、择捉岛、国后、齿舞群岛上的日本原住民前往原住地进行扫墓参拜活动（—9 月 9 日）。
		俄罗斯战略研究中心主任根纳迪・亚迪亚内尔多维奇・布鲁普利斯（Генна́дий Эдуа́рдович Бу́рбулис，1945 年—）访日（—9 月 11 日）。

续表

年	月　日	大事记
1993 年（平成 5 年）	9 月 7 日	日本向俄控“北方四岛”上的俄罗斯居民提供紧急人道主义物资援助（—9 月 10 日）。
	9 月 20 日	日俄第二次防卫研究领域交流活动在俄罗斯的莫斯科举行（—9 月 26 日）。
	9 月 21 日	俄罗斯总统叶利钦宣布解散俄罗斯最高苏维埃和俄罗斯人民代表大会，总统和议会全面对立。
	9 月 24 日	独联体国家（CIS）签署《经济同盟条约》。
	9 月 25 日	美国纽约举行联合国大会期间，日本细川内阁外相羽田孜（はた つとむ，1935 年—）与俄罗斯外长科济列夫举行日俄外相（长）会谈。
	10 月 3 日	俄罗斯反总统派袭击莫斯科市政大厅及电视台，俄政府军炮击最高苏维埃大厦，并对其进行占领（—10 月 4 日）。
	10 月 10 日	日本“切尔诺贝利专家代表团”访问俄罗斯首都莫斯科、奥布宁斯克及其他地方（—10 月 20 日）。
	10 月 11 日	俄罗斯总统叶利钦访日，与日本首相细川护熙举行日俄首脑会谈，并签署日俄《东京宣言》和《经济宣言》，就均衡扩大两国关系达成协议，叶利钦就“西伯利亚扣留日本战俘问题”向日本国民道歉（—10 月 13 日）。
	10 月 13 日	日俄在东京签署《日俄防止海上事故协定》。
	10 月 19 日	日本细川内阁外相羽田孜与俄罗斯外长科济列夫进行“日俄外相（长）电话会谈”，日本提出俄罗斯向海洋丢弃垃圾问题。
	10 月 26 日	日本在俄控“北方四岛”的国后岛上的古釜布搭建临时预制板仓库（—11 月 10 日）。
	10 月 29 日	日本向俄控“北方四岛”上的俄罗斯居民提供紧急人道主义物资援助。

续表

年	月　日	大事记
1993年（平成5年）	11月11日	日本在俄罗斯的符拉迪沃斯托克及哈巴罗夫斯克设立总领事馆，同时关闭纳霍德卡总领事馆。
	11月26日	日本渔船“第68由贵丸”船长在“北方四岛”周边海域遭到俄罗斯边境警备队枪击而受伤。
	11月28日	俄罗斯外交部副部长鲍里斯·列奥尼多维奇·克罗科洛夫（Борис Леонидович Колоколов，1924—2013年）访日（—12月3日）。
	12月6日	日本向俄罗斯的莫斯科、哈巴罗夫斯克派遣新的俄罗斯联邦委员会和国家杜马选举监督团，经公民投票，俄罗斯采用新宪法（—12月21日）。
1994年（平成6年）	1月9日	日本与俄控“北方四岛”代表就相互交流问题进行协商（—1月14日）。
	1月13日	俄罗斯总统叶利钦与美国总统克林顿在俄罗斯莫斯科举行俄美两国首脑会谈（—1月14日）。
	1月26日	日俄环境保护联合委员会第一次会议在日本东京举行（—1月28日）。
	2月1日	日美俄在日本东京举行日、美、俄“三极会议”（—2月2日）。
	2月3日	日俄第二次政策规划协议会在日本东京举行（—2月4日）。
	2月21日	日俄第三次外交部门事务级磋商在俄罗斯莫斯科进行。
	2月22日	日俄第三次和平条约工作部会议在俄罗斯莫斯科举行。
	2月28日	根据1993年在巴黎俱乐部达成的协议，日俄在莫斯科相互交换采取措施救济俄罗斯公共债务的书简。
		日俄渔业联合委员会第十次会议在日本东京举行（—3月12日）。
		日俄第三次防卫研究领域交流活动在日本东京举行（—3月5日）。

续表

年	月 日	大事记
1994年（平成6年）	2月28日	俄罗斯国家杜马（ГОСУДАРСТВЕННАЯ ДУМА）议员米哈伊尔·康斯坦丁诺维奇·格罗巴科夫斯基（Михаил Константинович Глубоковский，1948年—）应日本外务省的邀请访日（—3月7日）。
	3月19日	日本细川内阁副首相兼外相羽田孜访问俄罗斯，与俄外长科济列夫举行第四次日俄外相（长）定期协商，确认《东京宣言》，承诺在俄设立“日本经营教育中心”（—3月22日）。
	3月21日	俄罗斯联邦委员会委员、俄罗斯联邦萨哈共和国总统米哈伊尔·叶菲莫维奇·尼古拉耶夫（Михаил Ефимович Николаев，1937年—）访日（—3月24日）。
	3月24日	俄罗斯联邦萨哈共和国在日本东京设立驻日代表部。
		应日本外务省的邀请，俄罗斯联邦委员会议员维克托·基尔萨诺维奇·布尔加科夫（Виктор Кирсанович Булгаков，1949年—）及其随行人员访日（—4月1日）。
	3月28日	应日本民间邀请俄罗斯联邦总统办公厅第一副主任谢尔盖·尼古拉耶维奇·克拉萨夫钦科（Сергей Николаевич Красавченко，1940年—）访日（—4月2日）。
	3月30日	美国为首的十七个西方发达国家解散1949年1月在巴黎成立的针对社会主义国家实行禁运和贸易限制的“巴黎统筹委员会”，即“出口管制统筹委员会”（Co-ordinating Committee for Multilateral Export Controls）（—3月31日）。
	3月29日	俄罗斯联邦国家杜马议员米哈伊尔·尼基夫罗维奇·波尔托拉宁（Михаил Никифорович Полторанин，1939年—）访日（—4月4日）。

续表

年	月 日	大事记
1994 年（平成 6 年）	4 月 1 日	应日本外务省的邀请，俄罗斯前副总理尼古拉·瓦西里耶维奇·费奥多罗夫（Николай Васильевич Фёдоров，1958 年—）访问日本（—4 月 4 日）。
	4 月 2 日	日俄开通日本北海道函馆至俄罗斯南沙哈林斯克的空中航线。
	4 月 22 日	日本向俄控"北方四岛"上的俄罗斯居民提供紧急人道主义物资援助。
		日本与俄控"北方四岛"开展人员交流，第一批俄控"北方四岛"居民访问团访日（截止到 9 月 21 日，俄方共有五批次访问团访日）。
	4 月 28 日	日本成立新生党羽田孜（はた つとむ，1935—2017 年）为首的联合内阁（—1994 年 6 月 30 日）。
	5 月 11 日	日本继续与俄控"北方四岛"进行人员交流，日方第一批俄控"北方四岛"访问团访问"北方四岛"（截止到 9 月 6 日，日方共有七批次访问团到俄控"北方四岛"访问交流）。
		日本在俄控"北方四岛"的色丹岛的穴澗、择捉岛的内冈建设临时预制板仓库（—6 月 8 日）。
	5 月 23 日	应日俄议员友好联盟的邀请，俄罗斯杜马议员瓦伦丁·伊万诺维奇·尼基丁（Валентин Иванович Никитин，1948—2018 年）访日（—5 月 29 日）。
	5 月 25 日	日俄科学技术合作委员会第二次会议在日本东京举行（—5 月 27 日）。
	6 月 2 日	日俄第二次日俄经济贸易协议会在俄罗斯莫斯科举行。
	6 月 3 日	应日本外务省的邀请，俄罗斯国家杜马议员谢尔盖·阿达莫维奇·科瓦廖夫（Сергей Адамович Ковалёв，1930 年—）访日（—6 月 11 日）。

续表

年	月　日	大事记
1994 年（平成 6 年）	6 月 8 日	法国巴黎举行的经济合作与发展组织（OECD）部长理事会上，日本政府代表松永信雄（まつながのぶお，1923—2011 年）与俄罗斯外长科济列夫举行会谈。
	6 月 12 日	日本众议院议员、前外相武藤嘉文为首的日本自民党代表团访俄（—6 月 13 日）。
		俄罗斯联邦委员会国际问题委员会主席伏拉基米尔・尼古拉耶维奇・波多戈列戈娃（Владимир Николаевич Подопригора，1954 年—）、俄罗斯国家杜马副主席亚历山大・德米特里耶维奇・文格罗夫斯基（Александр Дмитриевич Венгеровский，1953—2012 年）赴日出席在日本举行的国际议员联盟（IPU）亚洲太平洋大会（—6 月 17 日）。
	6 月 20 日	俄罗斯国家杜马议员、前代理总理盖达尔访日（—6 月 22 日）。
	6 月 22 日	日美欧的五家联合公司签署萨哈林大陆架石油・天然气开发项目 PS 合同（即“开采产品分配合同”）。
		俄罗斯与北大西洋公约组织（NATO）签署《和平伙伴关系协定》。
	6 月 24 日	俄罗斯与欧盟（EU）签署《和平伙伴关系协定》。
	6 月 27 日	应日本外务省的邀请，俄国国家杜马议员维克托・列奥尼多维奇・谢尼斯（Виктор Леонидович Шейнис，1931 年—）等访日（—7 月 3 日）。
	6 月 30 日	日本成立村山富市（むらやま とみいち，1924 年—）社会党、自民党联合内阁（—1996 年 1 月 11 日）。
	7 月 8 日	意大利那不勒斯举行西方七国首脑会议（G7）期间，日本首相村山富市与俄罗斯总统叶利钦举行会谈（—7 月 10 日）。

续表

年	月　日	大事记
1994年（平成6年）	7月10日	日俄远东经济会议在俄罗斯远东三座城市——符拉迪沃斯托克、布拉戈维申斯克、哈巴罗夫斯克举行（—7月16日）。
	7月12日	日本国会众议院议员村田敬次郎（むらた けいじろう，1924—2003年）等四名自民党“日俄议员友好联盟访俄团”访问俄罗斯（—7月15日）。
	7月15日	日俄开通日本富山县至符拉迪沃斯托克空中航线。
	7月25日	泰国曼谷举行的东盟地区论坛（ASEAN Regional Forum，ARF）部长级会议上，日本村山内阁副首相兼外相河野洋平（こうの ようへい，1937年—）与俄罗斯外长科济列夫举行日俄外相（长）会谈。
	8月15日	日本渔船“第38贵荣丸”甲板上的船员在俄控“北方四岛”周边海域因遭到俄罗斯边境警备队的枪击而受伤。
	8月22—25日	日本的俄控“北方领土”上的原住民到俄控“北方领土”上的原居住地进行扫墓活动（国后、齿舞群岛日本原住民8月29日至9月2日，择捉、色丹群岛日本原住民8月26日至29日相继进行扫墓活动）。
	9月6日	俄罗斯在新泻设立俄罗斯总领事馆。
	9月21日	俄罗斯国家杜马议员亚历山德拉·瓦西里耶夫娜·奥恰罗娃（Александра Васильевна Очирова，1949年—）一行应日本外务省的邀请访日（—9月27日）。
	9月27日	日本向俄控“北方四岛”上的俄罗斯居民提供紧急人道主义物质援助。
	9月29日	美国纽约举行联合国大会期间，日本村山内阁外相河野洋平和俄罗斯外长科济列夫在纽约举行日俄外相（长）会谈。
	10月4日	日本渔船“第68宝来丸”在俄控“北方四岛”周边海域因遭到俄罗斯边境警备队的枪击而沉没。

续表

年	月　日	大事记
1994 年（平成 6 年）	10 月 11 日	独联体国家（CIS）成立独联体国家“经济委员会”。
	10 月 11 日	俄罗斯莫斯科大学普列汉诺夫（Георгий Валентинович Плеханов，1856—1918 年）经济学院设立“日本经营教育研究中心”。
	10 月 15 日	日本北海道东部近海发生的地震，对俄控“北方四岛”上的俄罗斯居民也造成一定损害，为此日本提供紧急人道主义援助。
	10 月 18 日	日本众议院前议长樱内义雄为首的“日俄友好议员联盟”代表团访问俄罗斯（—10 月 25 日）。
	10 月 20 日	俄罗斯国家反垄断·支援新经济结构委员会主席列昂尼德·阿诺尔多维奇·博钦（Леонид Арнольдович Бочин，1949 年—）访日（—10 月 27 日）。
	11 月 16 日	日本在俄罗斯哈巴罗夫斯克设立“促进改革日本中心”。
	11 月 17 日	日本海上保安厅和俄罗斯边境警备厅实务工作人员在东京举行会议，相互交换意见。
	11 月 19 日	日、美、俄“三极会议”在俄罗斯莫斯科举行（—11 月 20 日）。
		日本防卫厅防卫局局长村田直昭（むらた なおあき，1937 年—）访问俄罗斯（—11 月 22 日）。
	11 月 23 日	针对日本北海道东部近海发生的地震对俄控“北方四岛”上的俄罗斯居民造成的损害，日本向俄控“北方四岛”上的俄罗斯居民追加提供紧急人道主义援助。
	11 月 27 日	俄罗斯第一副总理奥列格·尼古拉耶维奇·索斯科维茨（Олег Николаевич Сосковец，1949 年—）访日，签署有关日本对俄技术援助备忘录，日本通产相桥本龙太郎向俄方提出“援助俄罗斯产业·贸易方案”（—12 月 1 日）。

续表

年	月　日	大事记
1994年（平成6年）	11月28日	俄罗斯国家杜马议员弗拉基米尔·彼得罗维奇·卢金（Владимир Петрович Лукин，1937年—）等访日（—12月2日）。
	12月2日	根据1994年巴黎俱乐部协议，日俄在日本东京互换救济俄罗斯公共债务的书简。
	12月4日	日俄第四次和平条约工作部会议及日俄第四次外交部门事务级磋商在日本东京举行。
	12月7日	日俄渔业委员会第十一次会议相继在日本东京和俄罗斯莫斯科举行（—12月31日）。
	12月11日	俄罗斯军队正式介入车臣战争。
	12月13日	根据《日俄防止海上事故协定》，两国举行第一次年会（—12月15日）。
		应日本外务省的邀请，俄罗斯杜马议员米哈伊尔·米哈伊洛维奇·扎多尔诺夫（Михаил Михайлович Задорнов，1963年—）等访日（—12月20日）。
1995年（平成7年）	1月17日	日本关西地区发生里氏7.3级的“阪神·淡路大地震”。
	1月	俄罗斯政府向日本阪神·淡路大地震中的受灾者提供救援物资。
	1月20日	日俄“远东·东西伯利亚投资基金”开始运转。
	1月23日	日方代表与俄控“北方四岛”俄罗斯居民代表就日本与俄控“北方四岛”之间的交流问题进行磋商（—1月28日）。
	2月15日	远东通讯线路开通仪式上，日本副首相兼外相河野洋平与俄罗斯第一副总理索斯科维茨举行电视会谈。
	2月17日	日俄科学技术合作委员会实务工作会议在日本东京举行。
	3月2日	俄罗斯外长科济列夫访日，与日本村山内阁外相河野洋平举行第五次日俄外相（长）定期协商（—3月4日）。

续表

年	月 日	大事记
1995年（平成7年）	3月6日	日俄渔业联合委员会第十一次会议在俄罗斯莫斯科举行（—3月17日）。
	3月12日	应日本外务省的邀请，以俄罗斯联邦委员会委员伽耶鲁（ガエル,?）为代表的、俄罗斯远东地区选出的议员代表团访日（—3月20日）。
	3月13日	日俄第一次有关日本渔船在俄控“北方四岛”周边海域的作业范围交涉在俄罗斯莫斯科举行（—3月14日）。
	4月5日	日俄开通日本青森至俄罗斯哈巴罗夫斯克的空中航线。
	4月9日	俄罗斯国家杜马议员叶戈尔·季穆尔罗维奇·盖达尔（Егор Тимурович Гайдар，1956—2009年）应日本自民党日俄议员友好联盟等的邀请访日（—4月12日）。
	4月23日	日本与俄控“北方四岛”上的俄罗斯居民之间的交流活动，截止到9月29日，俄方共有六批人员访问日本（第一至第六次）。
	4月26日	日本北海道小樽、稚内至俄罗斯萨哈林岛科尔萨科夫开通直升机定期航运。
	4月27日	应日本国会众议院的邀请，俄罗斯国家杜马主席伊万·彼得洛维奇·雷布金（Иван Петрович Рыбкин，1945年—）访日（—4月29日）。
	5月10日	美国总统克林顿对俄罗斯进行工作访问，与俄罗斯总统叶利钦举行首脑会谈，讨论北约东扩、俄向伊朗提供核反应堆、裁军以及不扩散核武器等问题。
	5月13日	日本与俄控“北方四岛”上的俄罗斯居民之间的交流，截止到10月9日，日方共有八批访问团访问俄控“北方四岛”（第一次到第八次）。
	5月27日	俄罗斯萨哈林岛北部发生大地震。

续表

年	月　日	大事记
1995年（平成7年）	5月29日	日俄第二次有关日本渔船在俄控“北方四岛”海域的作业范围交涉在俄罗斯莫斯科举行（—5月30日）。
	5月30日	日本对俄罗斯萨哈林岛北部地震灾害进行紧急人道主义援助，分六批运送救援物质到该岛（—6月5日）。
	6月1日	俄罗斯萨哈林岛北部发生大地震之际，日本副首相兼外相河野洋平与俄罗斯第一副总理索斯科维茨举行电话会谈。
		应日本国会超党派日俄议员友好联盟总会的邀请，俄罗斯国家杜马议员维塔利·鲍里索维奇·舒巴（Виталий Борисович Шуба，1951年—）访日。
		日、美、俄“三极论坛”在华盛顿举行（—6月3日）。
	6月7日	应自民党日俄议员友好联盟等的邀请，俄罗斯国家杜马议员米哈伊尔·尼基弗罗维奇·波尔托拉宁（Михаил Никифорович Полторанин，1939年—）访日（—6月13日）。
	6月15日	加拿大哈利法克斯举行的西方七国首脑会议（G7）上，西方七国首脑与叶利钦举行会晤（—6月17日）。
	6月30日	俄罗斯萨哈林大陆架石油·天然气开发第Ⅰ期项目签订PS合同（即开采产品分配合同）。
	7月2日	日本国会众议院议员三塚博（みつづか ひろし，1927—2004年）访问滨海边疆区首府、俄罗斯远东地区最大的城市符拉迪沃斯托克（—7月4日）。
	7月5日	日本向俄控“北方四岛”上的俄罗斯居民提供人道主义物质援助（—7月7日）。
	7月11日	日俄科学技术合作委员会第三次会议在莫斯科举行（—7月14日）。

续表

年	月　日	大事记
1995年（平成7年）	7月11日	应日本外务省的邀请，亚马罗列涅兹自治管区（Ямало-Ненецкий автономный округ）代表团及俄罗斯联邦委员尤里·瓦西列维奇·涅奥洛夫（ЮрийВасильевич Неёлов，1952年—）等访日（—7月18日）。
	7月14日	日俄有关经济贸易问题的副部长级磋商在日本东京举行。
		日本接收因萨哈林北部大地震受重伤的4名俄罗斯儿童，并提供治疗和康复训练（—10月16日）。
	8月1日	文莱举行东盟地区论坛（ASEAN Regional Forum，ARF）部长级会议期间，与会的日本村山内阁副首相兼外相河野洋平与俄罗斯外长科济列夫举行日俄外相（长）会谈。
	8月13日	日本的俄控“北方领土”上的原住民，返回俄控“北方领土”原居住地进行扫墓活动（择捉、国后岛的日本原住民从8月22日至25日进行扫墓活动；齿舞、色丹岛的原住民8月26至29日进行扫墓活动）。
	8月19日	日本众议院通过《战后50年问题决议案》。
		日本众议院议员铃木宗男（すずき むねお，1948年—）为团长的俄控“北方领土情况调查团”访问俄罗斯（—8月22日）。
	8月20日	日本“环日本海地区合作联络协议会”向俄罗斯远东三大城市派遣官民联合组成的使团（—8月26日）。
	8月23日	日本向俄控“北方四岛”上的俄罗斯住民提供人道主义物质援助（—8月26日）。
	8月30日	日俄第三次有关日本渔船在俄控“北方四岛”周边海域的作业范围交涉在日本东京举行（—8月31日）。

续表

年	月　日	大事记
1995 年（平成 7 年）	9 月 6 日	应日本外务省的邀请，俄罗斯联邦委员会国际问题委员会代表团伏拉基米尔·尼古拉耶维奇·波多戈列戈娃（Владимир Николаевич Подопригора，1954 年—）一行访问日本（—9 月 10 日）。
	9 月 8 日	日俄第五次和平条约工作部会议及日俄第五次外交部门事务级磋商在莫斯科举行。
	9 月 10 日	日本东京煤气公司（TOKYO GAS）社长安西邦夫（あんざい くにお，1933—2013 年）为团长的日本经济同友会代表团访问俄罗斯（—9 月 15 日）。
		日本在俄控“北方四岛”的色丹岛（斜古岛）援建预制板临时诊疗所（—10 月 2 日）。
	9 月 12 日	第二次世界大战后被扣留西伯利亚期间死亡的日本人的慰灵碑竣工仪式在俄罗斯哈巴罗夫斯克举行。
	9 月 13 日	日本北海道小樽市举办俄罗斯远东物产展销会（—9 月 15 日）。
		日本与俄罗斯的第二次海上联合搜救训练在日本北海道小樽市近海海域进行（—9 月 17 日）。
	9 月 15 日	日本海上保安厅与俄罗斯边境警备厅的实务操作人员相互交换意见的会议在俄罗斯符拉迪沃斯托克举行。
	9 月 21 日	应日本民间邀请，俄罗斯国家杜马议员、俄罗斯联邦共产党中央执行委员会主席根纳季·安德列维奇·久加诺夫（Генна́дий Андре́евич Зюга́нов，1944 年—）访日（—9 月 25 日）。
	9 月 24 日	俄罗斯副总理维塔利·尼基季奇·伊格纳坚科（Виталий никитич Игнатенко，1941 年—）访问日本（—9 月 27 日）。
	9 月 27 日	日本渔船“第 11 幸政丸”船员在宗谷海峡因遭到俄罗斯边境警备队的枪击而负伤。

续表

年	月　日	大事记
1995年（平成7年）	10月1日	日本驻俄罗斯大使渡边幸治（わたなべ こじ,?），访问俄罗斯萨哈林岛（—10月5日）。
	10月29日	日本向俄控“北方四岛”上的俄罗斯居民提供人道主义援助物资（—11月5日）。
	11月7日	俄罗斯副总理伊格纳坚科访日（—11月9日）。
	11月9日	日俄经济贸易政府间委员会的分会会议在俄罗斯首都莫斯科举行（—11月10日）。
	11月16日	日俄科学技术合作委员会实务人员会议在日本东京举行（—11月17日）。
	11月20日	日俄渔业委员会第十二次会议在莫斯科举行（—12月2日）。
	11月23日	俄罗斯在日本新泻举行哈巴罗夫斯克物产展（—11月26日）。
	11月30日	根据1995年巴黎俱乐部达成的协议，日俄交换关于俄罗斯公共债务救济措施的书简（包括政府担保的商业债权）。
	12月12日	日本海上保安厅和俄罗斯边境警备厅在俄罗斯南萨哈林斯克继续进行意见交换。
	12月13日	日俄第三次政策规划磋商在俄罗斯莫斯科进行。
	12月21日	日俄第四次有关日本渔船在俄控“北方四岛”周边海域的作业范围交涉在俄罗斯莫斯科举行（—12月22日）。
1996年（平成8年）	1月5日	俄罗斯外长科济列夫辞职。
	1月8日	俄罗斯任命叶夫根尼·马克西莫维奇·普里马科夫（Евгений Максимович Примаков，1929—2015年）为新外长。
	1月11日	日本成立桥本龙太郎（はしもと りゅうたいろう，1937—2006年）内阁（—1998年7月30日）。

续表

年	月　日	大事记
1996年（平成8年）	1月22日	日本与俄控“北方四岛”上的俄罗斯居民代表举行会议（—1月26日）。
	2月5日	日俄地震合作教学研讨会在俄罗斯莫斯科举行（—2月6日）。
	2月19日	日俄第五次有关日本渔船在俄控“北方四岛”周边海域的作业范围交涉在日本东京举行（—2月21日）。
	2月19日	日俄第四次防卫研究领域交流活动在日本东京进行（—2月25日）。
	2月21日	日俄第四次有关候鸟的会议在日本东京举行。
	2月28日	根据《日俄防止海上事故协定》举行的日俄第二次年度防止海上事故会议在日本东京举行（—2月29日）。
	3月12日	日俄渔业联合委员会第十二次会议在日本东京举行（—3月23日）。
	3月19日	日本桥本内阁外相池田行彦（いけだ ゆきひこ，1937—2004年）访俄，与俄罗斯外长普里马科夫举行第六次日俄外相（长）定期协商（—3月20日）。
	3月20日	日俄经济贸易问题政府间委员会第一次会议在俄罗斯莫斯科举行。
	3月25日	俄罗斯国家杜马国际问题委员会委员长为首的俄国联邦议员代表团访日（—3月30日）。
	3月26日	日俄两国日俄、俄日经济委员会第二次联合会议在日本东京举行（—3月28日）。
	4月18日	日本首相桥本龙太郎为出席原子能安全峰会赴俄（—4月20日）。
	4月19日	日本首相桥本龙太郎在访俄期间与俄罗斯总统叶利钦举行会谈，双方同意俄罗斯总统大选结束以后重启有关和平条约的谈判。

续表

年	月　日	大事记
1996年（平成8年）	4月27日	日本防卫厅长官臼井日出男（うすいひでお，1939年—）为参加第一次日俄防长会谈赴俄（—4月29日）。
	5月11日	日本向“北方四岛”上的俄罗斯居民提供人道主义援助物资（—5月17日）。
	6月4日	日俄第六次有关日本渔船在俄控“北方四岛”周边海域的作业范围交涉在俄罗斯莫斯科举行（—6月5日）。
	6月29日	法国里昂举行西方七国（G7）首脑会议期间，日本外相池田行彦与俄罗斯外长普里马科夫举行日俄外相（长）会谈。
	7月8日	日本首相桥本龙太郎与俄罗斯总统叶利钦举行电话会谈。
	7月15日	俄罗斯文化部长叶夫根尼·尤里耶维奇·西德罗夫（Евге́ний Ю́рьевич Си́доров，1938年—）访日。
	7月22日	印尼首都雅加达举行东盟地区论坛部长级会议期间，与会的日本外相池田行彦与俄罗斯外长普里马科夫举行日俄外相（长）会谈。
	7月26日	日本海上自卫队舰艇参加在符拉迪沃斯托克举行的俄罗斯海军建军300周年阅舰仪式（—7月30日）。
	7月31日	日本在俄控“北方四岛”中的色丹岛的穴润援建预制板临时教室（—8月22日）。
	8月3日	日本在俄控“北方四岛”中的择捉岛的纱那援建预制板X光检查室（—8月19日）。
	8月28日	日本渔船“第28昭久丸”船长、“第52多喜丸”船长在俄控“北方四岛”周边海域因遭到俄罗斯边境警备队的枪击而负伤。
	9月24日	美国纽约举行联合国大会期间，日本外相池田行彦与俄罗斯外长普里马科夫在纽约举行日苏外相（长）会谈。

续表

年	月　日	大事记
1996年（平成8年）	10月2日	日俄第六次和平条约工作部会议及第六次日俄外交部门事务级磋商在日本东京举行（—10月3日）。
	10月13日	应日本东京都的邀请莫斯科市长尤里·米哈伊洛维奇·卢日科夫（Юрий Михайлович Лужков，1936年—）访日（—10月16日）。
	10月18日	日本国会内超党派日俄议员联盟访问俄罗斯（—10月24日）。
	10月19日	日本向俄控“北方四岛”上的俄罗斯居民提供人道主义援助物资（—11月1日）。
	11月14日	俄罗斯外长普里马科夫为举行俄日外长（相）定期协商赴日（—11月17日）。
	11月15日	俄罗斯外长普里马科夫与日本外相池田行彦的第七次日俄外相（长）定期协商在日本东京进行。
	11月20日	日俄第七次有关日本渔船在俄控“北方四岛”周边海域的作业范围交涉在日本东京举行（—11月22日）。
	11月25日	应日本“恢复日俄邦交40周年纪念活动执行委员会”的邀请，俄罗斯联邦教育部长弗拉基米尔·格奥尔基耶维奇·基涅廖夫（Владимир Георгиевич Кинелёв，1945年—）访日（—11月30日）。
	11月26日	日俄协会会长三塚博（みつざかひろし，1927—2004年）等执行委员会的主持下，日本“日俄恢复邦交40周年纪念庆祝集会”开幕。
1997年（平成9年）	1月2日	俄罗斯发生俄油轮“纳霍特卡”号沉没事件。
	3月1日	应日本外务省的邀请，俄罗斯联邦中央选举管理委员会主席亚历山大·弗拉基米罗维奇·伊万钦科（Александр Владимирович Иванченко，1954年—）访日（—3月17日）。

续表

年	月　日	大事记
1997年（平成9年）	3月24日	应日本外务省的邀请，俄罗斯国家杜马国际问题委员会委员长卢金等四人访日（—3月29日）。
	3月26日	日、美、俄“三极论坛”在俄罗斯莫斯科举行（—3月27日）。
	3月28日	日俄第七次和平条约工作部会议及日俄第七次外交部门事务级磋商在俄罗斯莫斯科举行（—3月29日）。
	4月7日	日俄第八次有关日本渔船在俄控“北方四岛”周边海域的作业范围交涉在俄罗斯莫斯科举行（—4月9日）。
	4月10日	俄罗斯经济问题与国内外投资无任所部长叶根尼·格里戈里耶维奇·雅辛（Евгений Григорьевич Ясин，1934年—）访日（—4月13日）。
	4月19日	应日本外务省的邀请，俄罗斯国家杜马议员根纳迪·亚迪亚内尔多维奇·布尔布利斯（Генна́дий Эдуа́рдович Бу́рбулис，1945年—）访日（—4月26日）。
	5月14日	日俄第九次有关日本渔船在俄控“北方四岛”周边海域的作业范围交涉在日本东京举行（—5月16日）。
	5月16日	俄罗斯国防部长伊戈尔·尼古拉耶维奇·罗季奥诺夫（Игорь Николаевич Родионов，1936—2014年）访日（—5月18日）。
	5月22日	日本桥本内阁外相池田行彦为进行两国外相（长）定期协商赴俄，在莫斯科与俄罗斯外长普里马科夫举行日俄第八次外相（长）定期协商（—5月24日）。
	6月9日	俄罗斯第一副总理鲍里斯·叶菲莫维奇·涅姆佐夫（Борис Ефимович Немцов，1959—2015年）赴日参加在东京举行的日俄政府间经济贸易委员会第二次会议（—6月11日）。

续表

年	月　日	大事记
1997 年（平成 9 年）	6 月 20 日	美国丹佛市举行的西方七国（G7）加俄罗斯的八国集团（G8）首脑会议，会议期间日本首相桥本龙太郎与俄罗斯总统叶利钦举行首脑会谈。
	6 月 27 日	俄罗斯海军舰艇访日，驶入日本东京湾晴海（—6 月 30 日）。
	6 月 30 日	日本桥本内阁外相池田行彦和俄罗斯外长普里马科夫出席英国向中国返还香港仪式，期间日俄两国外相举行外相（长）会谈。
	7 月 1 日	日俄桥本内阁第十次有关日本渔船在俄控“北方四岛”周边海域的作业范围交涉在俄罗斯首都莫斯科举行（—7 月 4 日）。
	7 月 29 日	马来西亚首都吉隆坡举行东盟地区论坛部长级会议期间，与会的日本桥本内阁外相池田行彦与俄罗斯外长普里马科夫举行外相（长）会谈。
	9 月 1 日	日本在俄控“北方四岛”中的择捉岛的纱那援建预制板临时诊疗室（—9 月 26 日）。
	9 月 22 日	日俄第十一次有关日本渔船在俄控“北方四岛”周边海域的作业范围的交涉在日本东京举行（—9 月 26 日）。
	9 月 23 日	美国纽约举行联合国大会期间，日本桥本内阁外相池田行彦和俄罗斯外长普里马科夫在纽约举行外相（长）会谈。
	10 月 13 日	日俄第十二次有关日本渔船在俄控“北方四岛”周边海域的作业范围交涉在俄罗斯莫斯科举行（—10 月 17 日）。
	10 月 30 日	俄罗斯联邦委员会主席叶戈尔·谢苗诺维奇·斯特罗耶夫（Егóр Семёнович Стрóев，1937 年—）访日（—11 月 2 日）。
	11 月 1 日	日本首相桥本龙太郎访问俄罗斯，在俄罗斯的克拉斯诺亚尔斯克与俄罗斯总统叶利钦举行日俄首脑会谈（—11 月 2 日）。

续表

年	月　日	大事记
1997 年（平成 9 年）	11 月 13 日	俄罗斯外长普里马科夫为举行日俄外相（长）定期协商赴日，在东京与日本桥本内阁外相小渊惠三（おぶち けいぞう，1937—2000 年）举行第九次日俄外相（长）定期协商。
	11 月 21 日	应日本外务省邀请，俄罗斯国家杜马议员布尔布利斯访日（—11 月 28 日）。
	12 月 27 日	俄罗斯萨哈林岛举行日本出差萨哈林官员办事处启用仪式。
	12 月 30 日	日俄第十三次有关日本渔船在俄控“北方四岛”周边海域的作业范围交涉在俄罗斯莫斯科举行。
1998 年（平成 10 年）	1 月 1 日	日本出差萨哈林官员办事处正式启用。
	1 月 22 日	日俄副部长级和平条约谈判及日俄第八次外交部门事务级磋商在俄罗斯莫斯科举行。
	1 月 24 日	日本防卫厅事务次官秋山昌广（あきやままさひろ，1940 年—）访问俄罗斯莫斯科和哈巴罗夫斯克（—1 月 30 日）。
	1 月 26 日	应日本外务省邀请，俄罗斯国家杜马第一副主席尼古拉·伊万诺维奇·雷日科夫（Николай Иванович Рыжков，1929 年—）等俄罗斯杜马超党派议员团访问日本（—1 月 31 日）。
	2 月 13 日	日本向俄控“北方四岛”中的国后岛的俄罗斯居民提供自动航行式浮桥（—2 月 15 日）。
	2 月 21 日	日本桥本内阁外相小渊惠三访问俄罗斯，在莫斯科参加日俄缔结和平条约问题联合委员会主席会谈，并与俄罗斯外长普里马科夫举行第十次日俄外相（长）定期协商。小渊惠三还参加了日俄经济贸易政府间委员会主席会议，并签署《日本国政府与俄罗斯联邦政府有关海洋生物资源捕捞作业区域若干合作事项的协定》（即《关于在俄控“北方四岛”周边海域的日本渔船作业范围协定》）（—2 月 23 日）。

续表

年	月　日	大事记
1998 年（平成 10 年）	3 月 1 日	俄罗斯能源部长谢尔盖·基里延科（Сергей Владиленович Кириенко，1962 年—）访日（—3 月 4 日）。
	3 月 23 日	俄罗斯总统叶利钦任命基里延科为政府总理。
	3 月 26 日	日俄副部长级缔结和平条约问题联合委员会分会在俄罗斯莫斯科举行。
	4 月 18 日	俄罗斯总统叶利钦访日，在日本川奈与日本首相桥本龙太郎与举行日俄首脑会谈（—4 月 19 日）。
	5 月 6 日	日俄副部长级缔结和平条约问题联合委员会分会在日本东京举行。
	5 月 8 日	英国伦敦举行西方七国外长加俄罗斯外长的会议，该会议上日本外相小渊惠三与俄罗外长普里马科夫举行日俄外相（长）会谈。
	5 月 15 日	英国伯明翰举行的西方七国首脑会议（G7）上，俄罗斯正式被接纳为其成员，形成八国集团（G8）首脑会议，在该首脑会议期间日本首相桥本龙太郎俄罗斯总统叶利钦举行首脑会谈。
	5 月 31 日	日本自卫队统合幕僚会议议长（相当于总参谋长）夏川和也（なつかわ かずや，1940 年—）访问俄罗斯莫斯科、符拉迪沃斯托克等地（—6 月 7 日）。
	6 月 4 日	日本对俄控“北方四岛”中的国后岛的日本原住民墓地进行了现场调查（—6 月 8 日）。
	6 月 12 日	英国伦敦举行西方七国加俄罗斯的八国集团（G8）外长会议，在该会上日本桥本内阁外相小渊惠三与俄罗斯外长普里马科夫举行日俄外相（长）会谈。
	6 月 18 日	日本对俄控“北方四岛”中的色丹、秋勇留、多乐各岛的日本原住民墓地进行了现场调查（—6 月 22 日）。
	6 月 22 日	日俄副部长级缔结和平条约问题联合委员会分会在日本东京举行。

续表

年	月　日	大事记
1998年（平成10年）	6月23日	日本桥本内阁北海道・冲绳开发厅长官铃木宗男作为日本政府阁僚（部长）第一次访问俄控“北方四岛”（—6月26日）。
	7月13日	俄罗斯总理基里延科访问日本（—7月14日）。
	7月24日	日本海上自卫队舰艇访问俄罗斯符拉迪沃斯托克（—7月30日）。
	7月26日	菲律宾首都马尼拉举行东盟地区论坛（AFR）部长级会议，与会的日本桥本内阁外相小渊惠三与俄罗斯外长普里马科夫举行日俄外相（长）会谈。
	7月29日	日本海上自卫队与俄罗斯海军在日本海北部进行海上搜索、海难救助等方面的共同训练。
	7月30日	日本成立自民党小渊惠三（おぶち けいぞう，1937—2000年）内阁（—2000年4月4日）。
	8月16日	日本帮助修缮俄控“北方四岛”中的国后岛古釜布的栈桥（—9月30日）。
	9月11日	俄罗斯总统叶利钦任命普里马科夫为俄罗斯联邦总理，伊戈尔・谢尔盖耶维奇・伊万诺夫（Йгорь Сергéевич Ивано́в，1945年—）接任俄外长。
	9月17日	日本小渊内阁首相的最高外交顾问桥本龙太郎访问俄罗斯的莫斯科、圣彼得堡。
	9月21日	为参加在美国纽约举行的联合国大会而赴美的日本小渊内阁外相高村正彦（こうむらまさひこ，1942年—）与俄罗斯外长伊万诺夫在纽约举行日俄外相（长）会谈。
	10月16日	日本小渊内阁外相高村正彦访问俄罗斯，参加在莫斯科举行的缔结和平条约问题日俄联合委员会主席会商、日俄第十一次外相（长）定期协商以及日俄经济贸易政府间委员会主席会商（—10月17日）。

续表

年	月　日	大事记
1998年（平成10年）	10月30日	日本向俄控“北方四岛”上的俄罗斯居民提供人道主义援助物资（—11月8日）。
	11月11日	日本首相小渊惠三抵达莫斯科对俄罗斯进行国事访问（—11月13日）。
	11月13日	日本国政府与俄罗斯联邦政府签订《关于促进及保护投资的协定》，即“日俄投资保护协定”。
	11月23日	日俄根据两国关于日本渔船在俄控“北方四岛”周边海域的作业协定在莫斯科进行政府间磋商（—11月27日）。
	12月9日	日俄副部长级缔结和平条约问题联合委员会分会在俄罗斯莫斯科举行。
	12月21日	应日本外务省的邀请，俄罗斯国家杜马地缘政治委员会委员长阿列克谢·瓦伦丁诺维奇·米特罗法诺夫（Алексéй Валенти́нович Митрофа́нов，1962年—）访日（—12月26日）。
1999年（平成11年）	1月21日	日俄副部长级缔结和平条约问题联合委员会分会的边界划定委员会及共同经济活动委员会会议在俄罗斯莫斯科举行。
	2月20日	俄罗斯外长伊万诺夫访日，举行日俄缔结和平条约问题联合委员会主席会商，并与日本小渊内阁外相高村正彦举行日俄第十二次外相（长）之间的定期协商（—2月23日）。
	3月1日	应日本外务省的邀请，俄罗斯国家杜马中属于俄日缔结和平条约问题联合委员会成员的议员访问日本（—3月6日）。
	3月14日	俄罗斯第一副总理尤里·德米特里耶维奇·马斯柳科夫（Ю́рий Дми́триевич Маслюкóв，1937—2010年）赴日参加在日本东京举行的日俄经济贸易政府间委员会主席会商（—3月17日）。

续表

年	月　日	大事记
1999年（平成11年）	3月15日	日俄在日本东京缔结设立青年交流委员会协定。
	4月1日	日俄副部长级缔结和平条约问题联合委员会分会的边界划定委员会及共同经济活动委员会会议在日本东京举行（—4月2日）。
	4月20日	日本首相的最高外交顾问桥本龙太郎访问俄罗斯（—4月22日）。
	5月10日	日本外务审议官丹波实（たんばみのる，1938年—）访问俄罗斯萨哈林岛（—5月13日）。
	5月21日	日本在东京设立日俄青年交流中心。
	5月28日	日本小渊内阁外相高村正彦访俄，与俄罗斯外长伊万诺夫举行第十三次日俄外相（长）定期协商，并进行日俄缔结和平条约问题联合委员会主席会商（—5月30日）。
	6月3日	日本在俄控"北方四岛"中的色丹岛援建柴油发电设施（—10月16日）。
	6月9日	德国科隆举行八国集团（G8）外相会议，与会的日本小渊内阁外相高村正彦与俄罗斯外长伊万诺夫在科隆举行日俄外相（长）会谈。
		日本对俄控"北方四岛"中的择捉岛、国后岛的日本原住民墓地进行现场调查（—6月14日）。
	6月20日	德国科隆举行的八国集团（G8）首脑会议上，日本首相小渊惠三与俄罗斯总统叶利钦举行日俄首脑会谈。
	6月30日	日本对俄控"北方四岛"中的择捉岛日本原住民墓地进行现场调查（—7月7日）。
	7月14日	日本在俄控"北方四岛"中的择捉岛援建柴油发电设施（—9月18日）。
	7月28日	新加坡举行东盟地区论坛（ARF）部长级会议，与会的日本小渊内阁外相高村正彦与俄罗斯外长伊万诺夫举行日俄外相（长）会谈。

续表

年	月　日	大事记
1999 年（平成 11 年）	8 月 6 日	日俄副部长级缔结和平条约问题联合委员会分会的边界划定委员会及共同经济活动委员会的会议在俄罗斯莫斯科举行。
	8 月 15 日	日本小渊内阁防卫厅长官野吕田芳成（のろたほうせい，1929 年—）访问俄罗斯（—8 月 19 日）。
	8 月 16 日	弗拉基米尔·弗拉基米罗维奇·普京（Владимир Владимирович Путин，1952 年—）正式出任俄联邦总理。
	8 月 19 日	日本在俄控“北方四岛”的国后岛援建紧急避难场所兼住宿设施“日本人与俄罗斯人友好之家”（因日本国会议员铃木宗男积极推动此事，故日本媒体嘲笑称“宗男之家”）（—10 月 29 日）。
	8 月 25 日	日本小渊内阁总务厅长官太田诚一（おおたせいいち，1945 年—）访问俄罗斯远东地区的堪察加半岛、哈巴罗夫斯克和萨哈林岛（—8 月 27 日）。
	9 月 1 日	俄罗斯第一副总理赫里斯坚科（Ви́ктор Бори́сович Христе́нко，1957 年—）访问日本，参加在东京举行的日俄经济贸易政府间委员会第三次会议。
	9 月 11 日	日本与俄控“北方四岛”之间初次实现互免签证相互自由访问（—9 月 12 日）。
	9 月 12 日	新西兰的奥克兰举行 APEC 会议，与会的日本首相小渊惠三与俄罗斯总统叶利钦举行日俄首脑会谈。
	9 月 16 日	俄罗斯海军太平洋舰队所属“潘捷列夫上将”号（Admiral Panteleev，6700 吨级）反潜驱逐舰访问日本横须贺军港（—9 月 20 日）。
	9 月 20 日	日本海上自卫队与俄罗斯海军在日本横须贺附近海域举行有关海上搜索、海难救助等方面的训练。
	9 月 21 日	为参加在美国纽约举行的联合国大会而赴美的日本小渊内阁外相高村正彦与俄罗斯外长伊万诺夫在纽约举行日俄外相（长）会谈。

续表

年	月　日	大事记
1999年（平成11年）	10月1日	日本参议院议长斋藤十朗（さいとうじゅうろ，1940年—）访问俄罗斯圣彼得堡和莫斯科（—10月6日）。
	10月6日	日本医院接收俄控“北方四岛”的择捉岛上的有先天性心脏病的俄罗斯女童进行治疗（—12月1日）。
	10月23日	日本向俄控“北方四岛”上的俄罗斯居民提供人道主义援助物资（—10月30日）。
	10月24日	日本在俄控“北方四岛”中的国后岛援建的紧急避难场所兼住宿设施——“日俄两国人民友好之家”举行落成典礼。
	11月15日	日本首相的最高外交顾问桥本龙太郎访问俄罗斯，日本首相小渊惠三与俄罗斯总统总统叶利钦进行电话会谈（—11月17日）。
	11月22日	日俄根据两国关于日本渔船在俄控“北方四岛”周边海域的作业协定于莫斯科进行政府间磋商（—11月26日）。
	12月6日	日俄副部长级缔结和平条约联合委员会分会的边界划定委员会及共同经济活动委员会在日本东京举行（—12月7日）。
	12月31日	俄罗斯总统叶利钦辞职，由俄罗斯总理普京代行总统职权。
2000年（平成12年）	2月10日	俄罗斯外长伊万诺夫访日，参加日俄缔结和平条约问题联合委员会主席会商，并与日本小渊内阁外相河野洋平举行第十四次日俄外相（长）定期协商（—2月13日）。
	4月3日	日本小渊内阁副官房长官铃木宗男以日本首相特使的身份访问俄罗斯（—4月6日）。
	4月5日	经日本自民党内协商，由森喜朗（もり よしろう，1937年—）组织森内阁（—2001年4月26日）。

续表

年	月 日	大事记
2000 年（平成 12 年）	4 月 16 日	日本超党派议员组成的日俄友好议员联盟访问俄罗斯。
	4 月 29 日	日本首相森喜朗与俄罗斯代总统普京在俄罗斯圣彼得堡举行日俄非正式首脑会谈。
	5 月 7 日	弗拉基米尔·弗拉基米罗维奇·普京（Владимир Владимирович Путин，1952 年—）正式就任俄罗斯联邦总统。
	5 月 10 日	俄罗斯国家杜马议员鲍里斯·涅姆佐夫一行访问日本（—5 月 14 日）。
	5 月 12 日	俄罗斯正教会总主教（莫斯科及全俄东正教大牧首）阿列克谢二世（Патриарх Московский и всея Руси Алексий II，1929—2008 年）访问日本（—5 月 19 日）。
	5 月 12 日	日本第一次接收俄控“北方四岛”的国后岛、择捉岛、色丹岛等地的俄罗斯医疗领域的研修人员（—5 月 29 日）。
	5 月 15 日	日俄根据两国关于在“北方四岛”周边海域的日本渔船作业协定于莫斯科举行政府间磋商（—5 月 16 日）。
	6 月 4 日	日本在俄控“北方四岛”的国后岛援建柴油发电设施（—10 月 25 日）。
	6 月 7 日	俄罗斯副总理赫里斯坚科赴日参加前首相小渊惠三的葬礼。
	6 月 22 日	日俄副部长级缔结和平条约问题联合委员会会议及事务级磋商在莫斯科进行。
	7 月 12 日	日本宫崎市举行八国集团（G8）外相会议期间，日本森内阁外相河野洋平与俄罗斯外长伊万诺夫在宫崎举行日俄外相（长）会谈。
	7 月 22 日	日本冲绳举行的八国集团（G8）峰会期间，日本森内阁外相河野洋平与俄罗斯外长伊万诺夫举行日俄外相（长）会谈。

续表

年	月　日	大事记
2000年（平成12年）	7月23日	日本冲绳举行的八国集团（G8）峰会期间，日本首相森喜朗与俄罗斯总统普京举行日俄首脑会谈。
	7月27日	泰国曼谷举行东盟地区论坛（ARF）部长级会议，与会的日本森内阁外相河野洋平与俄罗斯外长伊万诺夫在曼谷举行日俄外相（长）会谈。
	9月1日	日俄经济贸易政府间委员会主席会商在日本东京举行。
	9月3日	俄罗斯联邦总统普京正式访问日本（—9月5日）。
	9月12日	日本海上保安厅长官荒井正吾（あらいそうご，1945年—）访问俄罗斯的圣彼得堡、莫斯科和符拉迪沃斯托克（—9月20日）。
	9月14日	为参加美国纽约举行的联合国大会而赴美的日本森内阁外相河野洋平与俄罗斯外长伊万诺夫在纽约举行日俄外相（长）会谈。
	10月17日	应日本外务省的邀请，俄罗斯国家杜马议员维克托・斯捷潘诺维奇・切尔诺梅尔金（Виктор Степанович Черномырдин，1938—2010年）访问日本（—10月20日）。
	10月23日	日俄副部长级缔结和平条约问题联合委员会分会及外交部门事务级磋商在日本东京举行。
	11月1日	日本森内阁外相河野洋平赴俄罗斯参加在莫斯科举行的日俄经济贸易政府间委员会第四次会议及日俄缔结和平条约问题联合委员会主席会商，并与俄罗斯外长伊万诺夫举行第十五次日俄外相（长）定期协商（—11月4日）。
	11月15日	文莱举行的APEC会议上，与会的日本首相森喜朗与俄罗斯总统普京在文莱举行日俄首脑会谈。
	11月20日	日俄根据两国关于日本渔船在俄控“北方四岛”周边海域的作业协定于俄罗斯莫斯科进行政府间协商（—11月24日）。

续表

年	月　日	大事记
2000 年（平成 12 年）	11 月 28 日	俄罗斯国防部长伊戈尔·德米特里耶维奇·谢尔盖耶夫（Игорь Дмитриевич Сергеев，1938—2006 年）访问日本（—11 月 30 日）。
	12 月 18 日	日俄举行共同经济活动委员会审议官级工作组第三次会议（—12 月 19 日）。

—— 第二章 ——

新千年后日本与俄罗斯政治·经济·社会文化关系年表（2001年至2019年11月）

年	月　日	事项
2001年（平成13年）	1月16日	日本森内阁外相河野洋平访问俄罗斯，同俄罗斯外长伊万诺夫在莫斯科举行第十六次日俄外相（长）之间的定期协商。
	1月29日	日本在南萨哈林斯克开设总领事馆。
	3月25日	日本首相森喜朗与俄罗斯总统普京在俄罗斯伊尔库茨克举行日俄两国首脑会谈。
	4月7日	日本内阁首相森喜朗视察日俄有争议的“北方领土”（—4月8日）。
	4月26日	日本自民党成立小泉纯一郎（こいずみ じゅんいちろう，1942年—）内阁（—2006年9月20日）。
	5月30日	日本政府派遣以经济团体联合会会长今井敬（いまい たかし，1929年—）为团长的经济使节团访问俄罗斯（—6月8日）。
	7月18日	意大利罗马举行八国集团（G8）外长会议期间，日本小泉内阁外相田中真纪子（たなかまきこ，1944年—）与俄罗斯外长伊万诺夫举行日俄外相（长）会谈。

续表

年	月　日	大事记
2001 年（平成 13 年）	7 月 21 日	意大利热那亚举行的八国集团（G8）首脑会议期间，日本首相小泉纯一郎与俄罗斯总统普京举行日俄首脑会谈。
	9 月 15 日	日本海上自卫队与俄罗斯海军在日本对马岛西南海域进行有关海上搜索、海难救助等方面的共同训练。
	9 月 30 日	应日本外务省的邀请，俄罗斯国家杜马以前第一副总理米哈伊尔·米哈伊洛维奇·扎达诺夫（Михаил Михайлович Задорнов，1963 年—）为团长的“对日议员集团”访日（—10 月 6 日）。
	10 月 9 日	日俄副部长级缔结和平条约问题联合委员会分会及事务级磋商在日本东京举行。
	10 月 21 日	中国上海举行 APEC 会议，与会的日本首相小泉纯一郎与俄罗斯总统普京在上海举行日俄首脑会谈。
	11 月 19 日	日俄根据两国关于日本渔船在俄控“北方四岛”周边海域的作业协定于莫斯科进行日俄政府间协商（—11 月 23 日）。
	11 月 30 日	俄罗斯副总理维克多·鲍里索维奇·赫里斯坚科（Ви́ктор Бори́сович Христе́нко，1957 年—）赴日参加在日本东京举行的日俄经济贸易政府间委员会第五次会议（—12 月 2 日）。
	12 月 9 日	日本国会超党派日俄友好议员联盟访问俄罗斯（—12 月 13 日）。
2002 年（平成 14 年）	1 月 18 日	日本前首相森喜朗访问俄罗斯，与俄罗斯总统普京在莫斯科举行会谈。
	2 月 1 日	俄罗斯外长伊万诺夫访日，举行日俄缔结和平条约问题联合委员会主席会商，并同日本小泉内阁外相川口顺子（かわぐちよりこ，1941 年—）进行第十七次日俄外相（长）定期协商（—2 月 3 日）。

续表

年	月　日	大事记
2002 年（平成 14 年）	3 月 13 日	日俄副部长级缔结和平条约问题联合委员会分会及事务级磋商在莫斯科进行。
	6 月 12 日	加拿大威斯勒举行八国集团（G8）外长会议期间，与会的日本外相川口顺子与俄罗斯外长伊万诺夫举行日俄外相（长）会谈。
	6 月 27 日	加拿大卡尔加里举行八国集团（G8）领导人会议期间，日本首相小泉纯一郎与俄罗斯总统普京举行首脑会谈。
	7 月 24 日	日俄副部长级缔结和平条约问题联合委员会分会及事务级磋商在日本东京举行。
	8 月 1 日	文莱举行东盟地区论坛部长级会议期间，日本外相川口顺子与俄罗斯外长伊万诺夫在文莱举行日俄外相（长）会谈。
	8 月 23 日	日本小泉内阁外相川口顺子，视察日俄有争议的“北方领土”。
	8 月 25 日	日本众议院议长绵贯民辅（わたぬきたみすけ，1927 年—）访问俄罗斯（—8 月 27 日）。
	9 月 15 日	为参加在美国纽约举行的联合国大会而赴美的日本外相川口顺子与俄罗斯外长伊万诺夫在纽约举行日俄外相（长）会谈。
	10 月 11 日	日本小泉内阁外相川口顺子访问俄罗斯，与俄罗斯外长伊万诺夫举行日俄第十八次外相（长）定期协商，并参加日俄第六次经济贸易政府间委员会会议（—10 月 14 日）。
	10 月 26 日	墨西哥洛斯卡沃斯举行亚太经合组织（APEC）第十次领导人非正式会议期间，日本首相小泉纯一郎与俄罗斯总理米哈伊尔・米哈伊洛维奇・卡西亚诺夫（Михаи́л Миха́йлович Касья́нов，1957 年—）举行日俄政府领导人会谈。

续表

年	月　日	大事记
2002 年（平成 14 年）	11 月 11 日	日俄根据两国关于日本渔船在俄控“北方四岛”周边海域的作业协定于莫斯科进行日俄政府间协商（—11 月 15 日）。
	12 月 1 日	俄罗斯国家杜马主席根纳季·尼古拉耶维奇·谢列兹尼奥夫（Геннадий Николаевич Селезнёв，1947 年—）访问日本（—12 月 5 日）。
	12 月 17 日	俄罗斯外长伊万诺夫访问日本，同日本小泉内阁外相川口顺子举行日俄第十九次外相（长）定期协商（—12 月 19 日）。
2003 年（平成 15 年）	1 月 9 日	日本首相小泉纯一郎正式访问俄罗斯首都莫斯科及俄罗斯远东地区政治、经济、文化中心哈巴罗夫斯克（—1 月 12 日）。
	1 月 13 日	日本小泉内阁防卫厅长官石破茂（いしばしげる，1957 年—）访问俄罗斯（—1 月 15 日）。
	4 月 11 日	俄罗斯国防部长谢尔盖·鲍里索维奇·伊万诺夫（Серге́й Бори́сович Ивано́в，1953 年—）访问日本（—4 月 13 日）。
	4 月 23 日	日俄副部长级缔结和平条约问题联合委员会分会及事务级磋商在日本东京举行。
	5 月 23 日	法国巴黎举行八国集团（G8）外长会议期间，日本小泉内阁外相川口顺子与俄罗斯外长伊万诺夫在巴黎举行日俄外相（长）会谈。
	5 月 30 日	日本首相小泉纯一郎访问俄罗斯，参加圣彼得堡建城 300 周年纪念活动（—6 月 1 日）。
	6 月 17 日	日本前首相森喜朗访问俄罗斯，与俄罗斯总统普京在莫斯科举行会谈。
	6 月 28 日	日本小泉内阁外相川口顺子访问俄罗斯，在莫斯科举行日俄经济贸易政府间委员会主席协商会议（—6 月 29 日）。

续表

年	月　日	大事记
2003 年（平成 15 年）	9 月 1 日	日本超党派日俄友好议员联盟访问俄罗斯（—9 月 5 日）。
	9 月 8 日	日本海上自卫队与俄罗斯海军在符拉迪沃斯托克附近海域进行海上搜索、救难等联合训练。
	9 月 18 日	日本接收俄控“北方四岛”的择捉岛上的两名俄罗斯患者，对其给予治疗（—11 月 10 日回原居住地）。
	9 月 23 日	为参加美国纽约举行的联合国大会而赴美的日本小泉内阁外相川口顺子与俄罗斯外长伊万诺夫在纽约举行日俄外相（长）会谈。
	10 月 2 日	日俄副部长级缔结和平条约问题联合委员会分会及事务级磋商在俄罗斯莫斯科举行。
	10 月 20 日	泰国曼谷举行 APEC 领导人非正式会议期间，日本首相小泉纯一郎与俄罗斯总统普京在曼谷举行日俄首脑会谈。
	11 月 11 日	日俄根据两国关于日本渔船在俄控“北方四岛”周边海域的作业协定进行政府间协商（—11 月 15 日）。
	12 月 15 日	俄罗斯联邦总理卡西亚诺夫访问日本（—12 月 17 日）。
2004 年（平成 16 年）	1 月 14 日	日本小泉内阁文部科学相河村建夫（かわむら たけお，1942 年—）访问俄罗斯（—1 月 15 日）。
	1 月 20 日	日本向俄控“北方四岛”上的俄罗斯居民提供人道主义援助物资（—1 月 23 日）。
	3 月 9 日	俄罗斯联邦总统普京任命谢尔盖·维克托罗维奇·拉夫罗夫（Сергéй Ви́кторович Лавро́в，1950 年—）为俄联邦外交部长。
	4 月 14 日	日俄第一次贤达会议在俄罗斯首都莫斯科举行。
	4 月 29 日	日本小泉内阁经济产业相中川昭一（なかがわしょういち，1953 年—）访问俄罗斯（—5 月 1 日）。

续表

年	月　日	大事记
2004 年（平成 16 年）	5 月 14 日	美国首都华盛顿举行八国集团（G8）外长会议期间，日本外相川口顺子与俄罗斯外长拉夫罗夫在华盛顿举行日俄外相（长）会谈。
	6 月 14 日	日俄外交部门事务级磋商在日本东京举行。
	6 月 23 日	日本小泉内阁外相川口顺子访问俄罗斯，同俄罗斯外长拉夫罗夫举行日俄第二十次外相（长）定期协商（—6 月 25 日）。
	7 月 19 日	日方接收俄控“北方四岛”的国后岛及择捉岛上的俄罗斯患者四人，对其进行治疗（—8 月 26 日，其中一名国后岛患者滞留到 12 月 21 日返回原居住地）。
	8 月 16 日	日本小泉内阁经济产业相中川昭一访问俄罗斯的萨哈林和哈巴罗夫斯克（—8 月 20 日）。
	8 月 30 日	日本国会“归还北方领土、促进与‘北方四岛’交流议员联盟”访问俄罗斯萨哈林岛（—9 月 1 日）。
	9 月 2 日	日本首相小泉纯一郎乘船从海上视察日俄有争议的“北方领土”，成为第一个以现任首相身份乘船从海上视察日俄有争议的“北方领土”的人。
	9 月 4 日	日本海上自卫队与俄罗斯海军在日本对马岛东北海域举行有关海上搜索、救难活动方面的日俄联合训练。
	9 月 13 日	日本接收来自俄控“北方四岛”的色丹岛上的两名俄罗斯患者，并对其进行治疗（—10 月 1 日）。
	9 月 20 日	为参加在美国纽约举行的联合国大会而赴美的日本小泉内阁外相川口顺子与俄罗斯外长拉夫罗夫在纽约举行日俄外相（长）会谈。
		日本国会超党派日俄友好议员联盟访问俄罗斯（—9 月 26 日）。
	10 月 19 日	日俄副部长级缔结和平条约问题联合委员会分会及日俄外交部门事务级磋商在俄罗斯莫斯科举行。

续表

年	月　日	大事记
2004年（平成16年）	11月15日	日俄根据两国关于日本渔船在俄控“北方四岛”周边海域的作业协定进行政府间协商（—11月18日）。
	11月17日	美国加利福尼亚的圣地亚哥举行APEC会议期间，日本小泉内阁外相町村信孝（まちむらのぶたか，1944—2015年）与俄罗斯外长拉夫罗夫在圣地亚哥举行日俄外相（长）会谈。
	11月21日	美国加利福尼亚的圣地亚哥举行APEC会议期间，日本首相小泉纯一郎与俄罗斯总统普京在圣地亚哥举行日俄首脑会谈。
	12月21日	日本向俄控“北方四岛”上的俄罗斯居民提供人道主义的援助物资（—12月23日）。
2005年（平成17年）	1月13日	日本小泉内阁外相町村信孝访问俄罗斯，与俄罗斯外长拉夫罗夫举行日俄外相会谈，并举行日俄经济贸易政府间委员会主席会商（—1月15日）。
	2月2日	日俄第二次贤达会议在日本东京举行。
	4月21	俄罗斯工业和能源部长赫里斯坚科访问日本，参加日俄第七次经济贸易政府间委员会会议（—4月23日）。
	5月8日	日本首相小泉纯一郎访问俄罗斯，参加在莫斯科举行的第二次世界大战胜利60周年纪念典礼（—5月9日）。
	5月19日	日俄战争研究会在日本宫崎县日南市国际交流中心小村寿太郎（こむら じゅたろう，1855—1911年）纪念馆会议室举行“日俄战争·朴茨茅斯条约缔结百周年国际学术研讨会”（—5月22日）。
	5月31日	俄罗斯外长拉夫罗夫访问日本，与日本小泉内阁外相町村信孝举行日俄外相（长）会谈（—6月1日）。
	6月10日	日本海上自卫队与俄罗斯海军在俄罗斯符拉迪沃斯托克附近海域举行有关海上搜索、海上救难活动方面的日俄联合训练。

续表

年	月　日	大事记
2005 年（平成 17 年）	6 月 13 日	日本前首相森喜朗访问俄罗斯，在圣彼得堡与普京总统举行会谈（—6 月 15 日）。
	6 月 17 日	日本接收俄控“北方四岛”的国后岛和择捉岛上的五名俄罗斯患者，并对其进行治疗（—7 月 22 日）。
	6 月 22 日	比利时布鲁塞尔举行援助伊拉克国际会议期间，日本外相町村信孝与俄罗斯外长拉夫罗夫在布鲁塞尔举行日俄外相（长）会谈。
	6 月 27 日	日本文部科学相中山成彬（なかやまなりあき，1943 年—）访问俄罗斯，参加在莫斯科举行的国际热核聚变实验堆（ITER）欧盟、印度、日本、韩国、俄罗斯、美国六方部长级会议（—6 月 28 日）。
	7 月 5 日	日本海上自卫队训练舰队访问俄罗斯圣彼得堡（—7 月 8 日）。
	7 月 7 日	英国苏格兰中部的格伦伊格尔斯举行八国集团（G8）首脑会议期间，日本首相小泉纯一郎与俄罗斯总统普京在格伦伊格尔斯举行日俄首脑会谈。
	8 月 15 日	日本接受俄控“北方四岛”的国后岛和色丹岛上的五名俄罗斯患者，并对其进行治疗。其中一名色丹岛患者 9 月 9 日返回原居住地（—9 月 26 日）。
	9 月 14 日	为参加美国纽约举行的联合国大会而赴美的日本小泉内阁外相町村信孝与俄罗斯外长拉夫罗夫在纽约举行日俄外相（长）会谈。
	10 月 17 日	日俄根据两国关于日本渔船在俄控“北方四岛”周边海域的作业的协定进行政府间协商（—11 月 21 日）。
	11 月 16 日	韩国釜山举行 APEC 会议期间，日本小泉内阁外相麻生太郎（あそう たろう，1940 年—）与俄罗斯外长拉夫罗夫在釜山举行日俄外相（长）会谈。

续表

年	月　日	大事记
2005 年（平成 17 年）	11 月 20 日	俄罗斯总统普京正式访问日本，与日本首相小泉纯一郎举行首脑会谈，在经济、信息技术、反恐对策等领域达成约十项合作协议并签字（—10 月 22 日）。
	12 月 13 日	日本向俄控“北方四岛”的俄罗斯居民提供人道主义援助物资（—12 月 16 日）。
2006 年（平成 18 年）	1 月 10 日	俄罗斯联邦政府办公厅主任谢尔盖・叶甫根尼耶维奇・纳雷什金（Сергéй Евгéньевич Нарышкин，1954 年—）访问日本（—1 月 11 日）。
	1 月 12 日	日本小泉内阁防卫厅长官额贺福志郎（ぬかがふくしろう，1944 年—）访问俄罗斯（—1 月 14 日），签署《日本防卫厅与俄罗斯国防部关于进一步发展双方对话及交流的备忘录》。
	1 月 18 日	俄罗斯财政部长阿列克谢・列昂纳德维奇・古特林（Алексей Леонидович Кудрин，1960 年—）访问日本（—1 月 19 日）。
	2 月 10 日	日本小泉内阁财务相谷垣祯一（たにがき さだかず，1945 年—）赴俄罗斯参加在莫斯科举行的八国集团（G8）财长会议（—2 月 11 日）。
	2 月 13 日	俄罗斯国家杜马以维克托・列奥尼多维奇・涅费多夫（Виктор Леонидович Нефедов，1959 年—）为团长的俄杜马年轻议员团体访问日本（—2 月 19 日）。
	2 月 25 日	俄罗斯紧急状态部部长谢尔盖・库茹盖托维奇・绍伊古（Сергéй Кужугéтович Шойгуu，1955 年—）访问日本（—2 月 28 日）。
	3 月 25 日	俄罗斯联邦委员会国际事务委员会主席米哈伊尔・维塔利耶维奇・马格罗夫（Михаил Витальевич Маргелов，1964 年—）一行访问日本（—3 月 30 日）。

续表

年	月　日	大事记
2006 年（平成 18 年）	3 月 27 日	日俄第三次贤达会议在俄罗斯莫斯科举行。
	5 月 3 日	日本海上保安厅长官石川裕己（いしかわひろき，1946 年—）赴俄罗斯的符拉迪沃斯托克具体落实日本海上保安厅与俄罗斯边境警备局达成的《日俄关于反恐对策及海上搜索、救助联合训练协议》（—3 月 6 日）。
	5 月 23 日	卡塔尔首都多哈举行亚洲合作对话（ACD）会议期间，日本小泉内阁外相麻生太郎与俄罗斯外长拉夫罗夫在多哈举行日俄外相（长）会谈。
	6 月 9 日	日本小泉内阁财务相谷垣祯一赴俄罗斯参加在莫斯科举行的八国集团（G8）财长会议（—6 月 10 日）。
	6 月 21 日	日本接收俄控“北方四岛”的国后岛上的四名俄罗斯患者，并对其给予治疗（—7 月 12 日）。
	6 月 27 日	日本小泉内阁外相麻生太郎访问俄罗斯，在莫斯科同俄罗斯外长拉夫罗夫举行日俄外相（长）会谈，并参加八国集团（G8）外长会议（—6 月 30 日）。
	7 月 10 日	日本接收俄控“北方四岛”的国后岛和色丹岛上的六名俄罗斯患者，并对其给予治疗（—7 月 22 日，其中一人滞留到 7 月 28 日返回原居住地）。
	7 月 15 日	日本首相小泉纯一郎访问俄罗斯，在圣彼得堡同俄罗斯总统普京举行日俄首脑会谈，并参加八国集团（G8）首脑会议（—7 月 17 日）。
	7 月 28 日	马来西亚首都吉隆坡举行东盟地区论坛（ARF）部长级会议期间，日本小泉内阁外相麻生太郎与俄罗斯外长拉夫罗夫在吉隆坡举行日俄外相（长）会谈。
	8 月 16 日	俄控“北方四岛”周边海域发生俄罗斯边境警备队枪击并缉拿日本渔船的事件。
	8 月 21 日	日本接收俄控“北方四岛”的择捉岛上的五名俄罗斯患者，并对其给予治疗（—9 月 15 日，其中两名患者滞留到 9 月 25 日返回原居住地）。

续表

年	月　日	大事记
2006年（平成18年）	8月24日	执政的日本自民党干事长武部勤（たけべ つとむ，1941年—）一行访问俄罗斯（—8月28日）。
	9月9日	“统一俄罗斯”党中央委员会主席团秘书维亚切斯拉夫·维克多罗维奇·沃洛丁（Вячеслав Викторович Володин，1964年—）一行访日（—9月10日）。
	9月11日	日本外务省在欧洲局俄罗斯课设立北海道联合推进室。
	9月14日	日本国会众议院议长河野洋平访问俄罗斯，参加在莫斯科举行的八国集团（G8）众议院议长会议（—9月17日）。
	9月20日	日本自民党党首安倍晋三（あべしんぞ，1954年—）上台组阁，成立第一次安倍内阁（—2007年9月24日）。
	9月28日	日本接收俄控“北方四岛”的择捉岛上的一名俄罗斯患者，并对其进行治疗（—10月18日）。
	10月9日	日本海上自卫队与俄罗斯海军在舞鹤附近海域进行有关海上搜索、救难的日俄联合训练。
	10月12日	根据日本与俄控“北方四岛”交流项目访问日本北海道根室市的五十七名俄控“北方四岛”居民，日方对其提供体检。
	10月24日	日俄根据两国关于日本渔船在俄控“北方四岛”周边海域的作业协定进行政府间协商（—10月26日）。
	11月5日	俄罗斯国家杜马议员维克托·亚历山德罗维奇·克鲁斯（Виктор Александрович Клюс，1953年—）为团长的俄罗斯国家杜马“对日议员集团”访问日本（—11月11日）。
	11月18日	越南首都河内举行APEC会议期间，与会的日本安倍内阁外相麻生太郎与俄罗斯外长拉夫罗夫在河内举行日俄外相（长）会谈，与会的日本首相安倍晋三与俄罗斯总统普京则举行了日俄首脑会谈。

续表

年	月 日	大事记
2006 年（平成 18 年）	11 月 21 日	日本公明党代表太田昭宏（おおた あきひろ，1945 年—）一行访问俄罗斯（—11 月 23 日）。
	11 月 28 日	日本向俄控“北方四岛”上的俄罗斯居民提供人道主义援助物资（—12 月 1 日）。
	12 月 4 日	俄罗斯联邦委员会副主席斯维特拉娜·尤里耶夫纳·奥尔洛娃（Светлана Юрьевна Орлова，1954 年—）一行访问日本（—12 月 9 日）。
2007 年（平成 19 年）	1 月 23 日	日俄在莫斯科举行第一次日俄战略对话（—1 月 24 日），日方参加此次战略对话的是外务事务次官谷内正太郎（やち しょうたろう，1944 年—），俄方是外交部第一副部长安德烈·伊万诺维奇·杰尼索夫（Андрей Иванович Денисов，1952 年—）。日俄战略对话是由副外长级官员就双边问题和国际关系交换意见的机制。
		俄罗斯国家杜马以维克多·涅费多夫为团长的“俄日年轻议员联系会”代表团访问日本（—2 月 2 日）。
	2 月 27 日	俄罗斯总理米哈伊尔·叶菲莫维奇·弗拉德科夫（Михаил Ефимович Фрадков，1950 年—）访问日本（—2 月 28 日）。
	3 月 19 日	俄罗斯联邦委员会副主席德米特里·费奥多罗维奇·梅津采夫（Дми́трий Фёдорович Ме́зенцев，1959 年—）等人赴日出席在东京举行的“日俄论坛”（—3 月 20 日）。
	4 月 28 日	日本自民党政务调查会长中川秀直（なかがわ ひでなお，1944 年—）等四人访问俄罗斯的莫斯科、圣彼得堡和下诺夫哥罗德（—5 月 2 日）。
	5 月 3 日	日本安倍内阁外相麻生太郎访问俄罗斯，与俄罗斯外长拉夫罗夫举行日俄外相（长）会谈。

续表

年	月　日	大事记
2007年（平成19年）	5月28日	日本接收俄控“北方四岛”的色丹岛上的五名俄罗斯患者，并对其给予治疗（其中一人6月12日返回原地，一人6月28日返回原地，其他人6月19日返回原居住地）。
	6月1日	日俄第二次战略对话在日本东京举行，参加本次战略对话的双方主要代表分别是日本外务事务次官谷内正太郎与俄罗斯外交部第一副部长安德烈·杰尼索夫。
	6月7日	德国海利根达姆举行八国集团（G8）首脑会议期间，日本首相安倍晋三与俄罗斯总统普京在海利根达姆举行日俄首脑会谈。
	6月13日	日本海上保安厅长官石川裕己赴俄罗斯参加在莫斯科举行的中央机关长官会谈（—6月15日）。
	6月20日	日本接收俄控“北方四岛”的择捉岛上的六名俄罗斯患者，并对其给予治疗（—7月14日）。
	7月1日	俄罗斯联邦政府副总理兼总统办公厅主任纳雷什金访问日本（—7月3日）。
	7月17日	日本接收俄控“北方四岛”的国后岛上的五名俄罗斯患者，并对其给予治疗（—8月3日）。
	8月6日	国际海事法庭对俄罗斯缉拿日本渔船“第88丰进丸事件”和“第53富丸事件”做出判决，宣判俄罗斯尽快释放被缉拿的日本渔船。
	8月24日	日本海上自卫队与俄罗斯海军在日本海北部进行有关海上搜索、救难活动方面的联合训练。
	9月8日	澳大利亚最大城市悉尼举行APEC会议期间，日本首相安倍晋三与俄罗斯总统普京在悉尼举行日俄首脑会谈。
	9月24日	日本接收俄控“北方四岛”的择捉岛上的俄罗斯患者两名、国后岛上的俄罗斯患者两名和色丹岛上的俄罗斯患者一名，并对其给予治疗（—10月16日，其中国后岛的一名患者10月5日返回原居住地）。

续表

年	月　日	大事记
2007年（平成19年）	9月25日	日本成立自民党主导的福田康夫（ふくだ やすお，1936年—）内阁（—2008年9月1日）。
	10月6日	日本为促进同俄控“北方四岛”的交流，邀请六十七名“北方四岛”上的俄罗斯居民访问北海道，北海道的根室市对到访的六十七名“北方四岛”上的俄罗斯居民提供体检。
	10月12日	日本紧急接收来自俄控“北方四岛”的国后岛上的俄罗斯烧伤幼童，并对其进行治疗（—12月21日）。
	10月15日	日俄根据两国关于日本渔船在俄控“北方四岛”周边海域的作业协定进行政府间协商（—10月17日）。
	10月23日	俄罗斯外长拉夫罗夫访问日本，与日本福田内阁外相高村正彦（こうむらまさひこ，1942年—）举行日俄外相（长）会谈。
	11月4日	俄罗斯联邦政府副总理兼总统办公厅主任纳雷什金访问日本（—11月6日）。
	12月6日	日俄在俄罗斯莫斯科举行第三次战略对话，参加本次战略对话双方主要代表分别是日本外务事务次官谷内正太郎、外务省欧洲局局长原田亲仁（はらだ ちかひと，1951年—）、综合外交政策局总务课课长兼原信克（かねはらのぶかつ，1959年—）、俄罗斯课课长武藤显（むとうけん，?）等；俄方与会人员有外交部第一副部长杰尼索夫、第一亚洲局局长康斯坦丁·瓦西里耶维奇·瓦努科夫（Константи́н Васи́льевич Вну́ков，1951年—）、外交政策规划局局长亚历山大·米哈伊洛维奇·克拉马连科（Александр Михайлович Крамаренко，1952年—）、第一亚洲局副局长瓦西里·伊万诺维奇·萨普林（Саплин Василий Иванович，1949年—）等。

续表

年	月 日	大事记
2007年（平成19年）	12月20日	日本前首相森喜朗访问俄罗斯，在圣彼得堡出席丰田汽车生产线启动仪式，并同俄罗斯总统普京进行会谈（—12月21日）。
2008年（平成20年）	1月21日	日本向俄控“北方四岛”上的俄罗斯居民提供人道主义援助物资（—1月25日）。
	4月7日	日俄在日本东京进行第四次战略对话，参加本次战略对话双方主要代表分别是日本外务事务次官薮中三十二（やぶなか みとじ，1948年—）、外务省欧洲局局长原田亲仁、综合外交政策局总务课课长兼原信克、俄罗斯课课长武藤显等；俄方与会人员有外交部第一副部长杰尼索夫、俄罗斯驻日大使米哈伊尔·米哈洛维奇·贝鲁伊（Михаил Михайлович Белый，1945年—）、俄外交部参事官彼得·维克托罗维奇·伊里切夫（Пётр Викторович Ильичёв，1966年—）等。
	4月12日	日本福田内阁外相高村正彦访问俄罗斯，与俄罗斯外长拉夫罗夫举行日俄外相（长）会谈，并参加日俄经济贸易政府间委员会主席会商（—4月15日）。
	4月25日	日本首相福田康夫访问俄罗斯，与俄罗斯总统普京举行首脑会谈，并与将要上任下任总统的德米特里·阿纳托利耶维奇·梅德韦杰夫（Дмитрий Анатольевич Медведев，1965年—）进行会谈（—4月27日）。
	5月7日	统一俄罗斯党、公正俄罗斯党、俄罗斯农业党和公民力量党的联合推举下当选俄罗斯总统的梅德韦杰夫正式宣誓就职。
	5月19日	日本接受俄控“北方四岛”的色丹岛上的五名俄罗斯患者，并对其进行治疗，其中一人6月7日返回原居住地，其余四人6月16日返回原居住地色丹岛。

续表

年	月　日	大事记
2008 年（平成 20 年）	5 月 20 日	俄罗斯国家杜马宪法性法律及国家建设委员会主席弗拉迪米尔·尼古拉耶维奇·普利金（Владимир Николаевич Плигин，1960 年—）访问日本（—5 月 23 日）。
	6 月 7 日	俄罗斯能源部长谢尔盖·伊万诺维奇·什马特科（Сергей Иванович Шматко，1966 年—）赴日参加在日本举行的八国集团（G8）能源部长会议（—6 月 8 日）。
	6 月 11 日	俄罗斯司法部长亚历山大·弗拉基米罗维奇·科诺瓦罗夫（Александр Владимирович Коновалов，1968 年—）赴日参加在日本举行的八国集团（G8）司法、内务部长会议（—6 月 13 日）。
	6 月 13 日	俄罗斯副首相兼财政部长古特林赴日参加在日本举行的八国集团（G8）财长会议（—6 月 14 日）。
	6 月 15 日	俄罗斯教育科技部长安德烈·亚利山大维奇·富尔先科（Андрей Александрович Фурсенко，1949 年—）赴日参加在日本举行的八国集团（G8）科技部长会议，。
	6 月 17 日	日本接收俄控“北方四岛”的国后岛上的四名俄罗斯患者，并对其给予治疗，其中一人 7 月 8 日返回原居住地，其余 14 日返回原居住地。
	6 月 27 日	日本接收来自俄控“北方四岛”的俄罗斯医师、护士组成的六名研修人员（—7 月 14 日返回原居住地）。
	7 月 8 日	日本北海道洞爷湖举行八国集团（G8）峰会，期间日本首相福田康夫与俄罗斯总统梅德韦杰夫举行日俄首脑会谈。
	7 月 17 日	日本接收来自俄控“北方四岛”的俄罗斯医师、护士组成的六名研修人员（—8 月 1 日返回原居住地）。

续表

年	月　日	大事记
2008年（平成20年）	7月17日	日本接收俄控“北方四岛”的择捉岛上的三名俄罗斯患者，并对其给予治疗（—8月8日返回原居住地）。
	8月16日	俄罗斯农业部长阿列克谢·瓦西里耶维奇·戈尔杰耶夫（Алексей Васильевич Гордеев，1955年—）访问日本（—8月19日）。
	9月2日	俄罗斯国家杜马主席鲍里斯·维亚切斯拉沃维奇·格雷兹洛夫（Борис Вячеславович Грызлов，1950年—）赴日参加在日本举行的八国集团（G8）下议院议长会议。
	9月15日	日本接收俄控“北方四岛”的择捉岛上的五名俄罗斯患者，并对其给予治疗，其中一人10月6日返回原地，其余13日返回原居住地。
	9月22日	日本接收俄控“北方四岛”的国后岛上的一名俄罗斯患者，并对其给予治疗（—10月2日返回原居住地）。
		日本接收俄控“北方四岛”的色丹岛上的两名俄罗斯患者，并对其给予治疗。其中一人10月6日返回原居住地，另一人13日返回原居住地。
	9月24日	日本自民党成立麻生太郎（あそう たろう，1940年—）内阁（—2009年9月16日）。
	9月30日	日本海上自卫队与俄罗斯海军在日本舞鹤市举行有关海上搜索、海难救助方面的日俄联合训练（—10月3日）。
	10月7日	日俄第五次战略对话在俄罗斯莫斯科举行，参加本次战略对话的日方代表是日本外务事务次官薮中三十二，此外外务省欧洲局局长谷崎泰明、综合外交政策局总务课长森健良（もり たけお，?）、俄罗斯课课长武藤显等也参加了对话；俄方代表是外交部第一副部长杰尼索夫，此外俄外交部亚太各国局局长米哈伊尔·尤里叶维奇·格鲁津（Михаил Юрьевич Галузин，1960年—）等也参加了对话。日俄战略对话是由副外长级官员就双边问题和国际关系交换意见的机制。

续表

年	月　日	大事记
2008年（平成20年）	10月14日	日本对到北海道根室市进行交流的四十九名来自俄控“北方四岛”的俄罗斯居民提供体检。
	10月15日	日俄根据两国关于日本渔船在俄控“北方四岛”周边海域的作业协定进行政府间协商（—10月17日）。
	10月21日	俄罗斯工业和贸易部部长赫里斯坚科赴日参加在东京举行的日俄第八次政府间经济贸易委员会会议。
	11月4日	俄罗斯外长拉夫罗夫访日，与日本麻生内阁外相中曾根弘文（なかそねひろふみ，1945年—）举行日俄外相（长）会谈（—11月5日）。
	11月22日	秘鲁首都利马举行APEC首脑会议期间，日本首相麻生太郎与俄罗斯总统梅德韦杰夫在利马举行日俄首脑会谈。
	12月5日	俄罗斯联邦委员会委员涅赫托夫为团长的俄罗斯国家杜马“俄日年轻议员联系会”代表团访日（—12月11日）。
	12月9日	俄罗斯联邦总统办公厅主任纳雷什金访日（—12月10日）。
2009年（平成21年）	1月13日	俄罗斯联邦委员会主席谢尔盖·米哈伊洛维奇·米罗诺夫（Сергéй Михáйлович Мирóнов，1953年—）访日（—1月16日）。
	2月18日	日本首相麻生太郎与俄罗斯总统梅德韦杰夫在俄罗斯南萨哈林斯克举行日俄首脑会谈。
	3月18日	日俄第六次战略对话在俄罗斯莫斯科举行，参加本次战略对话日方主要与会人员有日本外务事务次官薮中三十二、日本驻俄大使斋藤泰雄（さいとう やすお，1948年—）、外务省欧洲局局长谷崎泰明（たにざき やすあき，1952年—）等；俄方主要与会人员有外交部第一副部长杰尼索夫、俄外交部第一亚洲局局长瓦努科夫、亚太区域各国局局长格鲁津等。

续表

年	月　日	大事记
2009年（平成21年）	5月11日	俄罗斯总理弗拉基米尔·弗拉基米罗维奇·普京（Влади́мир Влади́мирович Пу́тин，1952年—）访问日本（—5月13日）。
	6月17日	日本接收俄控“北方四岛”的色丹岛上的一名俄罗斯患者和国后岛上的两名俄罗斯患者，并对其给予治疗（—7月6日返回原居住地）。
	6月21日	俄罗斯联邦总统办公厅主任纳雷什金访日（—6月23日）。
	7月9日	意大利拉奎拉举行八国集团（G8）首脑会议期间，日本首相麻生太郎与俄罗斯总统梅德韦杰夫举行日俄首脑会谈。
	7月15日	日本接收俄控“北方四岛”的择捉岛上的三名俄罗斯患者，并对其给予治疗（—8月7日返回原居住地）。
	8月20日	日本麻生内阁外相中曾根弘文视察日俄有争议的“北方领土”。
	8月24日	日本接收俄控“北方四岛”的国后岛上的一名俄罗斯患者和择捉岛上的三名俄罗斯患者，并对其给予治疗（—9月18日返回原居住地）。
	8月31日	日本接收俄控“北方四岛”的色丹岛上的两名俄罗斯患者和国后岛上的一名俄罗斯患者，并对其给予治疗（—9月18日返回原居住地）。
	9月16日	日本成立民主党鸠山由纪夫（はとやまゆきお，1947年—）内阁（—2010年6月7日）。
	9月21日	日本接收俄控“北方四岛”的择捉岛上的一名俄罗斯患者，并对其给予治疗（—10月7日返回原居住地）。
		日本接收俄控“北方四岛”的国后岛上的一名俄罗斯患者，并对其给予治疗（—10月20日返回原居住地）。
	9月23日	美国纽约举行联合国大会期间，日本首相鸠山由纪夫与俄罗斯总统梅德韦杰夫在纽约举行日俄首脑会谈。

续表

年	月 日	大事记
2009年（平成21年）	10月2日	日本接收俄控“北方四岛”的色丹岛上的一名俄罗斯患者，并对其给予治疗（—10月24日返回原居住地）。
	10月6日	日本对到北海道根室市进行交流的四十三名来自俄控“北方四岛”的俄罗斯岛民提供体检。
	10月7日	日俄根据两国关于日本渔船在俄控“北方四岛”周边海域的作业协定进行政府间协商（—10月9日）。
		日本接收来自俄控“北方四岛”的由俄罗斯医师、护士组成的五名研修人员（—10月20日返回原居住地）。
	10月12日	日本参议院议长江田五月（えだ さつき，1941年—）访问俄罗斯（—10月14日）。
	11月15日	新加坡举行APEC会议期间，日本首相鸠山由纪夫与俄罗斯总统梅德韦杰夫在新加坡举行日俄首脑会谈。
	11月29日	俄罗斯联邦总统办公厅主任纳雷什金访日（—12月1日）。
	12月27日	日本鸠山内阁外相冈田克也（おかだ かつや，1953年—）访问俄罗斯，与俄罗斯外长拉夫罗夫举行两国外相（长）会谈，并参加日俄政府间经济贸易委员会主席会商。访俄期间，冈田克也还与俄罗斯联邦总统办公厅主任纳雷什金举行会谈（—12月28日）。
2010年（平成22年）	1月25日	日俄第七次战略对话在日本东京举行，日方参加对话的主要人员有外务事务次官薮中三十二、外务省欧洲局局长谷崎泰明等；俄方参与对话的主要人员有俄外交部第一副部长杰尼索夫、俄驻日大使贝鲁伊等。日俄战略对话是由副外长级官员就双边问题和国际关系交换意见的机制。
	2月26日	正在俄罗斯访问的日本外务事务次官薮中三十二为进一步落实1月25日进行的日俄战略对话的成果，与俄罗斯外交部第一副部长杰尼索夫进行了意见交换。

续表

年	月　日	大事记
2010年（平成22年）	3月7日	日本鸠山内阁外相冈田克也视察日俄有争议的“北方领土”。
	3月29日	加拿大加蒂诺举行的八国集团（G8）外长会议上，日本鸠山内阁外相冈田克也与俄罗斯外长拉夫罗夫举行日俄外相（长）会谈。
	4月13日	美国首都华盛顿举行核安全峰会期间，与会的日本首相鸠山由纪夫与俄罗斯总统梅德韦杰夫举行日俄首脑会谈。
		俄罗斯联邦总统办公厅主任纳雷什金赴日，参加2010年日本举办的“俄罗斯文化节”开幕式（—4月15日）。
	4月27日	俄罗斯工业贸易部长赫里斯坚科赴日参加在东京举行的日俄经济贸易政府间委员会主席会商。
	5月31日	日本接收俄控“北方四岛”的色丹岛上的五名俄罗斯患者，并对其给予治疗（—6月15日返回原居住地）。
	6月8日	日本成立民主党菅直人（かんなおと，1946年—）内阁（—2011年9月1日）。
	6月25日	日本接收俄控“北方四岛”的择捉岛上的五名俄罗斯患者，并对其给予治疗（—7月21日返回原居住地）。
	6月26日	加拿大穆斯科卡举行八国集团（G8）首脑会议期间，与会的日本首相菅直人与俄罗斯总统梅德韦杰夫举行日俄首脑会谈。
	7月23日	日本海上自卫队与俄罗斯海军在俄罗斯符拉迪沃斯托克举行有关海上搜索、海难救助方面的日俄联合训练（—7月27日）。
	7月24日	日本接收俄控“北方四岛”的色丹岛上的一名俄罗斯患者，并对其给予治疗（—8月6日返回原居住地）。
		日本接收俄控“北方四岛”的择捉岛上的四名俄罗斯患者，并对其给予治疗，其中一人8月6日返回原居住地。其余三人21日返回原居住地。

续表

年	月 日	大事记
2010 年（平成 22 年）	9 月 10 日	日本前首相森喜朗访俄，在莫斯科与俄罗斯总理普京举行会谈。
		日本民主党前首相鸠山由纪夫作为民主党现首相菅直人的特使访问俄罗斯，在雅罗斯拉夫尔与俄罗斯总统梅德韦杰夫举行会谈。
	9 月 13 日	日本接收俄控“北方四岛”的色丹岛上的两名俄罗斯患者和国后岛上的三名俄罗斯患者，并对其给予治疗（—10 月 5 日返回原居住地）。
	10 月 15 日	俄罗斯太平洋舰队“潘捷列夫上将”号大型反潜驱逐舰停靠日本北海道函馆市的函馆港，这是近 80 年来俄罗斯海军首次访问北海道（—10 月 19 日）。
	11 月 1 日	俄罗斯总统梅德韦杰夫视察与日本存在领土争议的南千岛群岛最南端的国后岛，日本首相菅直人对此发表谈话，表示“非常遗憾”，并称“这将对日俄关系设置重大障碍”。
		日俄根据两国关于日本渔船在俄控“北方四岛”周边海域的作业协定进行政府间协商（—11 月 3 日）。
	11 月 13 日	日本横滨举行 APEC 会议期间，日本首相菅直人与俄罗斯总统梅德韦杰夫举行日俄首脑会谈。
		日本横滨举行 APEC 会议期间，日本菅内阁外相前原诚司（まえはら せいじ，1962 年—）与俄罗斯外长拉夫罗夫举行日俄外相（长）会谈。
	12 月 4 日	日本菅内阁外相前原诚司视察日俄有争议的“北方领土”。
	12 月 9 日	俄罗斯联邦总统办公厅主任纳雷什金访日，与日本首相菅直人以及官房长官仙谷由人（せんごく よしと，1946—2018 年）举行会谈（—12 月 10 日）。
2011 年（平成 23 年）	2 月 11 日	日本菅内阁外相前原诚司访问俄罗斯莫斯科，与俄罗斯外长拉夫罗夫举行日俄外相（长）会谈，并参加日俄第九次经济贸易政府间委员会会议（—2 月 12 日）。

续表

年	月　日	大事记
2011年（平成23年）	3月2日	日俄第八次战略对话在日本东京举行，日方外务事务次官佐佐江贤一郎（ささえ けんいちろう，1951年—）、外务省欧洲局局长小寺次郎（こでら じろう，1953年—）等出席对话；俄罗斯方面，外交部第一副部长杰尼索夫、俄驻日大使贝鲁伊等出席战略对话。
	3月14日	法国多维尔举行八国集团（G8）外长会议期间，与会的日本菅内阁外相松本刚明（まつもと たけあき，1959年—）与俄罗斯外长拉夫罗夫举行日俄外相（长）会谈。
	5月27日	法国多维尔举行八国集团（G8）首脑会议期间，日本首相菅直人与俄罗斯总统梅德韦杰夫举行日俄首脑会谈。
	5月30日	日本接收俄控“北方四岛”的色丹岛上的五名俄罗斯患者，并对其给予治疗（—6月14日返回原居住地）。
	6月24日	日本接收俄控“北方四岛”的色丹岛上的一名俄罗斯患者、国后岛上的三名俄罗斯患者和择捉岛上的一名俄罗斯患者，并对其给予治疗（—7月20日返回原居住地）。
	7月4日	俄罗斯联邦总统办公厅主任纳雷什金在东京与日本官房长官枝野幸男（えだの ゆきお，1964年—）会晤。
	7月23日	日本接收俄控“北方四岛”的择捉岛上的四名俄罗斯患者，并对其给予治疗（—8月18日回原居住地）。
	9月2日	日本民主党成立野田佳彦（のだ よしひこ，1957年—）内阁（—2012年12月25日）。
	9月15日	日本接收俄控“北方四岛”的色丹岛上的一名俄罗斯患者、国后岛上的两名俄罗斯患者和择捉岛上的一名俄罗斯患者，并对其给予治疗（—10月6日返回原居住地）。

续表

年	月　日	大事记
2011 年（平成 23 年）	9 月 21 日	为参加在美国纽约举行的联合国大会而赴美的日本野田内阁外相玄叶光一郎（げんば こいちろう，1964 年—）和俄罗斯外长拉夫罗夫在纽约举行日俄外相（长）会谈。
	9 月 25 日	日本海上自卫队与俄罗斯海军在日本舞鹤举行有关海上搜索、海难救助方面的日俄联合演习（—9 月 29 日）。
	10 月 7 日	日本接收来自俄控“北方四岛”的俄罗斯医师、护士组成的五名研修人员（—10 月 18 日返回原居住地）。
	10 月 12 日	日俄根据两国关于日本渔船在俄控北方四岛周边海域的作业协定进行政府间协商（—10 月 14 日）。
	10 月 19 日	日本对俄控“北方四岛”上的三十八名来访俄罗斯居民提供体检。
	10 月 24 日	俄罗斯工业贸易部长赫里斯坚科赴日参加在东京举行的日俄经济贸易政府间委员会主席会商。
	11 月 11 日	美国夏威夷檀香山举行 APEC 会议期间，日本野田内阁外相玄叶光一郎和俄罗斯外长拉夫罗夫举行日俄外相（长）会谈。
	11 月 12 日	美国夏威夷檀香山举行的 APEC 首脑会议期间，日本首相野田佳彦与俄罗斯总统梅德韦杰夫举行日俄首脑会谈。
	11 月 25 日	日俄第九次战略对话会议在莫斯科举行，日本外务事务次官佐佐江贤一郎与俄罗斯第一副外长杰尼索夫代表各自一方进行战略对话。日俄战略对话是由副外长级官员就双边问题和国际关系交换意见的机制
2012 年（平成 24 年）	1 月 10 日	俄罗斯联邦委员会主席瓦连金娜·伊万诺夫娜·马特维延科（Валентина Ивановна Матвиенко，1949 年—）访日（—1 月 12 日）。
	1 月 14 日	日本野田内阁外相玄叶光一郎视察日俄有争议的“北方领土”。

续表

年	月　日	大事记
2012年（平成24年）	1月28日	俄罗斯外长拉夫罗夫访问日本，与日本野田内阁外相玄叶光一郎在东京举行日俄外长（相）会谈。
	4月11日	美国首都华盛顿举行八国集团（G8）外长会议期间，日本野田内阁外相玄叶光一郎和俄罗斯外长拉夫罗夫在美国首都华盛顿举行日俄外相（长）会谈。
	5月7日	弗拉基米尔·弗拉基米罗维奇·普京（Владимир Владимирович Путин，1952年—）在2012年俄联邦总统大选中获胜，再一次当选俄罗斯总统。
	6月6日	日本接收俄控“北方四岛”的色丹岛上的两名俄罗斯患者和国后岛上的两名俄罗斯患者，并对其给予治疗（—6月28日返回原居住地）。
	6月10日	俄罗斯国家杜马主席谢尔盖·叶甫根尼耶维奇·纳雷什金（Сергея евгений нарешкин，1954年—）访日（—6月11日）。
	6月15日	日俄第十次战略对话在日本东京举行，日方出席对话的有外务事务次官佐佐江贤一郎、外务省欧洲局局长小寺次郎等；俄方出席对话的有外交部第一副外长杰尼索夫、俄驻日大使叶夫根尼·弗拉基米罗维奇·阿法纳谢夫（Эфгенни Владимирович Афанасьев，1947年—）等。日俄战略对话是由副外长级官员就双边问题和国际关系交换意见的机制。
	6月18日	俄罗斯索契举行二十国集团（G20）首脑会议期间，日本首相野田佳彦与俄罗斯总统普京在索契举行日俄首脑会谈。
	7月2日	日本接收俄控“北方四岛”的色丹岛上的一名俄罗斯患者、国后岛上的一名俄罗斯患者和择捉岛上的一名俄罗斯患者，并对其给予治疗（—7月27日返回原居住地）。

续表

年	月 日	大事记
2012 年（平成 24 年）	7 月 27 日	日本野田内阁外相玄叶光一郎访问俄罗斯，与俄罗斯外长拉夫罗夫在索契举行日俄外相（长）会谈（—7 月 30 日）。
	7 月 30 日	日本接收俄控“北方四岛”的国后岛上的一名俄罗斯患者和择捉岛上的一名俄罗斯患者，并对其给予治疗（—8 月 17 日返回原居住地）。
	8 月 27 日	日本接收俄控“北方四岛”的色丹岛上的一名俄罗斯患者和国后岛上的三名俄罗斯患者，并对其给予治疗（—其中一人于 9 月 7 日，两人于 19 日，还有一人于 10 月 16 日返回原居住地。）
	9 月 5 日	俄罗斯符拉迪沃斯托克举行 APEC 会议期间，日本野田内阁外相玄叶光一郎与俄罗斯联邦第一副总里伊戈尔·伊万诺维奇·舒瓦洛夫（Игорь Иванович Шува́лов，1967 年—）举行会谈。
	9 月 8 日	俄罗斯符拉迪沃斯托克举行 APEC 会议期间，日本首相野田佳彦与俄罗斯总统普京举行日俄首脑会谈。
	9 月 14 日	俄罗斯东正教会大牧首（总主教）（Святейший Патриарх Московский и всея Руси）基里尔一世（Кири́лл I，1946 年—）访问日本（—9 月 18 日）。
	9 月 25 日	美国纽约举行联合国大会期间，日本野田内阁外相玄叶光一郎与俄罗斯外长拉夫罗夫在纽约举行日俄外相（长）会谈。
	10 月 3 日	日本接收来自俄控“北方四岛”的俄罗斯医师、护师组成的五名研修人员（—10 月 16 日返回原居住地）。
	10 月 8 日	日本接收俄控“北方四岛”的择捉岛上的一名俄罗斯患者，并对其给予治疗（—10 月 16 日返回原居住地）。
	10 月 22 日	俄罗斯联邦安全保障会议主席尼古拉·普拉托诺维奇·帕特鲁谢夫（Николай Платонович Патрушев，1951 年—）访问日本（—10 月 25 日）。

续表

年	月　日	大事记
2012年（平成24年）	11月20日	俄罗斯第一副总理舒瓦洛夫访日，参加日俄经济贸易政府间委员会会议（—11月21日）。
	12月26日	日本自民党成立第二次安倍晋三内阁（—2014年12月24日）。
2013年（平成25年）	2月4日	日俄第十一次战略对话会议在莫斯科举行，日本外务事务次官河相周夫（かわい ちかお，1953年—）与俄外交部副部长杰尼索夫，围绕两国外交政策的基本方针、日俄关系、亚太局势等问题进行了战略对话。日俄战略对话是由副外长级官员就双边问题和国际关系交换意见的机制。
	2月15日	日本安倍内阁副首相兼财务相及金融担当相麻生太郎访问俄罗斯，参加在莫斯科举行的二十国集团（G20）财长及中央银行行长会议（—2月16日）。
	2月21日	日本首相安倍晋三的特使、前首相森喜朗访问俄罗斯，在莫斯科与俄罗斯总统普京举行会谈。
	4月10日	英国伦敦举行八国集团（G8）外长会议期间，日本安倍内阁外相岸田文雄（きしだ ふみお，1957年—）与俄罗斯外长拉夫罗夫举行日俄外相（长）会谈。
	4月28日	日本首相安倍晋三访问俄罗斯，与俄罗斯总统普京举行日俄首脑会谈（—4月30日）。
	5月20日	日本接收俄控“北方四岛”的国后岛上的三名俄罗斯患者，并对其给予治疗（—6月13日返回原居住地）。
	6月17日	英国北爱尔兰的厄恩湖举行八国集团（G8）首脑会议期间，日本首相安倍晋三与俄罗斯总统普京举行日俄首脑会谈。
	6月21日	日本接收俄控“北方四岛”的色丹岛上的一名俄罗斯患者、国后岛上的一名俄罗斯患者和择捉岛上的一名俄罗斯患者，并对其给予治疗（—7月18日返回原居住地）。

续表

年	月　日	大事记
2013年（平成25年）	7月19日	日本安倍内阁副首相兼财务相兼金融担当相麻生太郎访问俄罗斯，参加在莫斯科举行的二十国集团（G20）财长及中央银行行行长会议（—7月20日）。
	7月27日	日本接收俄控“北方四岛”的色丹岛上的一名俄罗斯患者，并对其给予治疗（—8月30日返回原居住地）。
	8月8日	日本接收俄控“北方四岛”的色丹岛上的一名俄罗斯患者，并对其给予治疗（—8月30日返回原居住地）。
	8月14日	日本安倍内阁文部科学相下村博文（しもむら はくぶん，1954年—）访问俄罗斯（—8月20日）。
	8月19日	日俄副部长级缔结和平条约问题联合委员会分会在俄罗斯莫斯科举行。
	9月2日	日本接收俄控“北方四岛”的国后岛上的一名俄罗斯患者，并对其给予治疗（—9月19日返回原居住地）。
	9月4日	日本安倍内阁副首相兼财务相兼金融担当相麻生太郎访问俄罗斯，参加在俄罗斯圣彼得堡举行的二十国集团（G20）财政部长会议（—9月7日）。
	9月5日	俄罗斯圣彼得堡举行的二十国集团（G20）峰会期间，日本首相安倍晋三与俄罗斯总统普京举行日俄首脑会谈。
	9月16日	日本接收来自俄控“北方四岛”的由俄罗斯医师、护师组成的三名研修人员（—10月2日回原居住地）。
	9月23日	日本接受俄控“北方四岛”的择捉岛上的三名俄罗斯患者，并对其给予治疗（—10月2日返回原居住地）。
	10月7日	印度尼西亚的巴厘岛APEC会议期间，日本首相安倍晋三与俄罗斯总统普京在巴厘岛举行日俄首脑会谈。
	11月1日	俄罗斯外长拉夫罗夫、国防部长绍伊古访问日本东京，与日本安倍内阁外相岸田文雄、防卫相小野寺五典（おのでら いつのり，1960年—）举行日俄外交、防卫（国防）阁僚（部长）2+2会议（—11月2日）以及日俄外相（长）会谈和日俄防卫相（国防部长）会谈。

续表

年	月　日	大事记
2013 年（平成 25 年）	11 月 11 日	日俄根据两国关于日本渔船在俄控“北方四岛”周边海域的作业协定进行政府间协商（—11 月 13 日）。
	12 月 21 日	日本海上自卫队与俄罗斯海军在日本舞鹤海域举行有关海上搜索、海难救助方面的日俄联合训练。
	12 月 25 日	日本安倍内阁经济产业相茂木敏充（もてぎ としみつ，1955 年—）访问俄罗斯（—12 月 27 日）。
2014 年（平成 26 年）	1 月 31 日	日俄两国副部长级缔结和平条约问题联合委员会分会在日本东京举行。
	2 月 1 日	德国慕尼黑举行慕尼黑安全保障会议（简称“慕安会”）期间，日本安倍内阁外相岸田文雄与俄罗斯外长拉夫罗夫举行日俄外相（长）会谈。
	2 月 7 日	日本首相安倍晋三访问俄罗斯，出席在俄罗斯索契召开的冬季奥运会开幕式并与俄罗斯总统普京举行两国首脑会谈（—2 月 8 日）。
	5 月 26 日	日本接收俄控“北方四岛”的色丹岛上的一名俄罗斯患者和国后岛上的两名俄罗斯患者，并对其给予治疗（—6 月 17 日返回原居住地）。
	6 月 2 日	俄罗斯国家杜马主席纳雷什金访问日本（—6 月 3 日）。
	6 月 20 日	日本接收俄控“北方四岛”的择捉岛上的四名俄罗斯患者，并对其给予治疗（—7 月 14 日返回原居住地）。
	7 月 17 日	日本接收俄控“北方四岛”的色丹岛上的一名俄罗斯患者和国后岛上的两名俄罗斯患者，并对其给予治疗（—8 月 15 日返回原居住地）。
	8 月 18 日	日本接收俄控“北方四岛”的国后岛上的一名俄罗斯患者和择捉岛上的三名俄罗斯患者，并对其给予治疗（—9 月 12 日返回原居住地）。

续表

年	月　日	大事记
2014 年（平成 26 年）	9 月 15 日	日本接收俄控“北方四岛”的国后岛上的一名俄罗斯患者和择捉岛上的三名俄罗斯患者，并对其给予治疗（—9 月 29 日返回原居住地）。
		日本接收来自俄控“北方四岛”的由俄罗斯医师、护师组成的三名研修人员（—9 月 29 日返回原居住地）。
	10 月 17 日	意大利米兰举行亚欧会议（ASEM）期间，日本首相安倍晋三与俄罗斯总统普京在米兰举行日俄首脑会谈。
	10 月 21 日	日俄根据两国关于日本渔船在俄控“北方四岛”周边海域的作业协定进行政府间协商（—10 月 24 日）。
	10 月 28 日	日本海上自卫队与俄罗斯海军在俄罗斯符拉迪沃斯托克举行有关海上搜索、海难救助方面的日俄联合演习。
	11 月 9 日	中国北京举行 APEC 会议期间，日本首相安倍晋三与俄罗斯总统普京在北京举行日俄首脑会谈。
2015 年（平成 27 年）	2 月 12 日	日俄副部长级缔结和平条约问题联合委员会分会在莫斯科举行。
	5 月 21 日	俄罗斯国家杜马主席纳雷什金访问日本。
	6 月 2 日	日本接收俄控“北方四岛”的色丹岛上的两名俄罗斯患者和择捉岛上的三名俄罗斯患者，并对其给予治疗（—7 月 10 日返回原居住地）。
	6 月 17 日	日本接收俄控“北方四岛”的国后岛上的一名俄罗斯患者和择捉岛上的三名俄罗斯患者，并对其给予治疗（—7 月 10 日返回原居住地）
	7 月 13 日	日本接收俄控“北方四岛”的色丹岛上的三名俄罗斯患者、国后岛上的一名俄罗斯患者和择捉岛上的一名俄罗斯患者，并对其给予治疗（—8 月 7 日返回原居住地）。
	8 月 10 日	日本接收俄控“北方四岛”的色丹岛上的一名俄罗斯患者，并对其给予治疗（—8 月 31 日返回原居住地）。

续表

年	月　日	大事记
2015年（平成27年）	8月13日	俄罗斯副总理尤里·彼得罗维奇·特鲁特涅夫（Юрий Петрович Трутнев，1956年—）访问日俄争议岛屿“北方四岛”中的择捉岛。
	8月17日	日本接收俄控“北方四岛”的色丹岛岛上的一名俄罗斯患者、国后岛上的一名俄罗斯患者和择捉岛上的两名俄罗斯患者，并对其给予治疗（—9月7日返回原居住地）。
	8月24日	日本接收来自俄控“北方四岛”的由俄罗斯医师、护师组成的三名研修人员（—9月7日返回原居住地）。
	9月17日	日本接收俄控“北方四岛”的色丹岛上的一名俄罗斯患者，并对其给予治疗（—9月30日返回原居住地）。
	9月21日	日本安倍内阁外相岸田文雄访问俄罗斯，与俄外长拉夫罗夫举行日俄外长（相）会谈，并参加日俄第十一次经济贸易政府间委员会的会议（—9月22日）。
	9月28日	美国纽约举行联合国大会期间，日本首相安倍晋三与俄罗斯总统普京在纽约举行日俄首脑会谈。
	10月8日	日俄副部长级缔结和平条约的谈判在俄罗斯首都莫斯科进行。
	11月8日	土耳其的安塔利亚举行二十国集团（G20）首脑会议期间，日本首相安倍晋三与俄罗斯总统普京举行日俄首脑会谈。
	11月9日	日俄根据两国关于日本渔船在俄控“北方四岛”周边海域的作业协定进行政府间协商（—11月12日）。
2016年（平成28年）	2月15日	日俄两国外务省（外交部）的高级别磋商在日本东京举行。
	4月14日	俄罗斯外长拉夫罗夫访日，与日本安倍内阁外相岸田文雄举行日俄外相（长）会谈（—4月16日）。

续表

年	月　日	大事记
2016年（平成28年）	5月6日	日本首相安倍晋三访问俄罗斯，在俄罗斯索契与俄罗斯总统普京举行日俄首脑会谈。
	5月23日	日本接收俄控“北方四岛”的色丹岛上的三名俄罗斯患者和国后岛上的一名俄罗斯患者，并对其给予治疗，期中三人治疗到6月7日，一人治疗到7月13日返回原居住地。
	6月16日	俄罗斯国家杜马主席纳雷什金访问日本（—6月17日）。
	6月17日	日本接收俄控“北方四岛”的国后岛上的一名俄罗斯患者和择捉岛上的一名俄罗斯患者，并对其给予治疗（—7月13日返回原居住地）。
	6月22日	日俄缔结两国和平条约的谈判在日本东京举行。
	7月14日	日本接收俄控“北方四岛”的色丹岛上的两名俄罗斯患者、国后岛上的一名俄罗斯患者和择捉岛上的一名俄罗斯患者，并对其给予治疗（—其中三人治疗到8月5日，一人治疗到8月12日返回原居住地）。
	8月15日	日本接收俄控“北方四岛”的国后岛上的一名俄罗斯患者，并对其给予受治疗（—9月9日返回原居住地）。
	8月26日	日俄缔结两国和平条约的谈判在莫斯科举行。
	8月29日	日本接收来自俄控“北方四岛”的由俄罗斯医师、护师组成的两名研修人员（—9月9日返回原居住地）。
	9月2日	日本首相安倍晋三访问俄罗斯，在符拉迪沃斯托克与俄罗斯总统普京举行日俄首脑会谈。
	9月3日	日本首相安倍晋三访俄期间出席在符拉迪沃斯托克举行的第二届东方经济论坛。
	9月5日	日本接收俄控“北方四岛”的色丹岛上的两名俄罗斯患者、国后岛上的三名俄罗斯患者和择捉岛上的两名俄罗斯患者，并对其给予治疗（—9月27日返回原居住地）。

续表

年	月　日	大事记
2016年（平成28年）	9月21日	为参加在美国纽约举行的联合国大会而赴美的日本安倍内阁外相岸田文雄与俄国外长拉夫罗夫在纽约举行日俄外相（长）会谈。
	10月11日	日俄根据两国关于日本渔船在俄控“北方四岛”周边海域的作业协定进行政府间协商（—10月14日）。
	10月13日	日俄第十二次战略对话在莫斯科举行，日本外务事务次官杉山晋辅（すぎやま しんすけ，1953年—）和俄外交部第一副部长弗拉季米尔·根纳季耶维奇季·季托夫（Влади́мир Генна́диевич Тито́в，1958年—）作为两国代表出席会议。日俄战略对话是由副外长级官员就双边问题和国际关系交换意见的机制。
	10月31日	俄罗斯联邦委员会主席马特维延科访日（—11月3日）。
	11月15日	俄罗斯第一副总理舒瓦洛夫访问日本，参加在东京召开的日俄第十二次政府间经济贸易委员会会议。
	11月19日	秘鲁首都利马举行APEC会议期间，日本首相安倍晋三与俄罗斯总统普京举行日俄首脑会谈。
	12月2日	日本安倍内阁外相岸田文雄访问俄罗斯，拜会俄罗斯总统普京。
	12月3日	日本安倍内阁外相岸田文雄与俄罗斯外长拉夫罗夫在莫斯科举行日俄外相（长）会谈。
	12月15日	俄罗斯总统普京访日（—12月16日），与日本首相安倍晋三在山口县长门市和东京举行累计第十七次日俄首脑会谈。
2017年（平成29年）	2月1日	日俄副部长级磋商在俄罗斯首都莫斯科举行。
	2月17日	德国波恩举行二十国集团（G20）外长会议期间，日本安倍内阁外相岸田文雄与俄罗斯外长拉夫罗夫在波恩举行日俄外相（长）会谈。
	3月18日	日俄两国副部长级磋商在日本东京举行。

续表

年	月　日	大事记
2017年（平成29年）	3月20日	俄罗斯外长拉夫罗夫、国防部长绍伊古访问日本，在东京与日本安倍内阁外相岸田文雄、防卫相稻田朋美（いなだ ともみ，1959年—）举行第二次日俄外相（长）防卫相（长）“2+2”会谈（—3月21日）。
	3月30日	日本安倍内阁外相河野太郎与俄罗斯副总理舒瓦洛夫在俄罗斯莫斯科举行日俄第十三次战略对话，日本外务省事务次官杉山晋辅和俄罗斯外交部第一副部长季托夫也出席战略对话。日俄战略对话是由副外长级官员就双边问题和国际关系交换意见的机制。
	4月27日	日本首相安倍晋三访问俄罗斯，与俄罗斯总统普京举行日俄第十八次首脑会谈，讨论两国在政治、经贸和人文领域合作现状及发展前景（—4月28日）。
	5月22日	日本接收俄控“北方四岛”的色丹岛上的两名俄罗斯患者、国后岛上的一名俄罗斯患者和择捉岛上的一名俄罗斯患者，并对其给予治疗（—其中一人于6月8日，一人于15日，一人于20日，还有一人于7月5日返回原居住地）。
	6月16日	日本接收俄控“北方四岛”的国后岛上的四名俄罗斯患者和择捉岛上的一名俄罗斯患者，并对其给予治疗（—其中1人于7月5日，三人于14日，1人于20日返回原居住地）。
	6月27日	日俄两国共同派遣官民现场调查团调查俄控“北方四岛”上的日俄共同经济活动（—7月1日）。
	7月7日	德国汉堡举行二十国集团（G20）首脑会议期间，日本首相安倍晋三与俄罗斯总统普京在汉堡举行累计第十九次日俄首脑会谈。
		俄罗斯第一副总理舒瓦洛夫访问日本，参加日俄经济贸易政府间委员会主席会商。

续表

年	月　日	大事记
2017年（平成29年）	7月16日	日本接收俄控“北方四岛”的国后岛上的一名俄罗斯患者和择捉岛上的三名俄罗斯患者，并对其给予治疗（—其中一人于8月1日，一人于7日，其他人则18日返回原居住地）。
	8月7日	菲律宾首都马尼拉举行东盟（ASEAN）及相关国家外长会议期间，与会的日本安倍内阁外相河野太郎（こうの たろう，1963年—）与俄罗斯外长拉夫罗夫围绕北方领土问题、安全保障问题、日俄经济关系问题、朝鲜问题等议题在马尼拉举行日俄外相（长）会谈。
	8月17日	日俄副部长级磋商在俄罗斯莫斯科举行。
	8月21日	日本接收俄控“北方四岛”的色丹岛上的一名俄罗斯患者、国后岛上的一名俄罗斯患者和择捉岛上的一名俄罗斯患者，并对其给予治疗（—其中2人于9月15日，1人于26日返回原居住地）。
	8月28日	日本接收来自俄控“北方四岛”的由俄罗斯医师、护师组成的两名研修人员（—9月8日）。
	9月6日	日本首相安倍晋三和外相河野太郎访问俄罗斯，出席在符拉迪沃斯托克举行的“第三届东方经济论坛”。
	9月7日	日本首相安倍晋三与俄罗斯总统普京在符拉迪沃斯托克举行日俄首脑会谈。
	9月18日	为参加在美国纽约举行的联合国大会而赴美的日本安倍内阁外相河野太郎与俄罗斯外长拉夫罗夫在纽约举行日俄外相（长）会谈。
	9月23日	日本的原国后、择捉两岛居民，根据日俄两国领导人4月首脑会谈中达成的协议，乘飞机前往原居住地进行特别扫墓参拜活动（—10月24日）。
	10月26日	日俄共同派遣官民现地调查团调查日俄两国在俄控“北方四岛”上的共同经济活动（—10月31日）。

续表

年	月　日	大事记
2017 年（平成 29 年）	11 月 10 日	越南岘港举行 APEC 领导人非正式会议期间，日本首相安倍晋三与俄罗斯总统普京在越南举行累计第二十次日俄首脑会谈。
	11 月 15 日	日俄根据两国关于日本渔船在俄控“北方四岛”周边海域的作业协定进行政府间协商（—11 月 21 日）。
	11 月 23 日	日本安倍内阁外相河野太郎访俄，与俄罗斯外长拉夫罗夫举行日俄外相（长）会谈（—11 月 25 日）。
	11 月 25 日	日俄第十三次经济贸易委政府间委员会会议在莫斯科举行，日本外相河野太郎也出席该会议。
2018 年（平成 30 年）	1 月 8 日	日本安倍内阁经济产业相兼对俄经济合作相世耕弘成（せこう ひろしげ，1962 年—）访问俄罗斯（—1 月 13 日）。
	1 月 11 日	日本安倍内阁经济产业相兼对俄经济合作相世耕弘成与俄罗斯第一副总理舒瓦洛夫、经济发展部长马克西姆·斯坦尼斯维托维奇·奥列什金（Максим Станиславович Орешкин，1982 年—）举行会谈。
	1 月 12 日	日本安倍内阁经济产业相兼对俄经济合作相世耕弘成与俄罗斯联邦会议主席马特维延科、俄罗斯产业商务部长丹尼斯·瓦伦蒂诺维奇·曼图罗夫（Денис Валентинович Мáнтуров，1969 年—）举行会谈，并与俄罗斯能源部长阿列克萨纳·瓦伦蒂诺维奇·诺瓦克（Алексáндр Валенти́нович Нóвак，1971 年—）举行第二次能源主导权协商。
	1 月 16 日	日本安倍内阁副外务相岸信夫（きし のぶお，1959 年—）访问俄罗斯，与俄罗斯工业与贸易部长曼图罗夫、负责国际文化合作的总统特别代表米哈伊尔·耶菲莫维奇·什维德科伊（Михаи́л Ефи́мович Швыдкóй，1948 年—）举行会谈（—1 月 18 日）。

续表

年	月　日	大事记
2018 年（平成 30 年）	2 月 16 日	德国慕尼黑举行安全保障会议（简称“慕安会”）期间，日本安倍内阁外相河野太郎与俄罗斯外长拉夫罗夫在慕尼黑举行会谈，就日俄缔结和平条约问题举行本年度的第二次交涉。
	3 月 20 日	俄罗斯外长拉夫罗夫和国防部长绍伊古访问日本，与日本安倍内阁外相河野太郎、防卫相小野寺五典在东京举行日俄第三次外务（交）、防卫（国防）相（长）“2+2”会议（—3 月 21 日）。
	3 月 21 日	俄罗斯外长拉夫罗夫还与日本安倍内阁外相河野太郎围绕日俄两国关系与政治对话问题、“北方领土”问题、国际局势等议题举行日俄外相（长）会谈。
	4 月 19 日	日本外务事务次官秋叶刚男（あきば たけお，1958 年—）与俄罗斯外交部第一副部长季托夫在莫斯科举行日俄第十四次战略对话。日俄战略对话是由副外长级官员就双边问题和国际关系交换意见的机制。
	4 月 27 日	日本首相安倍晋三访问俄罗斯，与俄罗斯总统普京举行会谈（—4 月 28 日）。
		日本安倍内阁经济产业相兼对俄经济合作相世耕弘成访问俄罗斯，与俄罗斯经济发展部长兼负责对日经济贸易合作的总统特别代表奥列什金以及俄罗斯第一副总理舒瓦洛夫进行会谈（—4 月 30 日）。
	5 月 24 日	日本首相安倍晋三访问俄罗斯，26 日与俄罗斯总统普京举行累计第二十一次两国首脑会谈，并参加 2018 年“日本的俄罗斯年”和“俄罗斯的日本年”的活动启动仪式（—5 月 27 日）。
	6 月 1 日	日本安倍内阁经济产业相兼对俄经济领域合作相世耕弘成访问俄罗斯，出席在圣彼得堡举行的国际经济论坛，并与经济发展部长兼对日经济贸易合作总统特别代表奥列什金举行会谈（—6 月 4 日）。

续表

年	月　日	大事记
2018年（平成30年）	6月4日	俄罗斯副总理奥尔加·尤里耶夫娜·戈洛德斯（Ольга Юрьевна Голодец，1962年—）访问日本，与日本政府要员进行会谈（—6月6日）。
	7月6日	俄罗斯第一副总理舒瓦洛夫访问日本，与日本安倍内阁外相岸田文雄举行日俄经济贸易政府间委员会主席会商，并参加“俄罗斯的日本年”和“日本的俄罗斯年”组委会主席会议（—7月7日）。
	7月8日	日本安倍内阁经济产业相兼对俄经济合作相世耕弘成访问俄罗斯，出席俄罗斯最大的产业博览会“INNO-PROM2017（创新2017）”和俄罗斯产业论坛，与俄罗斯产业商务部长曼图罗夫、俄罗斯经济发展部长兼对日经济贸易合作总统特别代表奥列什金分别进行会谈（—7月13日）。
	7月14日	日本安倍内阁文部科学相松野博一（まつの ひろかず，1962年—）访问俄罗斯，出席联合国教科文组织的体育部长会议（MINEPS），并与俄罗斯体育部长帕维尔·阿纳托利耶维奇·科洛布科夫（Павел Анатольевич Колобков，1969年—）、俄罗斯副总理戈洛德斯等举行会谈。
	7月31日	日本安倍内阁外相河野太郎、防卫相小野寺五典与俄罗斯外长拉夫罗夫、国防部长绍伊古在莫斯科举行日俄外相（长）+防相（长）的“2+2”会谈。日方提议双方就缔结和平条约的问题开诚布公地交换意见，并对俄罗斯在南千岛群岛加强军事存在表达了疑虑。
	9月6日	日本首相安倍晋三出席在俄罗斯符拉迪沃斯托克举行的“第四届东方经济论坛”，与俄罗斯总统普京举行会谈（—9月7日）。

续表

年	月　日	大事记
2018 年（平成 30 年）	9 月 6 日	日本安倍内阁外相河野一郎出席在俄罗斯符拉迪沃斯托克举行的“第四届东方经济论坛”，并与俄罗斯第一副总理舒瓦洛夫举行会谈，出席日俄经济贸易俄政府间会议主席会商（—9 月 7 日）。
		日本安倍内阁经济产业相兼对俄经济合作相世耕弘成出席在俄罗斯符拉迪沃斯托克举行的“第四届东方经济论坛”，并与俄罗斯经济发展部长兼对日经济贸易总统特别代表奥列什金、俄罗斯第一副总理舒瓦洛夫等俄罗斯政要举行会谈，还参加了第四次能源主导权协商等（—9 月 7 日）。
		日本安倍内阁厚生劳动相加藤胜信（かとう かつのぶ，1955 年—）出席在俄罗斯符拉迪沃斯托克举行的“第四届东方经济论坛”，与俄罗斯卫生部长韦罗妮卡・伊戈里耶夫娜・斯克沃尔佐娃（Верони́ка Йгоревна Скворцóва，1960 年—）举行会谈（—9 月 7 日）。
		日本安倍内阁内阁府特命担当相松山政司（まつやま まさじ，1959 年—）出席在俄罗斯符拉迪沃斯托克举行的“第四届东方经济论坛”（—9 月 7 日）。
	9 月 10 日	新《日俄租税条约》生效。
		日本首相安倍晋三出席在俄罗斯符拉迪沃斯托克举行的“第四届东方经济论坛”期间，与俄罗斯总统普京举行累计第二十二次日俄首脑会谈（—9 月 13 日）。
	9 月 12 日	日本首相安倍晋三在俄罗斯符拉迪沃斯托克举行的“第四届东方经济论坛”上发表演讲。
	10 月 1 日	俄罗斯副总理阿尔卡季・弗拉基米洛维奇・德沃尔科维奇（Аркадий Владимирович Дворкович，1972 年—）访问日本，礼节性拜访日本首相安倍晋三（—10 月 2 日）。

续表

年	月　日	大事记
2018 年（平成 30 年）	10 月 31 日	日本外务审议官森健良（もり たけお,?）与俄罗斯联邦副外长伊戈尔·弗拉基米罗维奇·莫格洛夫（Игорь Владимирович Моргулов，1961 年—）在莫斯科进行副部长级磋商。
	11 月 14 日	新加坡举行东盟及相关国家首脑会议期间，与会的日本首相安倍晋三与俄罗斯总统普京在新加坡举行累计第二十三次日俄首脑会谈，双方达成了在 1956 年《日苏共同宣言》基础上，加速推动《日俄和平条约》签署的一致意见。
	11 月 16 日	日俄第十四次经济贸易政府间委员会会议在日本东京举行，日本安倍内阁外相河野一郎和俄罗斯经济发展部长奥列什金出席会议（—12 月 18 日）。
	11 月 21 日	日俄根据两国关于日本渔船在“北方四岛”周边海域的作业协定进行政府间协商及民间渔业交涉（—11 月 23 日）。
	11 月 23 日	意大利首都罗马举行“第四次地中海对话会议”期间，与会的日本安倍内阁外相河野太郎与俄罗斯外长拉夫罗夫在意大利举行日俄外相（长）会谈，就日俄两国关系、日俄和平条约问题、日俄经济合作问题等交换了意见。
	12 月 1 日	阿根廷首都布宜诺斯艾利斯举行二十国集团（G20）首脑会议期间，日本首相安倍晋三与俄罗斯总统普京在布宜诺斯艾利斯进行累计第二十四次日俄首脑会谈。
	12 月 3 日	日俄根据《日苏沿岸渔业协定》在日本东京举行日俄渔业委员会第三十五次会议（—12 月 7 日）。
	12 月 13 日	日俄军备控制与核不扩散会议在日本东京举行。

续表

年	月　日	大事记
2018 年（平成 30 年）	12 月 18 日	日本安倍内阁经济产业相兼对俄经济合作大臣世耕弘成出席在俄罗斯举办的“日本投资者日”活动，并与俄罗斯副总理兼远东联邦管辖区总统全权代表尤里·彼得罗维奇·特鲁特涅夫（Юрий Петрович Трутнев，1956 年—）举行会谈。
	12 月 21 日	日本外务省政务次官山田贤司（やまだ けんじ，1966 年—）与俄罗斯联邦委员会副主席亚历山大·德米特里耶维奇·茹科夫（Александр Дмитриевич Жуков，1956 年—）举行会谈。
	12 月 31 日	俄罗斯车里雅宾斯克州马格尼托哥尔斯克市一栋多单元住宅发生瓦斯爆炸事故，2019 年 1 月 3 日，俄罗斯紧急情况部发布消息称，事故已造成至少 38 人遇难。
2019 年（平成 31 年，令和元年）	1 月 4 日	日本首相安倍晋三和外相河野太郎分别向俄罗斯车里雅宾斯克州居民楼瓦斯爆炸事件中的遇难者表达慰问。
	1 月 12 日	日本安倍内阁外相河野太郎访问俄罗斯（—1 月 16 日）。
	1 月 14 日	日本安倍内阁外相河野太郎与俄罗斯外长拉夫罗夫在莫斯科举行年内第一次日俄外相（长）会谈。
	1 月 21 日	日本首相安倍晋三及外相河野太郎启程访问俄罗斯。
	1 月 22 日	日本首相安倍晋三为出席瑞士达沃斯世界经济论坛，在飞往瑞士途中访问俄罗斯，与俄罗斯总统普京举行累计第二十五次日俄首脑会谈，日俄首脑就日俄和平条约问题、在“北方四岛”开展共同经济活动问题等举行了开诚布公的会谈。
	1 月 23 日	日本首相安倍晋三出席在瑞士达沃斯举行的世界经济论坛，并发表演讲。
	2 月 7 日	日本外相河野太郎在“平成三十一年度（2019 年度）要求返还北方领土全国大会”上致辞。

续表

年	月　日	大事记
2019 年（平成 31 年，令和元年）	2 月 16 日	德国慕尼黑举行安全保障会议（简称“慕安会”）期间，日本安倍内阁外相河野太郎与俄罗斯外长拉夫罗夫在慕尼黑举行年内第二次日俄外相（长）会谈，就日俄缔结和平条约等问题进行磋商。
	3 月 6 日	日本的“2018 年度向海外专递地区魅力支援事业团”在莫斯科举办“樱花节”。
	3 月 20 日	日俄在莫斯科举行有关 2019 年度鲑鱼、鳟鱼捕捞问题的两国政府间谈判（—3 月 22 日）。
	3 月 21 日	日本外务省外务审议官森健良与俄罗斯联邦副外长莫格罗夫在莫斯科就两国缔结和平条约的相关问题等进行外交部门副部长级协商。
	3 月 22 日	日俄在莫斯科举行第十次安保磋商，日方参加会议的有外务审议官森健良、防卫省防卫政策局次长铃木秀雄（すずき ひでお,?）等，俄方出席的人员有副外长谢尔盖·亚历克谢维奇·里亚布科夫（Сергей Алексеевич Рябков，1960 年—）以及俄罗斯外交部、国防部的相关人员。
	4 月 1 日	日俄依据《日苏近海渔业协定》在莫斯科举行第三十六次日俄渔业委员会会议。日方水产厅资源管理部部长神谷崇（こうや たかし,?）及外务省、水产厅、北海道厅的相关人员参加；俄方俄联邦渔业署副署长彼得·斯捷潘诺维奇·萨夫丘克（Петр Степанович Савчук，1960 年—）及联邦渔业厅、联邦保安厅边境警备局相关人员参加（—4 月 8 日）。
	4 月 2 日	日本外务事务次官秋叶刚男与俄罗斯联邦第一副外长季托夫在日本东京举行日俄第十五次战略对话。

续表

年	月　日	大事记
2019年（平成31年，令和元年）	4月22日	日本外务审议官森健良与俄罗斯联邦副外长莫格罗夫在日本东京围绕日俄在“北方四岛”的共同经济活动以及与两国缔结和平条约的相关问题进行外交部门副部长级磋商。
	（令和元年）5月1日	日本停止使用已退位的明仁天皇年号“平成”，启用新任日本第126代天皇德仁（なるひと，1960年—）的年号“令和”。
	5月9日	日本安倍内阁外相河野太郎访问俄罗斯（—5月11日）。
	5月10日	正在访俄中的日本安倍内阁外相河野太郎与俄罗斯外长拉夫罗夫围绕日俄两国缔结和平条约等问题在莫斯科举行了年内第三次日俄外相（长）会谈。
	5月29日	日本外务审议官森健良与俄罗斯联邦副外长莫格罗夫在日本东京围绕日俄外相（长）+防相（长）的“2+2”会议上将要涉及的会谈内容及日俄外相（长）会议上将要涉及的会谈内容进行了进一步磋商。
	5月30日	日本安倍内阁外相河野太郎、防卫大臣岩屋毅（いわやたけし，1957年—）与俄罗斯外长拉夫罗夫、国防部长绍伊古举行第四次日俄外相（长）+防长（相）“2+2”会谈，围绕构筑日俄两国安全保障领域的信赖关系、地区局势等问题进行了协商。
	5月31日	日本安倍内阁外相河野太郎与俄罗斯外长拉夫罗夫围绕日俄两国关系及两国缔结和平条约问题等在东京举行了年内第四次日俄外相（长）会谈。
	6月17日	日本外务审议官森健良与俄罗斯联邦副外长莫格洛夫围绕两国缔结和平条约的相关问题等在莫斯科进行外交部门副部长级磋商。

续表

年	月　日	大事记
2019年（平成31年，令和元年）	6月19日	日俄在莫斯科举行两国两国外交部门局长级工作会议，协商两国在“北方四岛”上进行共同经济活动时相关人员流动问题。出席会议的日方代表是外务省欧洲局参事官宇山秀树（うやま ひでき,?），俄方代表是俄罗斯外交部领事局副局长纳伊尔·马祖古托维奇·拉迪波夫（Наиль Мазгутович Латыпов，1956年—）。
	6月20日	日本外务审议官森健良访俄，与俄罗斯联邦副外长莫格罗夫在莫斯科围绕大阪二十国集团（G20）首脑会议期间日俄首脑会谈内容等问题进行外交部门副部长级磋商。
	6月29日	日本大阪举行二十国际团（G20）峰会期间，日本首相安倍晋三与俄罗斯总统普京举行累计第二十六次日俄首脑会晤。日俄两国首脑就日俄缔结和平条约问题、日俄“八项经济合作计划”的落实问题、日俄两国人员交流问题、安全保障领域实务合作问题、当前国际局势等交换了意见（—6月29日）。
		日本首相安倍晋三与俄罗斯总统普京出席“日本的俄罗斯年”及“俄罗斯的日本年”闭幕式。
	7月11日	作为日本对俄控“北方四岛”居民的支援项目，日本接受来自“北方四岛”的国后岛上的两名患者和择捉岛上的两名患者，并对其给予治疗。
	8月2日	俄罗斯联邦总理梅德韦杰夫访问择捉岛，对此日本安倍内阁外相河野太郎发表外相谈话，表示“遗憾”。
		作为日本对俄控“北方四岛”居民的支援项目，日本接受来自“北方四岛”的色丹岛上的一名患者、国后岛上的两名患者和择捉岛上的一名患者，并对其给予治疗。

续表

年	月　日	大事记
2019年（平成31年，令和元年）	8月8日	日俄在莫斯科举行有关“北方四岛”旅游业问题的专家会议，讨论作为日俄共同经济活动的“北方四岛”旅游业问题。
	8月19日	作为日本与俄罗斯在“北方四岛”上共同经济活动中的一项，来自俄罗斯方面的垃圾处理专家考察了日本北海道的垃圾处理设施（—8月23日）。
	8月26日	作为日本与俄控“北方四岛”的交流项目之一的“医师、护士研修项目”，日本接收赴日本研修的来自俄控“北方四岛”的两名医师（—9月7日）。
	9月4日	日本首相安倍晋三为出席在俄罗斯符拉迪沃斯托克举行的“第五届东方经济论坛”启程访问俄罗斯（—9月6日）。
	9月5日	正在访俄中的日本首相安倍晋三在符拉迪沃斯托克与俄罗斯总统普京举行累计第二十七次日俄首脑会谈。
	9月9日	日本外务审议官森健良与俄罗斯联邦副外长莫格罗夫在日本东京围绕日俄安全保障领域问题、缔结和平条约问题等进行外交部门的副部长级磋商。
		作为日本对俄控“北方四岛”居民的支援项目，日本接收来自俄控“北方四岛”的色丹岛上的一名女童患者和择捉岛上的一名中年男性患者，并对其给予治疗。
	9月10日	日本驻俄罗斯特命全权大使上月丰久（こうづき とよひさ，1956年—）与俄罗斯驻日本特命全权大使米哈伊尔·尤里耶维奇·加卢津（Михаил Юрьевич Галузин，1960年—）交换《关于避免对所得进行双重征收税和防止偷税、避税的日本政府与俄罗斯联邦政府之间的条约》，即“新日俄租税条约”生效换文，“日俄新租税条约”正式生效。

续表

年	月 日	大事记
2019 年（平成 31 年，令和元年）	9 月 17 日	俄罗斯联邦安全保障会议秘书尼古拉·普拉托诺维奇·帕特拉舍夫（Николай Платонович Патрушев，1951 年—）访日，拜会日本首相安倍晋三。
	9 月 25 日	美国纽约举行联合国大会期间，日本安倍内阁外相茂木敏充（もてぎ としみつ，1955 年—）与俄罗斯外长拉夫罗夫在纽约举行日俄外相（长）会谈。
	10 月 1 日	俄罗斯驻日大使加卢津拜访日本外务政务次官中谷真一（なかたに しんいち，1976 年—）并与其进行会谈。
	10 月 6 日	俄罗斯联邦副总理马克西姆·阿里克谢维奇·阿基莫夫（Максим Алексеевич Акимов，1970 年—）访日，拜会日本首相安倍晋三。
	10 月 21 日	俄罗斯联邦委员会副主席伊利亚斯·马格米德·萨拉莫维奇·乌玛哈诺夫（Ильяс Магмид Саламович Уманов，1957 年—）访日，与日本副外相若宫健嗣（わかみや けんじ，1961 年—）举行会谈。
	10 月 29 日	日俄外交部门举行有关两国在“北方四岛”上的共同经济活动中人员流动问题的外交部门局长级工作会议。
	10 月 30 日	日俄外交部门举行有关两国在“北方四岛”上的共同经济活动项目具体内容的外交部门局长级工作会议。
	11 月 6 日	日本外务审议官森健良与俄罗斯联邦副外长莫格罗夫在莫斯科围绕日俄在“北方四岛”的共同经济活动以及两国缔结和平条约等问题进行外交部门的副部长级磋商。
		日本茨城县筑波市举行日俄经济贸易政府间委员会贸易投资分委员会第十一次会议及地方交流分委员会第八次会议。

续表

年	月　日	大事记
2019 年（平成 31 年，令和元年）	11 月 6 日	正在访问日本的俄罗斯负责国际文化合作的总统特别代表什维德科伊拜访日本外务政务次官中谷真一，并与之进行会谈。

主要参考文献

1. ［日］外務省編『日本外交年表竝主要文書』［上］（1840—1921 年）原書房，1965 年、1966 年。

2. ［日］外務省編『日本外交年表竝主要文書』［下］（1922—1945 年）原書房，1965 年、1966 年。

3. ［日］鹿島和平研究所編『日本外交主要文書・年表』［第 1 卷］（1940—1960 年）原書房，1983 年。

4. ［日］鹿島和平研究所編『日本外交主要文書・年表』［第 2 卷］（1961—1970 年）原書房，1984 年。

5. ［日］鹿島和平研究所編『日本外交主要文書・年表』［第 3 卷］（1971—1980 年）原書房，1985 年。

6. ［日］鹿島和平研究所編『日本外交主要文書・年表』［第 4 卷］（1981—1990 年）原書房，1995 年。

7. ［日］外務省編『われらの北方领土［2017 年版］/资料篇』外务省出版（财務省印刷局），2018 年。

8. ［日］外務省編『わが外交の近況』（昭和 32 年版［1957 年版］）第 1 号—（昭和 61 年版［1986 年版］）30 号，外务省出版（大藏省印刷局）各年度版。

9. ［日］外務省編『外交青書』（昭和 62 年版［1987 年版］）31 号—（平成 30 年版［2018 年版］）外务省出版（大藏省（财務省）印

刷局）各年度版。

10. ［日］茂田宏、末澤昌二著『日ソ基本文書・資料集（1855—1988）』世界の動き社，1988年。

11. ［日］日本外務省、ロシア外務省編『日露間領土問題の歴史に関する共同作成資料集』2001年。

12. ［日］外務省外交史料馆日本外交史词典编撰委员会『日本外交史辞典』，山川出版社，1992年。

13. ［日］历史学研究会編『日本史年表（增补版）』岩波书店，1998年。

14. ［日］历史学研究会编『世界史年表』岩波书店，1997年。

15. ［日］鹿島和平研究所編『日本外交史』（1—34卷）鹿岛研究所出版会，1970—1973年。

16. ［日］石丸和人等著『戦後日本外交史（Ⅰ—Ⅶ）』三省堂，1983—1985年版。

17. ［日］林茂、辻清明著『日本内閣史録（1—6卷）』第一法规出版株式会社，1981年。

18. ［日］『日露関係四十年』編集委員会（编辑委员长 冈田利春）編『日露関係四十年——日ソ国交回复から「東京宣言」まで』日本・ロシア協会，1996年。

19. ［日］俄罗斯史研究会編『日露200年——鄰国ロシアとの的交流史』彩流社，1993年。

20. 木村汎著『新版・日露国境交渉史：北方領土返還への道』角川学芸出版，2005年。

21. 和田春樹著『北方領土問題を考える』岩波書店，1990年。

22. 长谷川毅著『北方領土問題と日露関係』筑摩書店，2000年。

23. 松本俊一著『日ソ国交回復秘録：北方領土交渉の真実』朝日新聞出版，1966年。

24. 佐藤和雄、駒木明義共著、佐藤優解説『検証日露首脳交渉：冷戦後の模索』岩波書店，2003 年。

25. ［日］木村汎著『遠い鄰国：日本とロシア』世界思想社，2002 年。

26. ［日］田中孝彦著『日ソ国交回復の史的研究（1945—1956）——戦後日ソ関係の起点』有斐阁，1993 年。

27. ［日］日本史広辞典編集委員会編『日本史小辞典（改訂新版）』山川出版社，2016 年。

28. ［日］外務省//https：//www. mofa. go. jp/mofaj/index. html。

29. ［日］杉森康二著『ゴルバチョフの世界政策と日ソ関係』東海大学出版会，1989 年。

30. ［俄］鲁·格·皮霍亚著《苏联政权史（1945—1991）》，东方出版社，2006 年。

31. ［俄］亚·维·菲利波夫著《俄罗斯现代史（1945—2006）》，中国社会科学出版社，2009 年。

32. ［俄］伊·伊万诺夫著《俄罗斯新外交：对外政策十年》，当代世界出版社，2002 年。

33. 冯绍雷、相兰欣主编《普京外交》，上海人民出版社，2004 年。

34. 冯绍雷、相兰欣主编《俄罗斯与大国及周边关系》，上海人民出版社，2005 年。

35. 李凡著《日苏关系（1917—1991）》，人民出版社，2005 年。

36. 李勇慧著《俄日关系》，世界知识出版社，2007 年。

37. 李凡著《日本“北方领土”问题政策研究》，中央编译出版社，2013 年。

38. 吴杰主编《日本史辞典》，复旦大学出版社，1992 年。